HERMINE UND WALTHER FLAIG

Alpenpark Montafon

FÜHRER
UND KLEINE HEIMATKUNDE DER TALSCHAFT
MONTAFON IN VORARLBERG/ÖSTERREICH

MIT 25 FARBFOTOS
und PANORAMA-KARTE

VERLAG EUGEN RUSS · BREGENZ

Zwölfte vermehrte und verbesserte Auflage

Printed in Austria
JSBN 3-85258-012-9

Druck:
Vorarlberger Graphische Anstalt Eugen Ruß & Co., Bregenz

Inhalt

I. Einführung

■ 1 Zum Gebrauch des Führers

Aufbau und Einteilung des Führers ergeben sich aus dem **„Inhalt"** auf der vorhergehenden Seite. Man erkennt drei Hauptteile: „Einführung", „Allgemeiner Teil" und „Praktischer Teil".

Randzahl und Hinweise: Sämtliche Abschnitte sind mit Randzahlen (= R) fortlaufend beziffert. Sämtliche Hinweise erfolgen stets mit vorgesetztem R (= Randzahl) – z. B. s. R 52 –, während die Randzahl selber fett und ohne R an die Spitze des betreffenden Abschnittes gestellt und durch ein davorgesetztes ■ hervorgehoben ist.

Seitenzahlen und Seitenhinweise werden *nicht* verwendet!

Im Stichwortverzeichnis am Schluß des Führers erscheinen mit entsprechendem Randzahlenhinweis (nicht Seitenhinweis) nicht nur sämtliche wichtigen Orts- und Flurnamen (z. B. Vandans, Tanafreida), Täler (z. B. Valschaviel), Tourenziele (z. B. Schlappiner Joch) usw., sondern auch alle wesentlichen Fachwörter und Stoffgebiete aus der Einführung und aus dem Allgemeinen Teil des Führers (z. B. Postauto oder Rätoromanen oder Pflanzen im Montafon).

Die einfachste Art, ein Ziel oder ein Stoffgebiet oder eine Erklärung für ein dem Fremden unbekanntes Wort in diesem Führer rasch zu finden, ist also stets, im Stichwortverzeichnis R 752 am Schluß des Buches nachzuschlagen.

Fachwörter und Abkürzungen sind unter R 2 erklärt.

■ Es wird ausdrücklich gebeten, zu beachten, daß der Praktische
■ Teil des Führers (R 200–750) auf dem vorausgehenden Allge-
■ meinen Teil (R 41–188) aufgebaut ist, d. h., **ohne vorherige**
■ **Vertiefung in den „Allgemeinen Teil" kann der „Praktische**
■ **Teil" nicht voll verstanden und ausgewertet werden!**

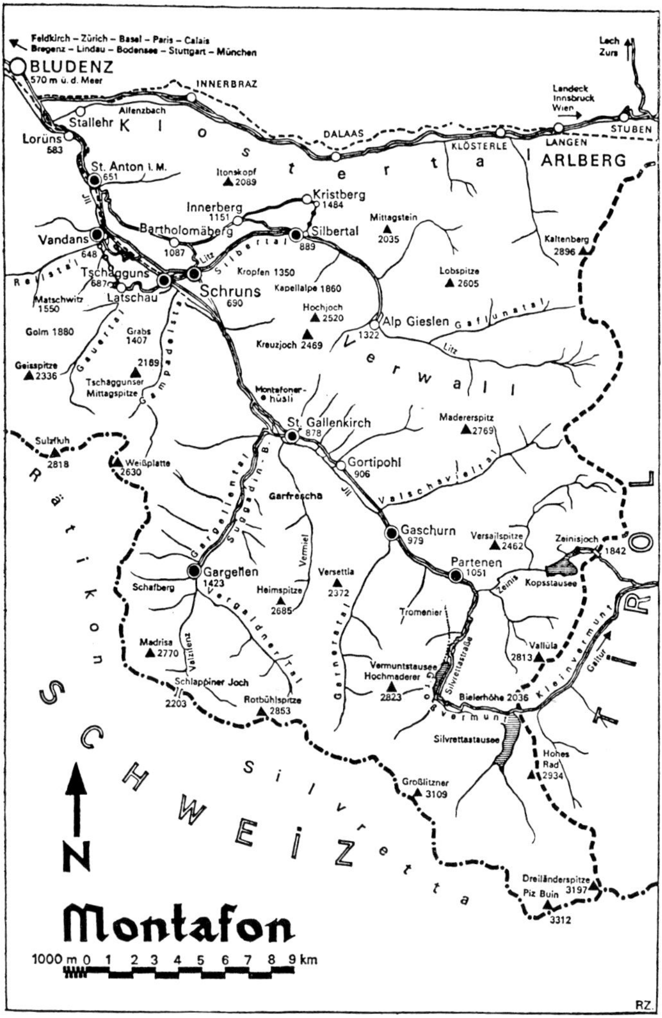
Feldkirch – Zürich – Basel – Paris – Calais
Bregenz – Lindau – Bodensee – Stuttgart – München
BLUDENZ
570 m ü. d. Meer
INNERBRAZ
Lech
Zürs
Landeck
Innsbruck
Wien
STUBEN
LANGEN
ARLBERG
KLÖSTERLE
DALAAS
Klostertal
Alfenzbach
Stallehr
Lorüns
583
St. Anton i. M.
651
Itonskopf
2089
Kristberg
1484
Innerberg
1151
Bartholomäberg
1087
Silbertal
889
Mittagstein
2035
Kaltenberg
2896
Vandans
648
Tschagguns
687
Latschau
Schruns
690
Kropfen 1350
Kapellalpe 1860
Lobspitze
2605
Matschwitz
1550
Hochjoch
2520
Alp Gieslen
1322
Gaflunatal
Golm 1880
Grabs
1407
Kreuzjoch 2469
Verwall
Litz
Silbertal
Rellstal
Gauertal
Gampadelstal
Geisspitze
2336
2169
Tschaggunser Mittagspitze
Montafoner-hüsli
St. Gallenkirch
878
Madererspitz
2769
Sulzfluh
2818
Weißplatte
2630
Gortipohl
906
Valschavieltal
Garfrescha
Gargellental
Suggadin B.
Vermiel
Ill
Gaschurn
979
Versailspitze
2462
Zeinisjoch
1842
Partenen
1051
Zeinis
Kopssstausee
Gargellen
1423
Schafberg
Heimspitze
2685
Versettla
2372
Vergaldnertal
Tromenier
Madrisa
2770
Valzifenz
Vallüla
2813
Vermuntstausee
Hochmaderer
2823
Silvrettastraße
Bielerhöhe 2036
Kleinvermunt
Galtür
Garneratal
Schlappiner Joch
2203
Rotbühlspitze
2853
Vermunt
Silvrettastausee
Hohes Rad
2934
Rätikon
SCHWEIZ
Silvretta
TIROL
Großlitzner
3109
Dreiländerspitze
3197
Piz Buin
3312
N
Montafon
1000 m 0 1 2 3 4 5 6 7 8 9 km
RZ.

■ 2 Abkürzungen und Fachwörter

A–	= (mit Postleitzahl, z. B. A-6780) = Austria-Österreich
Alpe	= in Vorarlberg Bezeichnung für Alm (Tirol usw.). Man versteht darunter sowohl die Weide (Alpweide) als auch die Hütten (Alphütten), s. R 154
Alphütte	= s. Alpe. Alphütten, auch Stofel genannt (nicht zu verwechseln mit AV-Hütten!), gewähren meist weder Unterkunft noch Verpflegung, höchstens Milch, selten Notlager.
AV	= Alpenverein, s. auch DAV und ÖAV
AV-Hütte	= Alpenvereinshütte
B	= Betten(zahl) eines Gasthofs usw.
Bhf.	= Bahnhof (Bahnstation)
Berghaus	= Gasthof in Höhenlage
bew.	= bewirtschaftet (Hütte, Berghaus)
bez.	= bezeichnet (Wege, Steige)
DAV	= Deutscher Alpenverein
Furka, Furkla	= Joch, Scharte, Paßübergang, rätoromanisch Fuorcla = Gabel, s. R 127
G, Ghf.	= Gasthof, d. h. Gaststätte mit Übernachtungsgelegenheit
GP	= Gasthof-Pension
H	= Hotel
HU	= Höhenunterschied
Jausenstation	= (kleine) Gastwirtschaft ohne Übernachtungsgelegenheit
m ü. M.	= Meter über Meer
Maisäß	= eine Art Voralpe (Vorsäß), hochgelegenes kleines Sommer-Bergbauerngut, s. R 154, 155
mark.	= markiert, bezeichneter Wanderweg; s. bez.
Min.	= Minuten
Mure	= Schlamm-, Erd- und Steinrutsch, s. R 81
N	= Norden
O	= Osten
ÖAV	= Österreichischer Alpenverein, s. auch AV, DAV
P	= Pension
Piz	= rätoromanisches Wort für Berg, Bergspitze, Gipfel, z. B. Piz Buin, s. R 127
R	= Randzahl, s. R 1
S	= Süden
SAC	= Schweizer Alpenclub
s.	= siehe (Hinweis)
Std.	= Stunde
Tel.	= Telephon
Tobel	= steile Bach- und Talgräben in den Vorarlberger Alpen, s. R 44
TL	= Touristenlager auf Hütten und Berghäusern
W	= Westen
WWW	= Weitwanderweg

Reisewege ins Montafon

Lage – Verkehrslage – Bahnen – Straßen – Grenzen

■ **3** Übersichtskärtchen des Montafons bei den Randzahlen 4, 7/8 und auf der 2. Titelseite! Fahrpläne können des ständigen Wechsels wegen nicht angegeben werden. Man wende sich an ein Reisebüro oder an die Bahnauskunft oder an diese *Verkehrsämter:*

Verkehrsverband *Montafon,* A-6780 Schruns, Silbertalstraße 1, Tel. (05556) 2253, s. R 370.

Verkehrsamt *Schruns,* im Haus des Gastes, Tel. (05556) 2166.

Verkehrsamt der Stadt *Bludenz,* Verkehrsbüro, A-6700 Bludenz, Werdenbergstraße 38, Tel. Bludenz (05552) 62170.

Landesreisebüro, Filiale Bludenz, Tel. (05552) 62653.

Landesverband für Fremdenverkehr in *Vorarlberg* in A-6901 Bregenz, Postfach 104, Römerstraße 7, Tel. (05574) 22525, Bregenz, 5 Min. vom Bahnhof

Bei nächtlicher Ankunft in Bludenz (ohne direkten Bahn- oder Postautoanschluß ins Montafon) und bei Nächtigung in Bludenz ist Vorausbestellung der Hotelzimmer in der Reisezeit unerläßlich. Weiterreise ins Montafon nachts nur mit Autotaxi (Schruns oder Bludenz) s. R 370! Vorausbestellung durch die Verkehrsämter Bludenz oder Schruns s. oben. Taxistandplatz am Bhf. Bludenz, Tel. (05552) 3000.

■ **4 Lage:** Das Tal *Montafon* liegt am Oberlauf der Ill (Illfluß, Talsohle zwischen rund 1500 m [Gargellen] bzw. 1000 m [Partenen – Gaschurn] bis 700 m [Schruns]) im politischen Bezirk

Bludenz des Bundeslandes *Vorarlberg* der Bundesrepublik *Österreich.*

Das Land Vorarlberg, 2601 km², 324.000 Einw., ist das westlichste der neun österreichischen Bundesländer und liegt **zwischen** dem Bundesland **Tirol** im Osten und dem Nachbarstaat **Schweiz** nebst dem Fürstentum *Liechtenstein* im Westen und Süden und der Bundesrepublik *Deutschland* (Bayern) im Norden.

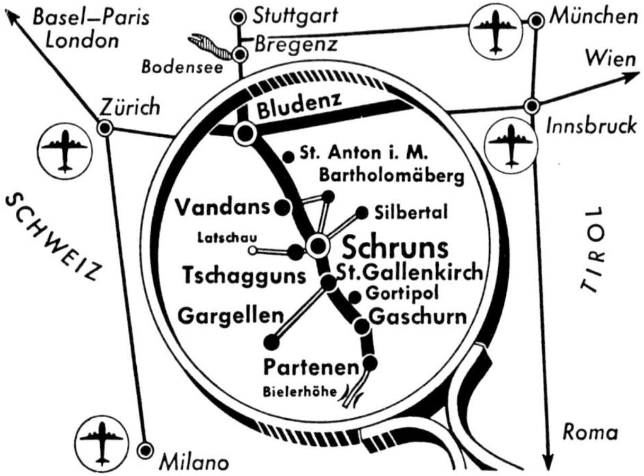

Der Bodensee und das alpine Rheintal bilden die Westgrenze (Schweiz und Liechtenstein), der Arlbergpaß und das Zeinisjoch die Ostgrenze (Tirol) des Landes Vorarlberg (= vor dem Arlberg).

■ 5 **Das Tal Montafon** mit einem Flächeninhalt von 563,5 km² liegt in der Südostecke des Landes Vorarlberg und grenzt im Osten (Zeinisjoch, Bielerhöhe, Dreiländerspitze) an Tirol, im Süden an die Schweiz. Diese geographische Lage zwischen Tirol und der Schweiz, zwischen Bodensee, Rhein und Arlberg bestimmt, die sehr günstige Verkehrslage.

■ 6 **Die Stadt Bludenz,** die Eingangspforte des Montafons, liegt an der wichtigsten inneralpinen Längsverbindung, d. h. an der Straße I. Ordnung und der Hauptbahnlinie Bregenz am Bodensee bzw. Zürich – Buchs – Feldkirch – **BLUDENZ** – Arlberg – Tirol (Landeck – Innsbruck – Salzburg – Wien).

Bludenz – Montafon haben also direkte Straßen- und Bahnverbindungen nach ganz Europa mit *Halt sämtlicher Züge in Bludenz.*

■ 7 **Bahnreisende** aus ganz Mitteleuropa finden durchwegs direkte Züge, Kurswagen oder Anschlüsse nach Bludenz (Arlbergbahnlinie); von Westen über die Schweiz oder über Süddeutschland (Lindau); von Norden über Deutschland (Stuttgart oder München – Lindau oder durch Tirol); von Osten durch Österreich; von Süden über den Brenner (Tirol) oder St. Gotthard (Schweiz). – In der Saison **durchgehende Kurswagen** von Dortmund über Köln, Mannheim, Stuttgart nach Schruns und zurück; ganzjährig jedoch bis Bludenz. Alle übrigen Verbindungen enden in der D-Zug-Station **Bludenz: Umsteigen ins Montafon.**
Kurswagen bis Bludenz auch aus Frankreich und der Schweiz.
In der Sommer- und Wintersaison verkehren verschiedene Reisebürosonderzüge von Hamburg bzw. Dortmund nach Bludenz.
Mit Flugzeug Zürich-Kloten (ca. 147 km).

Von Bludenz ins Montafon führen:

■ 8 die **Montafonerbahn,** täglich 20 elektrische Triebwagenzüge Bludenz – Schruns bzw. 20 Züge Schruns – Bludenz, 20 bis 26 Min. Fahrzeit, Anschlüsse an alle wichtigen Züge der Arlberglinie in Bludenz. Stationen zwischen Bludenz und der Endstation Schruns: Bludenz-Moos, Brunnenfeld, Lorüns, St. Anton im Montafon, Vandans, Kaltenbrunnen, Tschagguns. – Jahresfahrplan bei der Montafonerbahn anfordern! In der Sommersaison gibt es museumsbahnmäßige Dampfsonderzüge Schruns – Bludenz und zurück samt Aussichtswagen, Buffetwagen und Fotohalte für Fotofreunde. Auskünfte: Montafonerbahn AG, 6780 Schruns.

Tal der Sterne – Skistadion Montafon

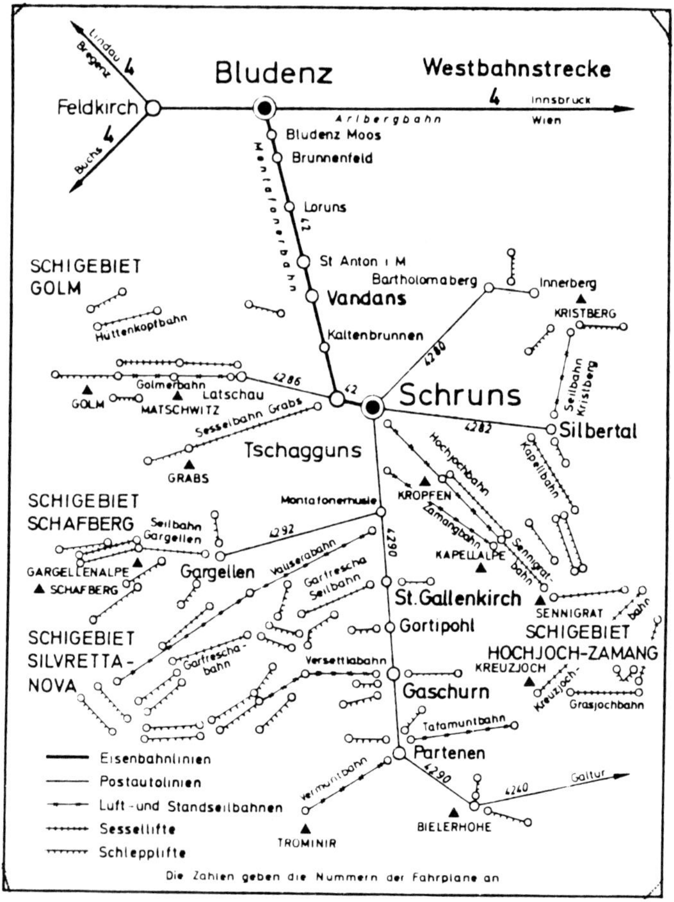

Von jeder einzelnen Station der Montafonerbahn aus läßt sich eine Anzahl Wanderungen durchführen.

■ 9 **Kraftwagenlinien** (Postautobusse), einmal täglich, direkt von Bludenz nach Gaschurn – Partenen (Fahrzeit ca. 60 Min.). Diese direkten Kurse nehmen nur Reisende ins innere Montafon mit.

■ 10 **Postautolinien vom Bahnhof Schruns aus** (s. auch R 9), mit Anschluß an die Züge Bludenz – Schruns und umgekehrt:

a) Schruns – St. Gallenkirch – Gaschurn – Partenen (Silvrettastraße). Fahrzeit ungefähr 60 Min., 10 Kurse täglich zwischen 7.45 und 19.30 Uhr.
b) Schruns – Gargellen, Fahrzeit 50 Min., 5 Kurse täglich.
c) Silvretta-Hochalpenstraße: (Schruns) – Partenen – Bielerhöhe, nur im Sommer, 5 Kurse; Fahrzeit 2 Std.; Bielerhöhe – Galtür 40 Min.
d) Schruns – Silbertal, 30 Min. Fahrzeit.
e) Schruns – Bartholomäberg – Innerberg, 30 Min. Fahrzeit.
f) Schruns – Vandans – St. Anton i. M. – Bartholomäberg – Ghf. Fernblick – Innerberg, Fahrzeit 50 Min., täglich 2 Kurse 9 und 18 Uhr.
g) Schruns – Tschagguns – Latschau, 25 Min. Fahrzeit.

■ 11 **Bergbahnen im Sommer im Montafon**
(Karte bei R 7/8!).

1. Montafoner Hochjochbahn Schruns (Großkabinenbahn)	
I. Sektion Schruns – Kropfen	von 692 auf 1358 m
II. Sektion Kropfen – Kapellalpe	von 1358 auf 1857 m
III. Sektion Sessellift Sennigrat	von 1857 auf 2283 m
2. Golmerbahn Tschagguns (Standseilbahn)	
I. Sektion Latschau – Matschwitz	von 995 auf 1520 m
II. Sektion Matschwitz – Golm	von 1520 auf 1890 m
3. Seilbahn Vandans (Doppelsessellift)	von 652 auf 995 m
4. Sesselbahn Grabs, Tschagguns	von 734 auf 1365 m
5. Kristbergbahn Silbertal (Gondelbahn)	von 879 auf 1450 m

6. Seilbahn Gargellen (Sesselbahn)	
I. Sektion Gargellen – Gargellner Alpe	von 1420 auf 1760 m
II. Sektion Gargellner Alpe – Schafberg	von 1760 auf 2130 m
7. Garfreschabahn St. Gallenkirch (Doppelsesselbahn)	von 850 auf 1500 m
8. Versettlabahn Gaschurn (Gondelbahn)	
I. Sektion Gaschurn – Rehsee	von 978 auf 1438 m
II. Sektion Rehsee – Burggrat	von 1438 auf 2014 m
9. Vermuntbahn Partenen (Standseilbahn)	von 1030 auf 1730 m
10. Tafamuntbahn Partenen (Kabinenbahn)	von 1030 auf 1540 m

Näheres über die einzelnen Bergbahnen bei den betreffenden Talorten!

Im **Winter** kommen **die Valiserabahn und zahlreiche Skilifte** dazu, sie führen z. T. bis über 2100 und auf 2400 m empor. Solche Skilifte besitzen nahezu sämtliche Orte des Tales, die meisten sogar mehrere. Der Montafoner Skipaß hat im Winter für alle 73 Bergbahnanlagen des Tales sowie für die Montafonerbahn Bludenz–Schruns und alle Postbusse unbeschränkte Gültigkeit; erhältlich an deren Kassen.

■ **12 Für Autoreisende** aus ganz Europa verlaufen die wichtigsten Straßenverbindungen meist gleich wie die Bahnverbindungen, d. h. die Hauptautostraßen aus dem Westen und Nordwesten führen alle über die Schweiz (Buchs oder St. Margrethen usw. nach Feldkirch – **Bludenz**) oder über Südwestdeutschland (Bodenseeraum – Lindau – Bregenz – Feldkirch – **Bludenz**). Die Straßen vom Osten münden alle in die Oberinntalstraße (Innsbruck – Landeck) und entweder in die Arlbergstraße (Landeck – Arlberg – Bludenz) oder die Silvrettastraße (Landeck – Wiesberg – Galtür – Bielerhöhe – Montafon).
Dazu kommen die Straßenverbindungen von Südbayern über Reutte und durchs Lechtal über den Flexenpaß (Zürs) nach Langen – Bludenz; ferner von (München) Garmisch (oder Reutte) über Lermoos und über den Fernpaß – Imst – Landeck – Arlberg

nach **Bludenz** oder von Landeck durchs Paznaun über die Bielerhöhe (Silvrettastraße) ins Montafon, siehe Kärtchen bei R 4.
Pässerundfahrten: Montafon – Bielerhöhe – Paznauntal – Arlberg – Bludenz – Schruns auf der großartigen Silvretta-Hochalpenstraße; dazu die Abzweigung Galtür – Kops. – Ferner: die „Ländle-Rundfahrt": Schruns – Bludenz – Langen a. A. – Flexenstraße – Zürs – Lech – Warth – Hochtannbergpaß – Bregenzerwald – Bezau – Dornbirn – Schruns; oder (verkürzt): über Flexenpaß – Hochtannbergpaß – Au im Bregenzerwald – Damüls – Furka – Laterns – Rankweil – Schruns oder Damüls – Faschinajoch – Großes Walsertal – Thüringen – Bludenz – Schruns.
Weitere zahlreiche Paßfahrten ins benachbarte Ausland stehen auf den Tagesprogrammen der Montafoner Busunternehmen.

■ **13 Autostraßen ins Montafon,** für Privatwagen befahrbar, führen von **Bludenz** über Schruns und alle Talorte des Montafons bis auf die Bielerhöhe, 2032 m. Die Straße Bludenz – Schruns – Partenen trägt die amtl. Bezeichnung **„Silvrettastraße"** (ebenso die Paznauner Straße Galtür – Pians); die Straße Partenen – Bielerhöhe – Galtür heißt amtlich **„Silvretta-Hochalpenstraße"**.
Über die Autostraßen im Tal siehe bei den einzelnen Orten.
Die Werkstraßen der Vorarlberger Illwerke, z. B. ins Rellstal (Vandans), ins Vergalda- und Valzifenztal (Gargellen) und ins Garneratal (Gaschurn) sind für den öffentlichen Verkehr nicht freigegeben. Ins Rellstal gibt es als Ersatz einen Wanderbus, s. R. 235.
Straßenzustand über Telefon: Beim Bezirksgendarmeriekommando Bludenz ist ein automatischer Telefonanrufbeantworter (Tel. Nr. 19) eingerichtet, über den sich jedermann zu jeder Zeit über die Straßenverhältnisse im Verwaltungsbezirk Bludenz informieren kann (Tel. 05552/62184).

■ **14 Die Entfernung des Hauptortes Schruns** in Straßen- bzw. Bahnkilometern beträgt etwa:
Von Bludenz 13 km, vom Arlbergpaß über Bludenz 40 km, von Landeck (über Arlberg) 80 km und von Innsbruck 160 km. Von Galtür (über Bielerhöhe) 35 km und von Landeck über Bielerhöhe

70 bis 75 km, von Feldkirch 34 km, von Buchs 45 km, von Zürich 130 km. Von Bregenz a. B. 70 km, von Lindau i. B. 80 km.

■ **15 Nächste Flugplätze:** Zürich-Kloten (Schweiz, nächster Weltflughafen) und München (Deutschland); direkte D-Zugverbindungen mit Bludenz bei ca. 2½ bis 3 bzw. 4½ bis 5 Std. Fahrzeit. – Ferner Segel- und Motorsportflugzeug Hohenems-Seemähder (Vorarlberg) und Flugplatz „Altenrhein" auf Schweizer Boden.

Alpenrundflüge über Vorarlberg führt das Vorarlberger Landesreisebüro Bregenz durch (bei Beteiligung von mindestens drei Personen). Rund- und Taxiflüge führt auch der Flugplatz Hohenems durch (Tel. 05576/3222).

■ **16 Bergwanderer, die zu Fuß über die Gebirge** ins Montafon wollen, müssen über Bergerfahrung oder Begleitung verfügen. Die wichtigsten Übergänge sind:
Von Norden aus dem Arlberggebiet, dem Stanzer Tal und Klostertal (St. Anton a. A., Stuben und Langen a. A. usw.) über die Konstanzer und Heilbronner Hütte oder von Dalaas über den Kristbergsattel (vgl. R 472).
Von Osten aus dem Paznauntal (Tirol) von Galtür über das Zeinisjoch oder die Bielerhöhe oder über die Silvrettagruppe.
Von Süden aus der Schweiz führen zahlreiche Hochpässe aus dem Tal Prättigau (Klosters – Schiers – Seewis) in das Montafon: Von O nach W: Schlappiner Joch und St. Antönier Joch nach Gargellen; Grubenpaß und Drusentor, Schweizertor und Cavelljoch – Lünersee nach Tschagguns, Schruns und Vandans. Aus dem Unterengadin über den Vermuntpaß zur Bielerhöhe.

■ **17 Staatsgrenzen und Grenzübertritte:**
Vorarlberg ist Grenzland gegen Deutschland, die Schweiz und das Fürstentum Liechtenstein. Das Montafon grenzt außerdem auf den wasserscheidenden Hauptkämmen der Rätikongruppe und der Silvrettagruppe direkt an die Schweiz.
Der Grenzübertritt aus diesen Ländern unterliegt den üblichen Bestimmungen. Personalausweise erforderlich.

■ **18 Bergführer:** Behördlich autorisierte Bergführer sind in mehreren Orten des Tales stationiert. Auskünfte erteilen die Verkehrsämter sowie **die Alpinschule Silvretta,** Leiter A. Bitschnau, Gaschurn-Partenen, Tel. 0 55 56 / 39 34; Büro im Gebäude der Versettlabahn-Talstation Gaschurn. die Alpinschule veranstaltet Ausbildungskurse in Fels und Eis, Gletscherwanderungen, Hochtourenwochen, Skitourenwochen, grenzüberschreitende Wanderungen, Übungen im Klettergarten. – Die Alpinschule organisiert auch Privattouren im gesamten Alpenraum. Programm anfordern!

■ **19 Reiserat, Bekleidung, Ausrüstung, Tourenpläne**
Das Montafon ist ein Alpental mit z. T. vergletschertem Hochgebirge, d. h. auch im Sommer sind die Morgen und Abende oft kühl, bei Schlechtwetter kalt (Schneefälle im Hochgebirge). Es wird daher dringend empfohlen, auch **warme Wäsche und Kleidung** mitzunehmen; auch bei Tagesausflügen ins Gebirge im Rucksack **Wetter- und Kälteschutz** mitführen (bei Gewittern im Hochgebirge z. B. großer Temperatursturz!), ferner besonders auch **Sonnenschutzmittel** gegen Verbrennungen durch die Höhensonne. Für Bergwanderungen sind außer Kälteschutz usw. derbe Wanderschuhe nötig mit Profilgummisohlen für Bergsteiger; Schuhverleih in den meisten Orten. Unsere Bemerkung bei einzelnen Wanderungen und Touren **„Nur für Geübte"** bedeutet, daß solche Unternehmungen nur Leuten mit Bergerfahrung, Trittsicherheit und entsprechender Ausrüstung (Bergschuhe, Wetterschutz) vorbehalten sind.

■ **20 Im WINTER** wird der Alpenpark zum SKISTADION MONTAFON mit allen wintersportlichen Einrichtungen: zahlreiche Bergbahnen und Skilifte an allen Orten, große Ski- und Höhenzentren, bis auf über 2400 m, Skischulen, Skilehrer, internationale Skirennen, gepflegte Skipisten und Langlaufloipen, Gästewettlaufveranstaltungen, Skitourenwochen, Eislauf, Rodelbahnen mit internationalen Austragungen, Hallentennis; dazuhin bieten sämtliche Orte vielerlei Unterhaltungsmöglichkeiten, Tanzabende, Hei-

matabende. Zwei Kurzentren, Hallenbäder, davon zwölf öffentlich zugänglich; Kinderskigärten.
Der **Montafoner Skipaß** berechtigt zur unbeschränkten Benützung der Montafoner Bergbahnen (73 Anlagen), der Montafonerbahn und der Postautobusse im Tal. Geplant ist (1988) auch ein **„Sommerpaß“** für alle Bergbahnen, Schwimmbäder usw.
Geführte Skiwanderungen; für Skitouren stehen geprüfte Skibergführer zur Verfügung. Skifirnwochen, Firngleiterwochen usw.

■ 21 Das Montafon auf einen Blick

40 km Tallänge, Fläche: 563,5 km^2
Einwohner: rd. 17.000
13 Dörfer in 10 Gemeinden
Höchster Berg: Piz Buin, 3312 m
17.000 Gästebetten
Silvretta-Hochalpenstraße, Scheitelpunkt auf 2034 m, Montafon–Paznauntal (Tirol)
2 Kuranstalten
500 km markierte Wanderwege
16 Alpenvereinshütten
5 Bergbahnen und 7 Sessellifte im Sommer (im Winter: 73 Skilifte und Bergbahnen bis auf 2400 m in Betrieb)
6 geheizte Freischwimmbäder
zirka 25 Hotelhallenbäder, einige öffentlich zugänglich
Alpinschulen an 10 Orten
Alpine Weitwanderwege
Geologischer Lehrwanderweg
45 Tennisplätze in 9 Orten, Tennisschulen
Minigolf – Reiten – Camping – Volksläufe – Fitneßanlagen
Großbauten der Vorarlberger Illwerke

■ **22 Das Montafoner Heimatmuseum** in Schruns ist der besondere Stolz des Tales und seines Heimatschutzvereins. Dank großzügiger Stiftungen und Beiträge konnte es 1980 im eigenen Gebäude neu erstehen als ältestes (seit 1906 bestehendes) derartiges Museum des Landes und mit dem zweitgrößten Sammelgut nach dem Vorarlberger Landesmuseum. Einrichtung

St. Anton i. M., überragt von der Dawennagruppe mit dem nacheiszeitlichen Bergsturz. Davor das Graveser Tobel, das den schönen Wasserfall nahe über dem Dorf bildet.
Bei R 224 *Foto: V. V. Montafon*

und Ausbau sind Zeugen eines vertieften Geschichtsbewußtseins einer regional geprägten Gemeinschaft. Das Museum ist gegliedert in die Exponate Wohnen, Kleidung, heimisches Gewerbe und Kunst; dazu kommt eine Alpsennerei, eine alte Mühle und eine Werkstatt. Weiter verfügt das Museum über eine Dokumentationsstelle mit **Archivalien** in Originalen und Kopien zur kulturellen und politischen Geschichte der Talschaft sowie eine umfangreiche Lichtbild- und Diasammlung (12.000 Aufnahmen) zu natur- und volkskundlichen Themen. Hier ist auch ein handkoloriertes Faksimile der „Aeltesten Karte des Tales Montafon aus dem Jahre 1770" von Pfarrer Gabriel Walser zu sehen. Eine **geologische** Sammlung zeigt Proben aus der Gesteinswelt des Montafons. – Ein weiterer dritter Bauabschnitt (dz. im Ausbau) zeigt die Einrichtung eines typischen Montafonerhauses samt Webkeller. In zeitweisen Ausstellungen werden auch einzelne Themen wie Trachten, altbäuerliche Geräte usw. vorgestellt. – **Öffnungszeiten:** 1. Juni bis 31. Oktober, Dienstag bis Samstag 14.30 bis 17.30 Uhr, Sonntag 10 bis 12 Uhr; bei Schlechtwetter täglich auch vormittags von 10 bis 12 Uhr.

■ **23 Wichtig für den Gast** ist die **Gästekarte.** Mit ihr können Ermäßigungen für die Schwimmbäder, Tennisplätze, Minigolfanlagen, Lichtbildervorträge und Heimatabende in Anspruch genommen werden, desgleichen die kostenlose Benützung der Fernseh- und Leseräume in verschiedenen Orten.
Der Verkehrsverband Montafon in Schruns bringt seit 1981 ein illustriertes **Journal** heraus, das mit einer dreisprachigen Beilage genaue Auskünfte gibt über alle Jahreszeiten, alle Sportprogramme, alle Orte des Tales mit Gaststättenlisten und Preisen, alle Bergbahnen, Skilifte, Buslinien usw.
Siehe auch R 24 Wander- und Bergtourenprogramme.

■ **24** Wir verweisen hier besonders auf das **Montafoner Bergwander- und Bergtourenprogramm:**
Das **Wanderprogramm** bietet von den örtlichen Verkehrsämtern organisierte Bergwanderungen unter Leitung eines Wanderführers (Tageswanderungen) auf markierten Wegen sowie leichte

Gipfelbesteigungen in allen drei Gebirgsgruppen. Die Führungen sind für Besitzer der Gästekarte zum Teil kostenlos. Anmeldungen bei den Verkehrsämtern.
Das Montafoner **Bergtourenprogramm** enthält von den Verkehrsämtern gemeinsam mit der Alpinschule organisierte Bergtouren und Gipfelbesteigungen. Auskünfte über Ziele und Kosten durch die Verkehrsämter. Alle durchgeführten Touren werden auch für die Wanderabzeichen „Goldener Montafoner Wanderschuh" und „Montafoner Gipfelkreuz" punktemäßig gewertet. Auf dem Programm stehen u. a. Zimba, Piz Buin, Schesaplana, Madrisa usw. – Auskünfte und Anmeldungen, auch für Einzeltouren, ebenfalls bei den Verkehrsämtern.

Wanderabzeichen. Für die Wander- und Bergfreunde gibt es folgende Wanderabzeichen (Punktebewertung):
„Montafoner Wanderschuh" in Gold, Silber, Bronze
„Österreichisches Gipfelkreuz" und „Gipfelkreuz mit Kranz"
„Goldener Wanderschuh" der Österreichischen Bundesorganisation und des Deutschen Sportbundes mit Wanderurkunde
„Wanderabzeichen Partenen/Silvretta"
„Wandernadel St. Gallenkirch"
„Österreichischer Wanderorden Gaschurn"
„Österreichische Bergwandernadel"

Auskünfte durch die Verkehrsämter.

Bergrettungsdienst. Die meisten Hütten und Höhenstationen haben Telefon- oder Funkverbindung ins Tal. Bei Bedarf kann die Bergrettung angefordert werden; wo nötig, kommt die Rettungsflugwacht zum Einsatz.

Naturschutz. In gewissen bezeichneten Gebieten sind die Pflanzen streng geschützt, sie werden durch die ehrenamtlichen, mit Ausweis versehenen Naturwächter betreut. Auch außerhalb dieser Natur- und Pflanzenschutzgebiete dürfen gewisse seltene Pflanzen nicht ausgegraben und nur in beschränkter Stückzahl mitgenommen werden. Siehe die Pflanzenschutztafeln in den

Hütten und Bergstationen! Bitte die Rastplätze sauber hinterlassen!

■ **25 Die Silvretta-Hochalpenstraße.** Sie ist das 22,3 km lange Mittelstück der Silvretta-Bundesstraße, Eigentum der Vorarlberger Illwerke AG. Übergang vom Montafon/Vorarlberg ins Paznauntal/Tirol. Scheitelpunkt 2034 m. Sie führt von Partenen im Montafon, 1051 m, in 25 Kehren durch das Illtal zum Stausee Vermunt, 1747 m, und zur Bielerhöhe, 2034 m, mit Silvrettastausee und Bielerdamm: weiter durch das Klein-Vermunt mit 11 Prozent Gefälle nach Galtür, 1584 m. Die Straße wurde 1954 durch die Illwerke dem öffentlichen Verkehr freigegeben. Mautpflicht. Normalsteigung 10 Prozent. Geöffnet zirka Ende Mai bis Ende Oktober. Im Winter gesperrt. Im Frühjahr und Spätherbst geben der Verkehrsverband Montafon (Tel. 0 55 56 / 22 53) und der Auto-Touring-Club Dornbirn (Tel. 0 55 72 / 6 32 32) Auskunft über die Befahrbarkeit. Postautoverkehr im Sommer zwischen Mitte Juni und Ende September, etwa fünf bis sechs Kurse in beiden Richtungen, in der Saison auch Kurse ab Bludenz-Bhf. Über Unterkünfte und Einrichtungen auf der Bielerhöhe s. R 675.

Mundartprobe, drei Verse aus „Fir-Obad", Montafoner Mundartgedichte von Otto Borger (Schruns 1963).

Bergstieger-Röt

Gang i d'Bärg met Husverstand.
Ist di Härz dia Tur im Stand?
Host o ghörigs Hees dazua
und vor allem rächti Schuah?

Nimm net ger z'viel Eßwar met.
Söttaviel marendischt net.
Foch rächt gmüatli z'schrita-n-a.
Gang nu jo net z'nötig dra.

Merk dabei of jeda Fall:
hab bim Stiega ken Verzal.
Schrett för Schrett, glichmößig goh
und net allbot ahi stoh.

Schriftdeutsche Übertragung obiger Mundartprobe

Bergsteiger-Ratschläge

Geh in die Berge mit Hausverstand.
Ist dein Herz die Tour imstand?
Hast du auch richtiges Gewand dazu
und vor allem rechte Schuh?

Nimm nicht zu viel Eßwar' mit.
So viel issest du nicht.
Fang recht gemütlich zu schreiten an.
Geh nur jetzt nicht zu eilig dran.

Merk dabei auf jeden Fall:
Erzähl' beim Steigen nicht zu viel.
Schritt für Schritt gleichmäßig gehen
und nicht immer wieder hinstehen.

II. Allgemeiner Teil

Alpenpark Montafon

Landschaft – Gewässer – Grenzen

■ **41** Als Einführung in die Natur des Montafons empfehlen wir dringend den Besuch der „Vorarlberger Naturschau“ in **Dornbirn,** eines der besten Naturmuseen Österreichs. Das Montafon ist in zahlreichen Landschaftsgemälden usw. mit naturkundlichen Erläuterungen und Sammlungen jedweder Art zu sehen. Im *Sommer täglich geöffnet* von 9 bis 12 und 14 bis 17 Uhr. Montags geschlossen.

Die Landschaft

■ **42** Der Name „Montafon“ bezeichnet die Talschaft am Oberlauf der Ill, ihr Name bedeutet die Eilige oder Eilende, von einem vordeutschen Wort il = eilen (keltisch: ilara = eilig); 1377 urkundlich Yll.
Die 72 km lange Ill entspringt im Vermunt, in der Silvrettagruppe, und durchfließt in NW-Richtung zunächst in 40 km langem Lauf das Tal „MONTAFON“ von der Quelle bis zum Zusammenfluß mit der Alfenz (Klostertal) dicht SO Bludenz bzw. bis zum engen Talausgang des Montafons bei Lorüns. Das Einzugsgebiet der Ill im Bereich der **Talschaft Montafon** umfaßt **563,5 km^2** (zum Vergleich: Wien = 415 km^2).
Der weitere Verlauf des Illtales von Lorüns bzw. Bludenz bis Feldkirch heißt „WALGAU“ (s. R 129). NW Feldkirch mündet die Ill in den Rhein, d. h. das Montafon liegt im Einzugsgebiet des Rheines und an der inneralpinen Wasser- und Wetterscheide Rhein-Donau. Sie ist zugleich Stammesgrenze: Alemannen-Bajuwaren. Dazu kommen bedeutsame geologische Grenzen zwi-

schen den Ost- und Westalpen, Kalk- und Kristallingebirgen, die nahe oder im Tal Montafon verlaufen und zu denen sich noch die Länder- und Staatsgrenzen gesellen. Mit anderen Worten: **Das Tal Montafon liegt in einem natürlichen und geschichtlich ungewöhnlich bewegten inneralpinen Grenzraum erster Ordnung.** Es verdankt diesem Umstand seine Eigenheit und Vielfalt.

■ **43** **Die Ill** ist ein Flußlauf II. Ordnung (Rhein = I. Ordnung); Einzugsgebiet rund 1290 km^2, davon das Montafon rund 563,5 km^2, knapp ein Fünftel der Landesfläche Vorarlbergs (ca. 2600 km^2). Die Ill entspringt den Gletschertoren des Vermuntgletschers und des Ochsentaler Gletschers (Silvretta) am Piz Buin, mit 3312 m ü. M. der höchste Berg des Tales.

Auf ihrem Lauf vom Quellengletschertor bis zum Talausgang bei Lorüns nimmt sie eine Anzahl großer seitlicher Zuflüsse auf:

Zuflüsse von links, S: Garnerabach, Vermielbach aus dem Novatal, Suggadin(bach) = Gargellental, Gampadelsbach von Tilisuna, Rasafei(bach) = Gauertal, Rellsbach = Rellstal.

Zuflüsse von rechts, O und N: Vallülabach, Verbellner Bach mit Zeinisbach, Valschavielbach, Balbierbach = Netzatal, die Litz = Silbertal.

■ **44** Dazu kommen noch die **Wildbäche** und deren „Tobel" oder Bachgräben, manche einst gefürchtet ob ihrer Vermurungen durch Geröllströme oder Rüfenen nach Wolkenbrüchen, aber eben deshalb durch ihre Wildheit großartige Naturschaustücke, z. B. das Valcastieltobel (Mustergielbach) bei Vandans, mit Ruine (s. R. 245), das Sacktobel im Rellstal, Bilkentobel im Gauertal, Gravesertobel oberhalb St. Anton i. M. (R 229), das Litztobel hinter Schruns (Silbertaler Straße), Rasafeischlucht ob Tschagguns (R 296), Frattner Tobel und Maurentobel (R 484), Fenggentobel (= Garneraschlucht) bei Gaschurn, R 576 – um nur einige von jenen zu nennen, die für den Gast gut erreichbar sind.
Die Ill und ihre Zuflüsse sind heute eingefangen in den Stauseen der Vorarlberger Illwerke, wie sie unter R 180 beschrieben sind.

■ **45 Grenzen:** Die Ill und ihr Einzugsgebiet bilden „die Talschaft Montafon", deren Grenzen sind sonach die Wasserscheiden:
Im Norden und NO über die Verwallgruppe von W noch O: Von Lorüns über Davenna – Itonskopf – Kristbergsattel – Eisentaler Spitze – Wildebene – Pflunspitze (ab hier zugleich Landesgrenze Vorarlberg, Tirol) – Gafluner Winterjöchli – Gaflunakopf – Silbertaler Winterjöchli – Valschavielköpfe – Gaschurner Winterjöchli – Strittkopf – Verbellner Winterjöchli – Schrotenkopf – Fädnerspitze zum Zeinisjoch, dem Grenzjoch zwischen Verwall und Silvretta im N bzw. S und Vorarlberg und Tirol im W bzw. O.
Im Osten und SO über die Silvrettagruppe von N nach S: vom Zeinisjoch über Ballunspitze – Vallüla – Bielerhöhe – Hohes Rad – Tiroler- und Ochsenscharte zur Dreiländerspitze (Grenzgipfel Vorarlberg, Tirol, Schweiz); ab hier zugleich Staatsgrenze Österreich (Land Vorarlberg)-Schweiz (Kanton Graubünden): Von O nach W: Dreiländerspitze – Vermuntpaß – Piz Buin – Fuorcla dal Cunfin – Silvrettahorn – Rotfurka – Klosterpaß – Litznergruppe – Seelücke – Plattenjoch und -spitze – Garnerakamm und -joch – Rotbühelspitze – Schlappiner Joch (Grenzjoch zwischen Silvretta und Rätikon im O bzw. W und Österreich/Schweiz im N bzw. S).
Im Süden und SW über die Rätikongruppe und zugleich weiterhin Staatsgrenze von O nach N und W: Schlappiner Joch – Marchspitz (Madrisagruppe) – Gargellner Kamm – St.-Antönier-Joch – Rotspitz – Sarotlapaß und -spitzen – Plasseggajoch – Weißplatte – Grubenpaß – Sulzfluh – Drusentor, -türme- und -fluh – Schweizertor – Kirchlispitzen. Hier verläßt die Montafoner Wasserscheide der Ill den Staatsgrenzenkamm und folgt der Wasserscheide zwischen Rellstal (Montafon) und Brandner Tal (Walgau): Kirchlispitzen – Verajoch – Zaluandakopf – Lünerkrinne – Schafgafall – Saulajoch und -kopf – Zimba – Vandanser Steinwand – Lorüns, wo der Grenzkreis schließt.

■ **46 Seitentäler:** Von den Seitentälern sind nur zwei, Gargellental und Silbertal, dauernd bewohnt, alle übrigen Siedlungen (Orte) liegen – mit Ausnahme der Hangsiedlung Bartholomäberg-

Innerberg und abgesehen von den zahlreichen Einzelhöfen an den Berghängen – im Haupttal: Lorüns (600 m), St. Anton i. M. (659 m), Vandans (650 m), Tschagguns (684 m), Schruns (689 m), St. Gallenkirch (900 m), Gaschurn (1000 m), Partenen (1051 m).

■ 47 **Das Haupttal Montafon** ist durch einen doppelten Knick in zwei durch eine Enge getrennte Talbecken des „äußeren" und „inneren" Tales „gebrochen". Die Knickstelle heißt „die Fratte" (von lat. frangere = bzw. fracta = gebrochen; rätoromanisch fratta, daraus Fratte). So unterscheiden die Montafoner auch heute noch eine **„Außerfratte"** = Lorüns – Schruns, und eine **„Innerfratte"** = St. Gallenkirch – Partenen mit Gargellen; siehe auch R 484.

R 48–54 Offene Randzahlen für Nachträge.

Blumendorf Vandans mit dem Höhenzug von Golm; davor her zieht das Rellstal nach SW. In der Bildmitte das Kirchdorf (= Zwischenbäch), rechts die Parzelle Vens mit dem Mustergielbach und -tobel, überragt vom Fahrengrat (Ausläufer der Zimba), links Parzelle Innerbrach, darüber die Höfe von Lantschisott.
Bei R 235 *Foto V. A. Vandans*

Die Natur des Montafons

Gesteine und Gletscher

■ **55 Die Natur einer Landschaft** bestimmt deren Bild. Die natürliche Grundlage einer Gebirgslandschaft bildet der Gesteinsmantel der Erdkruste. Auf seinen Verwitterungsprodukten entwikkelte sich „das Leben“ mit winzigen Organismen, mit Pflanzen, Tieren und Menschen. Diesem natürlichen Entwicklungsgang folgen wir auch hier, wobei jedoch die Entwicklung nur flüchtig angedeutet und vor allem das heutige Bild in groben Zügen gezeichnet wird. – Siehe dazu das Kapitel „Gesteine und Mineralien des Montafons“ von Wilh. Klein im Montafoner Heimatbuch (R 745).

■ **56 Die Felsmauern des Alpenparkes Montafon.**
Die Gebirgskunde der „Alpen“ unterscheidet zwei Gebiete: Westalpen und Ostalpen mit der groben Grenzlinie Bodensee – Rheintal – Splügenpaß – Comer See. Vorarlberg und das Montafon liegen also in den Ostalpen an deren Westgrenze. Doch überschreitet gerade in Vorarlberg die geologische West-Ostalpen-Grenze jene geographische Grenzlinie nach O und schafft dadurch hier einen ungemein wechselreichen Raum, liegen doch „bezeichnende westalpine Baueinheiten diesseits des Rheins auf orographisch ostalpinem Gebiet“! (Krasser).

■ **57** Die Ostalpen werden geographisch grob in drei Längszonen geteilt: Südalpen, Zentralalpen, Nordalpen. Im W wird die geographische Grenze zwischen den letzten zwei von Innsbruck über Landeck (Inntal) – Arlberg – Bludenz nach Feldkirch gezogen. Das Montafon liegt also, geographisch gesehen, mit seinen drei Gebirgsgruppen, Rätikon, Silvretta, Verwall, in den Zentralalpen an deren Nordrand.
Aber auch hier springt die geologische Grenze aus der Reihe und dringt mit kalkalpinen Sedimentgesteinen und „Decken“, z. B. mit der sogenannten Lechtaldecke, in die zentralalpine Zone ein. Und

weil diese Grenzlinie schräg und quer durch die Außerfratte des Montafons verläuft, so haben zwei Berggruppen des Montafons, die westliche Verwallgruppe und der Osträtikon, Anteil sowohl an den „Kristallinen Zentralalpen", hier den Gneisen und Hornblenden der „Silvrettadecke", die zugleich die Silvrettagruppe bildet, als auch an den „Nördlichen Kalkalpen" und ihren Sedimentgesteinen, besonders an deren buntfelsigen, reichgeschichteten „oberostalpinen" Sedimentsgesteinen der Trias und des Jura, Formationen, wie sie in der Davennagruppe, in der Zimba- und Schesaplanagruppe sichtbar werden, und des „unterostalpinen" Jura, dessen herrliche, massige Tithonkalke die gewaltigsten Felsberge des Rätikons formen, so Drusenfluh und Drei Türme, Sulz- und Scheienfluh usw., „das Kletterparadies des Westens" der Ostalpen. Diesen Kalkbergen stehen im Silvrettagneis großartige Felsgestalten aus Kristallingestein gegenüber, von der Gargellner Madrisa bis zum Piz Buin, mit den kühnen Türmen der Litzner- und Garnerakämme, und vom Hochjoch ob Schruns bis zu den Pflunspitzen und zur Vallüla.

■ **58 Der Tethys entstiegen:** Es darf als Gemeingut des Wissens um die Entstehung der Alpen vorausgesetzt werden, daß die Alpen in der sogenannten Tertiärzeit, d. h. in der „Neuzeit" der Erdgeschichte, aufgestiegen sind aus der „Tethys", einem urzeitlichen Meer weltweiter Erstreckungen, dessen vieltausend Meter mächtige Grundschichten als Formationen im „Erdmittelalter" in den Perioden der Trias, des Jura und der Kreide als sogenannte Sedimente abgelagert worden waren und nunmehr – Beginn vor etwa 225 Millionen Jahren – zusammen mit noch älteren, ursprünglich darunter ruhenden Formationen und „Tiefengesteinen", emporgehoben, zerspalten, aufgefaltet, in „Decken" übereinandergelegt und -geschoben wurden – in riesigen Bewegungen, Ausmaßen und Zeiträumen. Dabei drangen auch glutflüssige magmatische Tiefengesteine und vulkanische Ergußgesteine empor, die zu sogenannten kristallinen Erstarrungsgesteinen (z. B. Granit, Gneisen bzw. Amphiboliten, Serpentinen usw.) erstarrten.

■ **59** Vom Gipfel der Schesaplana gesehen, spiegeln sich diese gebirgsbauenden Bewegungen im Antlitz der Landschaft. **„Ein einzigaritges Bewegungsbild“:** „Da sind zuerst die Zerspaltungen der Alpenmasse in einzelne weithin streichende Dekken und deren Wanderung von S nach N. Da wurden die Bündner Schiefer von der Falknisdecke, diese von der Sulzfluhdecke, diese von den Silvrettadecken und der Lechtaldecke überschritten. Später trat dann eine scharfe Abbiegung des ganzen Ostalpenrandes aus der O-W- in die NO-SW-Richtung ein. Endlich entstanden nach einer langen Zeit der Ruhe und Abtragung neuerliche lebhafte Verschiebungen, diesmal von O gegen W, welche vor allem in der Form von flachen Reliefüberschiebungen vollzogen wurden.“

■ **60 Zu der gerade quer über das äußere Montafon verlaufenden Grenzzone zwischen Kalkalpen und Kristallgebirge** sagt Krasser: „Zwischen dem Südrand des Kalkgebirges und dem Altkristallin sind Reste der Grauwackenzone eingeschaltet; sie bilden von Dalaas über den Kristberg gegen Zwischenbach im Montafon einen geschlossenen Streifen paläozoischer Gesteine (Karbon, Silur). Südwärts folgt die kristalline Silvrettamasse. Ihr nördlicher Saum, die untere Silvrettadecke, ist eine Zone von Phyllitgneisen und Glimmerschiefer, die vom Arlberg, der Südseite des Klostertales entlang, bis Dalaas und über Kristberg und Bartholomäberg nach Südwesten in den Rätikon zieht. Sie trägt die Sedimenteinschaltung der Tschaggunser Mittagsspitze (2169 m). Diese untere Schubmasse wurde von der oberen Silvrettadecke überfahren, welche die kristalline Hauptmasse im Süden Vorarlbergs bildet.“

Über ein neu entdecktes Korallenriff am Bartholomäberg s. R 450.

■ **61** Von dieser Silvrettadecke und von den auffallenden vulkanischen Gesteinen im Bereich des Schwarzhorns aber heißt es dort: „Im Südostzipfel des Rätikons erreicht das Silvrettakristallin sein westliches Ende. In diesem Gebirgsteil sind aber auch noch andere kristalline Gesteinsarten besonders beachtenswert: der früher für Diorit gehaltene dunkle Amphibolit des Tilisuna-

Schwarzhorns (2462 m), dunkelgrüner Serpentin nordwestlich des Schwarzhorns gegen das Gauertal hinunter und grüner Granit im Bereich der Tschaggunser Mittagsspitze (2169 m). Das Alter dieser ebenfalls ortsfremden Gesteinsarten ist so unsicher wie das des Silvrettakristallins; wahrscheinlich sind sie jünger." Von der Silvrettamasse, zu der das Verwallkristallin gehört, nimmt man an, daß sie vermutlich schon vor Beginn des Erdaltertums gefaltet und umgewandelt worden ist.

■ **62** Angesichts dieser Zeugnisse gewaltigster Erdrevolutionen sagte Dr. Krasser: „Dieses einzigartige Bewegungsbild ostalpiner und westalpiner Baueinheiten ist mit ein Schlüssel zur geologischen Erkenntnis der Alpen und erdgeschichtlicher Hintergrund der vermittelnden Stellung Vorarlbergs in der Gegenwart!"

■ **63** Gerade im Montafon findet sich ein merkwürdiges Zeugnis dafür: Bei diesen Großbewegungen wurde die **kristalline Silvrettadecke** auf die Sedimentgesteine der unterostalpinen Decken (z. B. der Sulzfluhdecke) aufgeschoben.
„Im westlichen Rätikon wurde die (oberostalpine) Lechtaldecke randlich überfahren" (Krasser), d. h. geologisch älteres kam auf jüngeres Gestein zu liegen, wofür nicht nur der Montafoner Osträtikon zwischen Gargellen- und Rellstal ein eindrucksvolles Zeugnis liefert (z. B. von der Bergstation Kapellalpe der Hochjochbahn gesehen), sondern im Montafon noch ein einzigartiger geologischer Beweis vorliegt, das sogenannte „Gargellner Fenster". Weil es gerade auch für Laien so leicht verständlich ist, sei es als Einzelhinweis gebracht:

■ **64 Das Gargellner Fenster:** Durch die Abtragung und nach der Überschiebung des Silvrettakristallin durch die Erosionskräfte (hier vom Suggadinbach) durchschnitten, und zwar so, daß nicht nur die ganze dunkle Gneisdecke durchsägt wurde, sondern auch das darunter „Liegende", die hier tiefer liegenden hellen kalkalpinen Baueinheiten der Gebirgsmasse, die gleichsam wie durch ein lichtes Fenster aus der dunklen Gneismauer der Silvrettadecke herausschauen: Dabei kamen nach Krasser zutage: „...ein bis 30 m mächtiger Stoß meist dunkler Aptychenkalkschiefer der

Arosazone. Darunter folgt Thitonkalk der Sulzfluhdecke, dessen helle Wände für die Landschaft dieses Fensters so bezeichnend sind. im Talgrund sind noch Wildflyschgesteine (Oberkreide) der Falknisdecke entblößt." Rein schematisch betrachtet, lagen diese Gesteine ursprünglich (zeitlich) *über* dem Kristallin, d. h. es ist hier ein deutliches Zeugnis für die Überschiebung der Silvrettadecke gegeben und zugleich für uns Laien eine leise Ahnung von der Urgewalt der dazu nötigen Kräfte. So ist das „Gargellner Fenster" eine Sehenswürdigkeit ersten Ranges im Montafon, „ein einzigartiges Naturdenkmal, das in seltener Klarheit den Deckenbau der Alpen zeigt und klarlegt" (Dr. Krasser). – Eine eingehende wissenschaftliche Arbeit verfaßte DDr. H. Bertle, Schruns, „Zur Geologie des Fensters von Gargellen" mit geolog. Karte, s. Lit.-Verz. 736. Ebenso eindrucksvoll sind Wanderungen in den Grenzzonen dieser Erdgeschichte und Landschaft: im Bereich der Madrisa-Rätschen-Gruppe (Gafierjoch und -platten! R 554), auf allen Übergängen von Gargellen ins St. Antönier Tal (R 545–548), nach Tilisuna, am Plaseggenjoch, Grubenpaß usw., ferner von Grabs nach Tilisuna (R 351–362) und von dort zur Sulzfluh und ins Gauertal und bis hinüber ins Rellstal, besonders aber am Bilkengrat und an der Schwarzen Furka, wobei sich der Gesteinswechsel auch im Wechsel des Pflanzenkleides spiegelt und umgekehrt.

■ **65** Das Antlitz der heutigen Landschaft wurde aber nicht nur durch die „Bausteine" der Gebirge, sondern auch durch deren Veränderungen bestimmt, denn mit dem Aufsteigen des Alpengebirges in riesigen Orts- und Zeiträumen begann auch sofort dessen Abtragung durch vielerlei (Jahrmillionen wirksame) Kräfte, besonders durch Wasser und Wind, Frost, Schnee, Eis, Gletscher und Lawinen – so sehr, daß wir heute nur mehr Ruinenreste der ursprünglichen Alpenmassen vor uns haben, deren Zerfall heute noch fortschreitet. Aber auch durch lebende Organismen, durch Pflanzen, Tiere und Menschen, die sich auf den Ruinen ansiedelten, erfolgt die Abtragung und Umgestaltung der Landschaft.

■ **66 Dem Wasser** fällt die Hauptarbeit zu. Die tiefen, oft schluchtartigen Einschnitte der Täler und Tobel (R 43, 44) liefern zahlreiche Beispiele, besonders die zwei ungewöhnlich eindrucksvollen Großtobel, Mustergieltobel und Venser Tobel in Vandans: Das Mustergieltobel ist durch eine Weganlage (für Verbauung) erschlossen (R 245) und bis zum Wegende leicht zu begehen – ein unvergeßlicher Eindruck. Vor dem Betreten des oberen Tobels oder des sehr steinschlägigen Venser Tobels wird gewarnt.

■ **67** Man beachte, daß die **Erosionsarbeit des Wassers** usw. in den Hoch- und Seitentälern vielfach andauert und zu weiterer Eintiefung führt, während im Haupttal der Ill eine Aufschüttung stattfindet, die eigentliche Talsohle also tiefer liegt. Durch Wildbachverbauungen und Wasserkraftwerke wird dieser Abtragung jetzt vielfach etwas Einhalt geboten.

■ **68** Auch von der ständigen **Wirkung der Lawinen** im Landschaftsbild und besonders im Waldmantel zeigen die Montafoner Berge, wie ausnahmslos sämtliche Hochtäler der Alpen, mancherlei Spuren in Gestalt von „Lawinenzügen", -gräben, -tobeln, die oft mit den Wassergräben (Tobeln) zusammenfallen, oft aber auch ihre eigenen „Leuizüge" (Montafoner Mundart: Leui = Lawine) in den Wald- und Erdmantel der Berge graben. Viele dieser (touristisch bedeutungslosen) Lawinen, die jeden Winter (Frühling) dasselbe Lawinentobel durchfahren, haben eigene Namen, so z. B. die „Frattner Leui", die durch das Frattner Tobel fährt.

■ **69** **Die Gletscher** spielen ihre Sonderrolle auch im Montafon, heute wie in den sogenannten „Eiszeiten". Deutliche Spuren im Antlitz der Landschaft hinterließen die Vergletscherungen der „Eiszeit" (Pleistozän), die bekanntlich im Alpenraum der neuesten erdgeschichtlichen Zeit, dem Alluvium, voranging, sich über rund eine halbe Million (500000 bis 600000) Jahre erstreckte und in vier kältere (schwankende), stark vergletscherte **„Eiszeiten"** oder **„Kaltzeiten"** mit drei wärmeren **„Zwischeneiszeiten"** oder **„Warmzeiten"** eingeteilt wird, in die Günz-, Mindel-, Riß- und Würm-Eiszeit als letzter (jüngster), der im Abklingen noch einige „Stadien" folgten. Die für uns sichtbarsten Spuren hinterließen die letzte (Würm-) und vorletzte (Riß-)Eiszeit, besonders auch im Wirkungsbereich des Illgletschers und seiner seitlichen Zuflüsse.

■ **70 Ill- und Rheingletscher:** Aus klimatischen Gründen wuchsen in den „Eiszeiten" die Gletscher, z. B. der Silvretta, des Verwalls, des Rätikons, des Arlbergs usw., und schoben sich – die Gletscher fließen! – vorrückend in die Täler herab, so auch die Gletscher von Vermunt, Verbella, Garnera, Gargellen, Silbertal usw., die sich im Montafoner Tal der Ill zum „Illgletscher" vereinigten. Er füllte das Tal aus, nahm seitlich Zuflüsse auf, durchströmte den Walgau und vereinigte sich im Raum Feldkirch mit dem gewaltigen „Rheingletscher".

■ **71 Der Rheingletscher** füllte Rheintal und Bodenseebecken und überdeckte als riesiger Eiskuchenfächer mit gewaltigen Zungenlappen ganz Oberschwaben, z. B. bis eine halbe D-Zug-Stunde vor Ulm a. d. D., bei Biberach a. Riß (s. „Riß-Eiszeit"!). – Dies ist erwähnenswert, weil auf und im fließenden Gletschereis die aus dem Gletscherquellgebiet, z. B. von den Silvrettabergen, stammenden und auf das Eis gestürzten kantigen Gesteinstrümmer (Glazialschutt) als sogenannte „Moränen" und „erratische Blöcke" mitgeführt und – ebenso wie das im Gletschereis eingebackene und „geschrammte Geschiebe" – auch bis nach Oberschwaben hinaustransportiert wurden!

■ **72 Die Gletscher** schliffen auch das überströmte Felsgelände ab: **Gletscherschliffe, Rundbuckel.** So wurden unter den Wurzelstöcken sturmgefällter Bäume auf den Ausläufern des Tschalengaberges (780 m) westlich Bludenz spiegelglatte Gletscherschliffe des Illgletschers bloßgelegt. Aus der obersten Schliffgrenze und aus obersten Ufermoränenablagerungen läßt sich die Mächtigkeit der Eiszeitgletscher erkennen. Bei Bregenz war der Rheingletscher ca. 600 m dick (tief). Im Walgau, bei Bludenz-Thüringen, vor den Toren des Montafons, war der Illgletscher ca. 1300 m (!) dick (tief; von der heutigen Talsohle gerechnet), d. h. für das äußere Montafon müssen ähnliche Werte angenommen werden. Sämtliche Seitentäler waren eisgefüllt, die

Hochstufen und Kare firnbedeckt. Firn- und Gletschereis gaben aber auch diesen Karen und Tälern, die sie z. T. jahrhunderttausendelang (immer wieder) durchströmten, ihr Gepräge, indem sie die ursprünglich meist vom Wasser V-förmig eingeschnittenen Täler zu U-förmigen, sogen. Gletschertrogtälern umformten. Ein typisches Trogtal ist z. B. das Garneratal, wo übrigens der zurückweichende Gletscher bei zeitweiligem Stillstand einen typischen Gletschervorlandsee, den inzwischen verlandeten, vor 100 Jahren noch ansehnlichen Garnerasee hinterließ.

■ **73 Nacheiszeit.** Rund 28000 Jahre v. Chr. begannen die „Würm"-Gletscher in Stadien infolge klimatischer Veränderungen (Erwärmung) zurückzuweichen bzw. abzuschmelzen: Oberschwaben, Bodenseebecken, Rheintal und Walgau wurden mählich eisfrei, der Bodensee-Rheintalsee und der „Walgausee" bildeten sich. Auch das Montafontal wurde schließlich eisfrei, die Gletscher schmolzen in die Seitenhochtäler zurück. Auch im äußeren Montafon dürften sich Gletschervorlandtümpel gebildet haben. Die Gletscher hinterließen beim Zurückweichen, zeitweisen Stehenbleiben und Wiedervorrücken (bis rund 10000 Jahre v. Chr.) als untrügliche Zeugen ihre Stirn-, Seiten- und Mittelmoränen. So hat unser Montafoner und Walgauer „Illgletscher" direkt vor den Toren des Montafons am Bürserberg südwestlich Bürs bei Bludenz einmalige Zeugnisse seiner Größe hinterlassen, nämlich:

■ **74 Die Riesenseitenmoräne** um das (besuchenswerte!) sog. „Schesatobel" am Bürserberg, eine der größten inneralpinen eiszeitlichen Ablagerungen dieser Art, deren eiszeitliche Herkunft auch durch den berühmten Fund eines 3,5 m langen Mammutstoßzahnes erwiesen ist. Er ist im Naturkundemuseum in Dornbirn zu sehen.

■ **75 Moränen:** Aber auch im Montafon selbst, an den Eingängen der Seitentäler hinterließen die Eiszeitgletscher große Trümmermassen. Das auffallendste Zeugnis aber hinterließ der Ill-Vermunt-Gletscher zuletzt (im sogen. Daunstadium) im Obervermunt selber, nämlich den riesigen Moränenwall der „Bielerhöhe",

Hueter-Hütte des ÖAV mit Zimba; an ihrem Westgratfuß das Zimbajoch, Übergang zur Sarotlahütte auf der Nordseite.

Foto: H. Häusle

der heute als natürlicher Staudamm oder „Bielerdamm" den „Silvrettasee" aufstaut (s. R. 181). Dieser Moränenwall zwang nach dem weiteren Zurückweichen des Gletschers dessen Abfluß, eben die Ill, von ihrem jahrtausendealten Bett, nämlich durchs Kleinvermunt ins Paznaun (Inn – Donau – Schwarzes Meer), abzuweichen und sich einen Weg ins Montafon zu bahnen und also seit etwa 15000 bis 20000 Jahren in den Rhein und in die Nordsee zu fließen!

■ **76** Das merkwürdigste Zeugnis der eiszeitlichen Großvergletscherung aber lieferten die Sulzfluhhöhlen im Montafoner Rätikon bei der Tilisunahütte (R 357).
In einer dieser sehenswerten Höhlen, in der Geschiebehöhle, fand sich nämlich Glazialschutt, Gletschergeschiebe aus Fremdgesteinen, die am Fundort nicht vorkommen und nur dadurch hineingelangt sein können, daß der an (über) dem Höhlenmund vorbeifließende Eiszeitgletscher das Geschiebe mit Schmelzwasser in die Höhle hineinschwemmte.

■ **77 Bachgabel am Zeinis:** Im Anschluß an den wechselnden Abfluß der Ill in die Donau bzw. in den Rhein sei auf die seltene Merkwürdigkeit einer Bachgabelung oder Bifurkation auf dem Zeinisjoch hingewiesen, wo ein Bach sich dicht über der Jochhöhe gabelt und mit einem Abfluß ins Paznaun (Inn – Donau), mit dem anderen ins Montafon (Ill-Rhein) strömt!

■ **78 Die Seen.** Die Gletscher hinterließen auch Gletschervorland- und Stirnmoränenseen, die, wie der Walgausee und jetzt auch der Garnarasee (s. R 605), entweder ganz oder teilweise wieder verschwunden sind. Wenn auch das Becken des wunderschönen Lünersees (s. R 79, 93, 94, 261) schon vor der Vereisung geologisch gegeben war, so hat doch der dortige Gletscher, der mit einem mächtigen „Eisbruch" in das Brandner Tal abfloß, an seiner Ausformung mitgewirkt und vor allem die Felsschwelle des „Seebords" nicht nur glattgeschliffen, sondern auch mit mehreren Strudellöchern, sogen. Gletschermühlen, und so mit eindeutigen Beweisen langanhaltender Vergletscherung versehen.

■ **79 Der Lünersee** (in seinem ursprünglichen, natürlichen Zustand vor der künstlichen Aufstauung: 45 Millionen m^3 Inhalt, 105 ha Oberfläche, 92 m tief, jetzt aber 78,3 Millionen m^3 fassend) liefert aber auch sonst wertvolle Zeugnisse zur Naturgeschichte des Landes. Durch seine Größe und Höhenlage von 1940 m über dem Meeresspiegel (vor der Aufstauung) war er der größte natürliche Hochalpensee in den Ost-Alpen. S. R 94, 263.

■ **80 Größere Naturseen** hat das Montafon sonst nicht aufzuweisen, wohl aber eine Großzahl kleiner und kleinster dieser lieblichen „Augen der Berge". Deren wichtigste, z. T. eiszeitliche, sind: Im Rätikon: Lünersee (Schesaplana); Tobelsee (Gauertal); Tilisunasee (Gampadelstal); Gandasee auf dem Schafbergplateau (Gargellen). In der Silvretta: Die Vallülaseen, der Radsee, der Heimbühlsee, die Seenkette am Versettla-Matschuner Grat, mehrere kleine Seen auf dem Vergaldner Roßberg und im Vermunt.
Im Verwall: die Hochjochseen (Herzsee usw.), die Seen am Luterseeberg ob Gortipohl, der Schwarzsee, Pfannen- und Lange See und die Alpgues-Seen im hintersten Silbertal, die Valschavielseen am Gaschurner Winterjöchli, die zwei Scheidseen (Verbellner Winterjöchli), der Brüllende See (Verbella), Versal- und Wiegensee ob Partenen. – Dazu kommen die Stauseen der Illwerke, heute eine Zierde der Landschaft.

■ **81 Muren und Bergstürze.** Mit dem Zurückweichen der Eiszeitgletscher, hier des Illgletschers, begannen die vielfach schutt- und moränenbedeckten, vom Eis entblößten Bergflanken abzurutschen, gewaltige Murbrüche und Bergstürze gingen nieder, Vorgänge, die bis in die neueste Zeit andauern, wie z. B. die Murbrüche der Vandanser Tobel zeigen (s. R 44).
Der auffallendste Bergsturz aus der Nacheiszeit ist jener bei St. Anton i. M., dessen helle Anbruchsnarbe im Davennastock heute noch auffällt und dessen riesiger Sturzfächer die kiefernbestandene „St. Antönier Alma" bildet.

■ **82 Ein Gipsvorkommen,** das sich vom Lünerseebecken über die Lünerkrinne (Gipslöcher) durch das Rellstal und bis in den

Davennastock jenseits des Montafons hinüberzieht, war an der Entstehung des Lünsersees wesentlich beteiligt, aber auch wohl eine der Ursachen zu dem Bergsturz bei St. Anton i. M.; dort wurde der Gips auch abgebaut und verarbeitet. Im Gebiet des Itonskopfes (R 448) zwischen Montafon und Klostertal sollen lt. neuen geologischen Erhebungen rund 40 Millionen Tonnen Gips lagern! Bei Lorüns rechts der Ill, an dem äußersten Felsriegel, mit dem dort die Verwallgruppe ausläuft, werden durch die „Zementwerke Lorüns AG" die obersten Schichten des Trias, tonhaltige Kalke (der Kössener Schichten und der roten Liaskalke der Adnether Schichten), zur Zementfabrikation abgebaut; s. R 222.

Die Gletscherwelt des heutigen Montafons

■ **83** Überflossen die Riesengletscherströme der Eiszeiten fast das ganze Land Vorarlberg, so nehmen die heutigen Gletscher nur noch knapp 1 Prozent der Landesfläche ein. Aber als sich nach Ende der „nacheiszeitlichen Wärmezeit" (durch welche die Gletscher in den Alpen vermutlich völlig verschwunden waren!), also ab ca. 800 v. Chr., wieder Gletscher bildeten, da verlief deren „Leben" bis heute wiederum unter großen Schwankungen.

■ **84** **Für diese Schwankungen** in den letzten Jahrhunderten liefern gerade die Montafoner Silvrettagletscher interessante Beweise. Die Alpen (Weiden, Almen) von Vermunt waren einst Eigentum der Unterengadiner Gemeinde Ardez (Steinsberg) und wurden von dort, von Süden aus, über die Hochpässe und Gletscher mit Vieh bestoßen. Im Mittelalter scheint das ziemlich leicht gewesen zu sein, weil die Gletscher damals *unter* den heutigen Stand zurückgeschmolzen waren, so daß der Vermuntpaß weniger vereist war als z. B. vor 100 Jahren. Das gleiche gilt für den Klosterpaß, wo ausgeschmolzene Steigspuren und sogar Tragtierhufeisen für einen ehemals regen Saumverkehr ins Prättigau sprechen. Im 16. Jahrhundert wuchsen dann die Gletscher (sogen. „Fernau-Stand"), wofür sogar ein urkundlicher Beweis vorliegt, in dem der Pfleger von Nauders am 23. Juni 1595, also offenbar nach schlechten Erfahrungen beim Alpauftrieb, an die

Gemeinde Ardez vom Vermuntgletscher schrieb, daß „diser Gletscher oder Ferner von Jar zu Jar, je lenger je mehr, nit allain wilder, kelter, und scherfer, sondern auch mit Zerspaltung, Aufwerfung und Weiterung der Kliffter zaigen thue“ (Kliffter = Klüfte, Spalten). Und im Bludenzer Urbar von 1612 heißt es, daß die Engadiner ihre Alpweiden im Vermunt nur mit höchster Gefahr über den Gletscher bestoßen könnten. Andere Zeugnisse berichten davon, daß man das aufzutreibende Vieh anseilen und Bretter zur Überbrükkung der Spalten mitführen mußte.
Wie stark die Vergletscherung z. B. um 1780 war, dafür liefert Catani in seiner Silvretta-Reisebeschreibung Juli/August 1780 folgenden Beweis: von Vergalda (Gargellental) durch das heute völlig eisfreie Vergaldner Tal ins Garneratal hinüberwechselnd, schreibt er: „. . . reisten noch 1 ½ Stund wegs durch das (Vergaldner) Tal hinein, bis angesichts der Gletscher; stiegen dann denselben linker Hand 1 ½ Stund weg hinauf bis zur Furka Maschun genannt . . .“

■ **85** Schließlich stießen die Gletscher um das Jahr 1850 mit dem sogenannten **„1850er Stand“** ca. 2 km weiter vor als heute, wovon deutliche Moränenwälle zeugen, so z. B. beim Vermuntgletscher, im Ochsental und im Bieltal usw.
Während die Nordseite des Silvrettahauptkammes von der Plattenspitze im Garneratal bis zum Hohen Rad durchwegs noch vergletschert ist, gibt es im Rätikon nur mehr zwei Gletscher, den Brandner Gletscher und den Eistobelgletscher an der Drusenfluh. Im Montafoner Verwall liegt kein nennenswerter Gletscher, doch gibt es außerdem noch Firn- und Eisflecken in allen drei Gruppen. Heute sind sämtliche Gletscher seit mehreren Jahren im Schwinden, die Zungen schmelzen zurück, und die Oberflächen sinken ein (Dickenverlust, Massenverlust), die Firngrenze weicht zurück. Den schönsten und eindrucksvollsten Anschauungsunterricht zum Thema „Natur im Montafon“ vermittelt uns der Geologische Lehrwanderweg Bartholomäberg (R 442), dessen Tafeln uns alles an Ort und Stelle erklären.

86 – 89 Offene Randzahlen für Nachträge

Klima – Pflanzen – Tiere

■ **90 Das Leben, die Pflanzen und die Tiere** – viele Jahrmillionen alt – waren natürlich lange vor den „Eiszeiten" in die Talschaft Montafon eingezogen (nicht zu reden von dem Leben vor der Alpenbildung, wie es sich in fossilen Funden offenbart). Die glaciale Vereisung der Alpen und des Montafons drängte das Leben zurück, d. h. es mußte sich auf die Felsinseln im Eis zurückziehen oder ins Gletschervorland hinaus. Solche Inseln im Eis des Illgletschers bildeten die Silvrettakämme oder z. B. die Zimbagruppe oder zwischen Ill- und Litzgletscher die Hochjochgruppe ob Schruns, die vom Eis ringsum hoch umflutet war.

■ **91** Auf diesen Inseln, nach den im grönländischen Eis **„Nunataker"** genannt, überdauerten manche arktisch-alpinen Pflanzen und Tiere die Eiszeiten und kamen als sogenannte **Eiszeitrelikte** (Restvorkommen) auf uns. Im Montafon sind wenige Eiszeitrelikte bekannt, immerhin z. B. eine seltene Pflanze, ein Steinbrech, der bei R 106 beschrieben ist, ferner gerade aus dem Montafon die einzige Tierart, „die unbedingt als Relikt anzusprechen ist". Sie wurde nur im Montafon 1922 bis 1943 gefunden, und zwar im Kromertal, am Kaltenberg, am Gipfel der Eisentalerpitze (2755 m!; Verwall) und an der Heimspitze (Gargellen), nämlich eine sonst nur aus dem Wallis bekannte Schmetterlingsart, Scioptera tenella Spr.
In den wärmeren Zwischenzeiten drangen Pflanzen und Tiere sofort wieder in die Alpentäler, auch ins Montafon, ein. Das Mammut, dessen 3,5 m langer Stoßzahn in der Schesatobelmoräne (R 74) gefunden wurde, dürfte aus der letzten Zwischeneiszeit stammen. Auch die vermutlich ersten Menschen wanderten damals in den alpinen Bodensee-Rhein-Raum ein (R 121).

■ **92 Das Montafon in der Nacheiszeit.** Die wärmere Nacheiszeit, ca. 28000 bis 8000 v. Chr., brachte wieder Leben in das Montafon. Natürlich kamen zuerst Flechten, Moose und die typische Flora der Tundra, der Zwergstrauchheide, der die Weltenwanderin Silberwurz (Dryas), die Polarweide, Zwergbirke, Bergkiefer, Weißbirke folgten, schließlich die Waldkiefer, der Haselstrauch, Ulme, Linde, Eiche, Fichte, Zirbelkiefer, Lärche.

■ **93 Wärmezeiten:** In der nun folgenden „nacheiszeitlichen Wärmezeit", 8000 bis 800 v. Chr., aber übernahm ein so „trockenwarmes Landklima" die Herrschaft, daß die Gletscher der Alpen völlig verschwanden! Die Schnee- und Waldgrenzen lagen 500 m höher als heute, wofür gerade hier interessante Beweise erbracht wurden: 1. durch die Pollenanalyse aus den Hochmooren im obersten Silbertal, aus der sich der frühere Waldbestand errechnen und als sogenannten „Eichenmischwald" erkennen ließ; 2. durch Funde im Schlick des Lünersees (1 940 m) und Spullersees (1 825 m), wo Geweihe von riesigen Edelhirschen und Elchen, Schädel von Urrind und Pferd geborgen wurden. Steinböcke sind bis ins 16. Jahrhundert in Vorarlberg nachweisbar und jetzt im Gargellental und Silbertal mit Erfolg wieder eingebürgert.

■ **94 Der Lünersee** lag damals mitten in einem von Elchen und Edelhirschen belebten Fichtenwald! Die heute kahlen Höhen von Obervermunt bei der Bielerhöhe usw. trugen prächtige Zirbelkiefern, deren riesige Stämme man aus den Mooren dort ausgegraben hat.

■ **95** Im obersten **Silbertal** am Winterjöchli, wo heute die Moorseen im Fichtenwald liegen, standen Ahorne und andere Laubbäume als Vorposten des Eichenmischwaldes, der aus Ahorn, Eichen, Linden, Ulmen und Eschen bestand und ca. 5000 bis 4000 v. Chr. seine größte Ausdehnung hatte. Urrind und Wildpferd streiften durch die Waldweiden. Auch aus dieser Wärmezeit sind in besonders warmen Landstrichen Relikte auf uns gekommen, besonders in den Montafoner und zumal Bludenzer Föhnstrichen, z. B. die Schneerose im Brandner Tal, das alpine Seifenkraut im Montafon, die Stechpalmen im Schrunser und Vandanser Föhnwald.

■ **96** Aus diesen Tatsachen kann man schließen, daß die alten Vergletscherungssagen, z. B. von der Toten Alp an der Schesaplana, die einst gutes Weideland gewesen sein soll, einen Wahrheitskern haben.

■ **97 Das heutige Klima des Montafons.** Auch klimatisch nimmt das Montafon infolge seiner geschlossenen Lage eine Sonderstellung ein. Obgleich das westoffene, ozeanisch beeinflußte Vorarlberg das niederschlagreichste Land Österreichs ist, hat das Montafon doch die geringsten Landesniederschläge mit 1100 bis 1200 mm gegenüber Bregenz–Ebnit mit 2000 bis 3000 mm. Im Monat Dezember zählt man im Durchschnitt in Gargellen 27 Prozent trübe Tage, in Bregenz 73 Prozent, d. h. in Bregenz gibt nur jeder 7. Tag die Sonne frei, in Gargellen jeder 2. Die Bewölkung Vorarlbergs geht „von Bregenz (64 Prozent) bis ins oberste Montafon (50 Prozent) um 14 Prozent zurück". In Bregenz 21 Gewittertage, in Gaschurn nur 11. Die oft viele Wochen dauernden Herbstnebel (Winternebel) im Bodensee-Rhein-Raum und im Walgau dringen kaum je ins Montafon ein.

Das Montafon erfreut sich also im Sommer eines milden Klimas, durch Föhneinfluß weiter gemildert. Weil der Niederschlag vom Tal nach den Höhen besonders in Form von Schnee zunimmt (über 1000 m kann es in jedem Monat schneien, und über 1800 m dauert die Schneedecke sieben Monate im Jahr!), sind die großen Höhen des Montafons (Silvretta) vergletschert, außerdem seine Skigebiete sehr schneereich mit Skisport bis in den Frühsommer.

■ **98 Als ausgesprochenes Alpental** weist die Talschaft Montafon nicht nur diese horizontalen, sondern auch vertikale Klima- und Wetterwechsel auf. Das Hochgebirgs- und Höhenklima bestimmt Leben und Landschaftsbild.

Kennzeichnend für das Hochgebirgs- und Höhenklima ist der verminderte Luftdruck. Er ist auf 1000 m über dem Meeresspiegel 12 Prozent geringer als auf Meereshöhe; auf 2000 m um 22 Prozent. Entsprechend geringer ist auch der Gehalt an Wasserdampf, an Staub, an Bakterien; daher die Durchlässigkeit der Luft für die wichtigen ultravioletten Strahlen und die Strahlungswirkungen, die auffallende Durchsichtigkeit der Luft, die uns den tiefblauen Himmel beschert. Daher die ungeheure Lichtfülle, die im Sommer auf 1000 m durchschnittlich doppelt so groß ist wie z. B. in Kiel, in den Wintermonaten sogar vier, fünf und sechsmal so groß.

■ **99** Verblüffend sind die Messungen der **Strahlungsintensität** mit Differenzen von 50 und 60 Grad C zwischen Schatten und Sonne in Meereshöhe von über 2000 m, also in allen Hochgebirgslagen des Montafons. Daraus resultieren die eigenartigen Luft- und Lichtverhältnisse – sie sind die Faktoren des unvergleichlichen, heilenden Hochgebirgsklimas, wie es von den Höhen um Schruns-Tschagguns, Gargellen, Gaschurn usw. schon seit Jahrzehnten bekannt ist. Nicht umsonst entstand die Kuranstalt Montafon mitten in diesem Alpenpark – mitten in dem geschützten subalpinen Klima des Schrunser Beckens, das noch dazu durch die Bergbahnen dem Hochgebirgs- und Höhenklima angeschlossen ist. So ist die Kuranstalt Montafon ganz aus diesen Naturgegebenheiten organisch herausgewachsen (s. R 374) und auch das Diät- und Kneipp-Sanatorium Gaschurn (R 570) auf ihnen begründet.

■ **100 In fünf Höhenstufen und drei Klimazonen** steigt die Landschaft des Montafons aus den Talgründen zur Fels- und Gletscherwelt empor.

I **Colline Stufe**	(um 600) bis 1350	Stufe des Obst- und Getreidebaues und Laubwaldes	= Subalpines oder Mittelgebirgsklima (bis 1000 m)
II **Subalpine Stufe**	1350–1900 m =	Stufe der Fichtenwälder	= Hochgebirgsklima zwischen 1000 und 2000 m
III **Alpine Stufe**	1800–2500 m =	Stufe der Weiden und Alpenmatten	
IV **Subnivale Stufe**		Stufe der steinigen Schafweiden	
V **Nivalstufe**	über 2500 m =	Stufe der Nivalflora (Schnee- und Eisregion)	= Höhenklima über 2000 m

Am Rundweg um den Lünersee, darüber der Seekopf, 2698 m, Ostpfeiler des Schesaplanastockes.
Bei R 261 *Foto: G. Flaig*

Über diese Stufen kann man im Montafon innerhalb weniger Stunden, mit den Bergbahnen schon in einigen Minuten, den Weg aus dem üppig blühenden Tal, seinen artenreichen Laubwäldern, Gärten und Obstbäumen bis in die Heimat der subarktischen Flora durchmessen, mit allen Übergängen, wozu es sonst einer Reise über nahezu 40 Breitengrade nach Norden bedarf!

Die Pflanzenwelt des Montafons

■ **101** ist bestimmt durch die bei R 90 bis 95 angedeutete Entwicklung, durch die stockwerkartig übereinander gestaffelten Höhenstufen der Vegetation und ihres wechselnden Klimas, durch die verschiedenartigen geologischen Gegebenheiten (Kalk- und Silikatgesteine), aber auch durch Umwelteinflüsse, welche Mensch und Tier hervorrufen.

■ **102** **Von den Kulturpflanzen** gedeihen Aprikosenspaliere noch in Gaschurn und an Bauernhäusern zwischen Silbertal und Kristberg bis 1100 m. Obstbäume gedeihen bis in die obersten Dauersiedlungen am sonnigen Bartholomäberg-Innerberg (um 1200 m) und bis Partenen (um 1000 m). Eine Besonderheit des Talklimas sind die „Montafoner Kriasi" = kleine, sehr süße **Kirschen.** Das Montafon war noch vor wenigen Jahrzehnten als Kirschenland bekannt – Beweis für sein mildes Klima. Die Kirschbäume bildeten ganze Alleen und kleine Haine! Aus den Früchten wird der gerühmte „Kriasner" gebrannt, der Montafoner Kirschenschnaps; das rote Innenholz des Baumes verwenden die Schreiner zu den Einlegearbeiten bei den Montafoner Tischen. Getreidebau wurde bis nach dem 2. Weltkrieg betrieben; Roggen, Gerste, Dinkelweizen gedeihen bis auf 1200 m (bes. am Bartholomäberg), Gerste wurde noch bis Partenen angebaut. In allen Dörfern gab es einst Mühlen, in denen eigenes und zugekauftes Getreide vermahlen wurde. Wiesen und Weidewirtschaft als Grundlage der Viehzucht herrschten aber immer bei weitem vor. Heute ist der Ackerbau im Tal, bis auf Kartoffeln für den Eigenbedarf, fast abgekommen.

■ **103** **Der Wald** mit 1470 ha Fläche bedeckt beidseitig die steilen Talflanken bis auf ca. 1800 m über dem Meeresspiegel. Die Waldungen im Tal sind mehrheitlich Eigentum des Standes Montafon (s. R 146) bzw. „Forstfonds". Ihm gehören als größte Agrargemeinschaft Vorarlbergs acht Gemeinden der Talschaft an. Beim „Standeswald" handelt es sich um den früheren Staatswald, der im Jahre 1832 angekauft wurde. Er umfaßt ca. 7500 ha Wald

(rd. 3900 ha Wirtschaftswald, rd. 3250 ha Schutzwald [Bannwald], Rest außer Betrieb) mit 2,25 Millionen Stämmen. Die Verwaltung erfolgt durch den „Stand Montafon“. In den unteren Laubwaldzonen herrscht Buchen-Fichten-Mischwald vor, doch steigen kleine reine Buchenbestände, z. B. im Rellstal, bis 1450 m, als Krummholz sogar bis 1600 m.
Auffallend sind die herrlichen kugeligen Einzelbuchen, besonders am Bartholomäberg und auf Gamplaschg ob Schruns. In den unteren Lagen der Außerfratte, bei Vandans bis auf 1200 m ansteigend, gedeiht im Mischwald das Stechlaub als Wärmezeitrelikt im Föhnbereich; dazu zählt wohl auch der Rotföhrenbestand auf der St. Antönier Alma bei St. Anton i. M. und an den felsigen, heißen Südhängen des Davennastockes. Bergahorne sind in der Laubwaldstufe weit verbreitet und steigen hoch empor. In den unteren und mittleren Waldmantel sind die Rodungen und Lichtungen der Berghöfe und Maisäße (Voralpen) eingesprengt, während von oben die Weideflächen der Alpen (Almen) in die Waldgrenze hinabstoßen. Über 1000 und 1200 m herrscht im ganzen Tal die Fichte (Rottanne) vor und bildet besonders im Bannwäldern und abseitigen Lagen wilde Bergwälder mit prächtigen Säulenfichten, z. B. im Gargellental; dort sind auch die im Montafon sonst seltenen Lärchen zu finden. Vereinzelt findet sich auch noch die Eibe (Taxus baccata), besonders an der Sonnenseite bei Partenen, und die Zirbelkiefer (Zirbe, Arve, pinus cembra), der edelste alpine Nadelbaum, mit kleinen Beständen im obersten Rellstal, am Gandasee ob Gargellen, auf Alpe Kops, im Garneratal, im Großvermunt, auf Alpe Fresch im Silbertal, auf Tschambreu über Partenen. In alter Zeit gab es große Bestände, so z. B. auf der Bielerhöhe, im Großvermunt, die von den Hirten wegen der Bärenplage abgeholzt wurden. Im Silvretta-Klostertal (R 681), heute baumlos, fand man bis auf 2300 m Höhe Baumleichen der Arven.

■ **104 Das sogenannte Krummholz** löst den Hochwald nach oben oder in steilen Lawinenzügen ab, tritt auch als Unterholz auf, und zwar sowohl die Legföhre (auch Latsche, im Montafon

„Zundara“ genannt, Pinus mugo) wie die schatten- und feuchtigkeitsliebende Bergerle (Alnus viridis, im Montafon kurzweg „Studa“ = Stauden geheißen, sie sind mit Zwergbirken und Ebereschen durchsetzt.

■ **105 Strauchheide:** An und über der Waldgrenze bildet der einzigartige Teppich der „Alpinen Strauchheide“ einen oft geschlossenen Gürtel, den der Bergbauer zur Gewinnung von Weide nach Möglichkeit zurückdrängte. Es sind die zahlreichen Beerensträucher, Preiselbeeren, Heidelbeeren, Moosbeeren, Krähenbeeren und Bärentraube, die dem hochalpinen Hühnervolk Nahrung bieten; ferner Schneeheide, Seidelbastgewächse, Zwergweiden, Alpenazalee, Zwergwacholder und im besonderen die Alpenrose. Von ihr gibt es im Montafon in großen Beständen sowohl die haarige (Rhododendron hirsutum) wie die „echte“, die rostblättrige (Rhododendron ferrugineum) mit ihrem balsamischen Duft. Obwohl die Alpenrosen noch ganze Berghalden decken (größter geschlossener Bestand im Gargellner Valzifenztal) und zur Zeit ihrer Blüte einen wunderbaren Anblick bieten, sind sie doch im Bereich der Bergbahnen durch unbelehrbare Pflanzenräuber bedroht. Bitte schützt sie!
Im Herbst (Oktober) bildet die Strauchheide einen Farbenteppich von einer für den Sommergast unvorstellbaren Pracht, besonders die rubinroten Blätter der Bärentraube (Arctostaphylos alpina), das flammend gelbrote Heidelbeerkraut usw.

■ **106 Die Alpenflora** im engeren Sinne schenkt uns das Montafon in seltener Pracht und Vielfalt. Die Bergbahnen ermöglichen es jedem Besucher, bis ins Reich dieser Alpenflora vorzudringen, in die Region der Hochwälder, des Krummholzgürtels und der alpinen Strauchheide, bis hinauf zu der Flora der Gletschervorfelder und zu den unbeschreiblich herrlichen Blütenteppichen und Polsterpflanzen, zu jenen „Gärten auf Europas Zinnen“ – „6000 Fuß jenseits von Mensch und Zeit“. Wir verbinden daher diesen Hinweis nochmals mit der Bitte, die seltenen Pflanzen zu schonen – **alle!** Der Pflanzenfreund findet, besonders wenn er das Kalk- *und* das Kristallingebirge und zu verschiedenen Jahreszeiten besucht, die meisten der bekannten Alpenblumen (Blütenpflanzen), also Primeln, Enziane, verschiedene Steinbreche, Orchideen, alpine Lilien-, Nelken- und Hahnenfußgewächse, auch Gletscherhahnenfuß, Anemonen, Hauswurz, Schmetterlings- und Lippenblüter, Rosen- und Doldengewächse, Violazeen und Erikazeen, Mannsschildarten, Glockenblumen, Kompositen in großer Zahl, Eisenhut,Türkenbund; Habichtskräuter, Arnika, Alpenaster, Edelweiß, Edelraute usw. – 1150 verschiedene Arten an Blütenpflanzen, sagen uns die Fachleute! Im Gipfelbereich des Hohen Rades (über 2900 m) gedeihen noch 38 verschiedene Blütenpflanzen sowie Moose und Flechten; und am Gipfelaufbau des Piz Buin wachsen noch fünf Blütenpflanzen; einzigartig ist am Vermuntpaß, 2797 m, eine kleine Kolonie von Gletscherhahnenfuß! Als Hinweis auf besondere Raritäten nennen wir noch: den seltenen **„Prächtigen Steinbrech“** (Saxifraga cotyledon), nach dem einzigen nordalpinen Fundort im Montafon (Garneratal, Tafamunt und Gampadelstal) auch „Montafoner Steinbrech“ genannt. – Von den hochwachsenden Enzianen kommen alle vier im Montafon vor, nämlich Gentiana lutea, punctata, purpurea und asclepiadea. Bemerkenswert ist ferner ein seltenes Vorkommen der weißblühenden Alpenrose (Rhododendron albiflorum) im Gargellengebiet; verschiedene hochalpine Mannsschilde (Androsace); die Glockenblume von Mont Cenis (Campanula cenisia) gibt es als einzigen Standort im Schesaplanagebiet. Zu erwähnen wäre besonders noch das reiche Vorkommen von Daphne striata (Steinrösl) im oberen Rellstal, von hochnordischem Wollgras im Seengebiet von Versettla–Matschun, die Azaleen- und Dryasteppiche an windgepeitschten Graten, z. B. auf Golm, Maiglöckchen und Frauenschuh da und dort im Kalk. Künder des hochalpinen Frühlings sind die hellgelben Felsaurikeln (kalkliebend) und die rotvioletten Primeln der Gneisfelsen, ferner die weißen und die schwefelgelben Anemonen. Sie alle sind durch Naturschutzgesetz streng geschützt. Pflücken oder Ausgraben ist verboten!

Auch auf **die vielen Moore und ihre Flora** – auf Golm, Hora, am Kristberg, im oberen Silbertal, am Zeinis, auf Tilisuna, im Vermunt

usw. – sei verwiesen. – Die Hauptblütezeit der Alpenflora liegt zwischen Ende Mai und Anfang August, doch hat jede Zeit des Sommerhalbjahres ihre Schöhnheit, von den ersten Krokussen und Soldanellen hinter dem weichenden Schnee bis zur feurigen Glut der herbstfarbigen Wälder, Weiden und Heiden.
Besonders sei auf den **Alpengarten** bei der Lindauer Hütte im Gauertal verwiesen, s. R 331 b.
Ausführlich über Flora und Fauna des Tales im Montafoner Heimatbuch und im Heimatbuch Gaschurn (R 745)

107–110 Offene Randzahlen für Nachträge.

Die Tierwelt des Montafons

■ **111** In den Bergen und Wäldern des Montafons gab es noch im 16. Jahrhundert Bären, Wölfe, Luchse und Steinböcke; 1850 und 1883 wurden im Vermunt und 1867 am Saula ob Vandans die letzten Bären im Montafon erlegt. – 1958 wurde in der Hochsilvretta, zwischen Gargellen- und Garnertal der **Steinbock** wieder eingebürgert, und 1976 wurde im hinteren Silbertal eine weitere Steinbockkolonie mit vier Böcken und 15 Geißen gegründet. Der Bestand an Steinwild in Vorarlberg beträgt derzeit rund 400 Tiere! Auch heute ist das Montafon reich an vielen weiteren Bergtieren, an Rehen und Hirschen und in der Höhenzone besonders an Gemsen. Es gibt Füchse und Marder, Iltis, Wiesel, Igel und das possierliche Murmeltier, bekannt als Winterschläfer; es begegnet uns auf steinigen Hochmatten und zwischen Alpenrosen und Felsen. Weiter lebt hier die Alpenspitzmaus und die Schneemaus. Die Vogelwelt ist mit vielen Arten vertreten, mit Schneehuhn, Birkhuhn und Steinhuhn, mit Schneefinken, Bergdohlen, Tannenhäher, Mauerläufer, Alpensegler, Specht, Alpenbraunelle und Ringdrossel, der unermüdlichen Frühlingskünderin. Es gibt die Alpenfledermaus, die Bergeidechse, das Eichhörnchen und den schwarzen lebendgebärenden Alpensalamander. Von den zahlreichen Schmetterlingen im Montafon seien der Mohrenfalter, der Alpenapollo und der Heufalter genannt. Dazu viele Arten Käfer und Insekten. Auch der Gletscherfloh (Springschwanz), ein Urinsekt, und die rote Schneealge finden sich auf unsern Firnen.

■ 112 **In den Bergbächen** lebt die Bachforelle, im Tilisunasee noch Groppen und Pfrillen. – Auffallend ist die Dunkelfärbung (zur Wärmespeicherung) vieler Alpentiere (Kohlgams, Kohlfuchs), besonders Insekten, z. B. Spinnen oder Schmetterlinge (Mohrenfalter!), und fast schwarzgefärbte Kreuzottern, die in heißen Bergflanken manchmal vorkommen und Vorsicht erfordern.

■ 113 Eines seltenen Tieres des Montafons muß noch gedacht werden: Es ist dies ein **Brunnenkrebs** (Nyphargus tatrensis Wrzés), „den man nicht nur in den Tümpeln der Sulzfluhhöhlen, sondern auch in den Quellbächen am Nordfuße der Kirchlispitzen und durch sie im Hauptzufluß des Lünersees findet. Da dieser Krebs ein ausgesprochenes Höhlentier ist, kann er nur aus den Höhlen im Inneren des Berges gekommen sein, ein zoologischer Beweis dafür, daß der Rätikon von Höhlen durchsetzt ist."
Jagd und Fischerei im Montafon. Der oben geschilderten Tierwelt entsprechend, werden im Montafon von den Jagdpächtern der Eigen- und Genossenschaftsjagden gejagt: an Nutzwild besonders Rotwild, Rehwild, Gemsen, Hasen, Murmeltiere, Auerwild, Birkenwild und Schneehühner; an sogenannten schädlichen Tieren besonders Füchse, Marder usw.; gefischt wird die Bachforelle, im Lünersee außerdem die dort (und im Herzsee am Kapelljoch) eingesetzten Fische. Interessenten wenden sich an die Gemeindeämter oder Forstbehörden.
Die Abteilung „Zoologie" in der Dornbirner Naturschau, siehe R 41, bietet eine prächtige und umfassende Überschau.
Zudem sind im großen Tierpark von Feldkirch-Ardetzenberg die meisten dieser Tiere zu sehen.

114–118 Offene Randzahlen für Nachträge

Menschen im Montafon

Kleine Einführung in die Geschichte des Tales

Als treffliche Einführung in die Geschichte und Kultur Vorarlbergs und des Montafons empfehlen wir – neben dem *Heimatmuseum* in *Schruns* (und Bludenz) – vor allem den vorherigen Besuch des *Vorarlberger Landesmuseums in Bregenz,* dessen historische und Kunstsammlungen, besonders zur Frühgeschichte und Römerzeit, zu den wertvollsten und bestgeführten dieser Art zählen.
Ein außerordentliches Verdienst um das Volkstum des Montafons erwarb sich Dr. h. c. J. Zurkirchen, Bartholomäberg, mit seinen jahrelangen Forschungen über die Geschichte der alten Höfe und Geschlechter sämtlicher Gemeinden des Tales, über den alten Bergbau, über Bräuche, altes Rechtswesen usw. Die in einigen hundert Bänden gesammelten Urkunden und Dokumente werden im Archiv des Montafoner Heimatmuseum verwahrt.

■ **119 Das Wappen des Montafons** ist kein geringeres als das päpstliche, die gekreuzten Schlüssel im silbernen Feld, „die Schlüssel des hl. Petrus, denn die Mehrzahl der Bewohner bildeten die Hofjünger, die in den Hof von St. Peter bei Bludenz gehörten" (Hermann Sander). Dieses Wappen wurde erstmals auf einer Urkunde vom 2. September 1413 verwendet mit der Umschrift „Muntafuner gemainstands insiegel", sogar mit der Tiara, die aber von 1639 ab auf den Urkunden nicht mehr verwendet wurde. Nach der Sage soll dieses Wappen den Montafonern durch ein Privilegium der Päpste beim Konstanzer Konzil verliehen worden sein und sie gebrauchten es – zuerst mit, dann stets ohne die dreifache Krone – seit jener Zeit als Siegel.

■ **120** Niemand kann sagen, wann die ersten Menschen durch die Bergwildnis des Montafons streiften – auf der Jagd oder auf Wanderzügen nach neuem Siedlungsraum. Wohl aber kann man Vermutungen haben, wobei jedoch der Blick über die engen

Tschagguns mit Gauertal und Drei Türme; links die Hangsiedlungen von Ziegerberg an der Mittagspitze, s. R 298. Rechts Gauertal mit Drei Türmen und Drusenfluh, davor Geißspitze.
Bei R 280 *Foto: G. Flaig*

Ortsgrenzen hinaus gerichtet werden muß, in unserem Falle in den natürlichen Großraum, dem das Montafon pflichtig ist, nämlich in den des Alpenrheins und des Bodenseebeckens im weitesten Sinne im N, W und S, aber auch des oberen Inntales im O.

■ **121 Altsteinzeitliche Höhlenbewohner:** So betrachtet, ist sehr frühzeitiger Besuch des Tales durch Menschen möglich, wohnten doch jenseits des Alpenrheins in den Höhlen des berühmten Wildkirchli (1477 m, Säntisgruppe), im Wildmannlisloch (1678 m, Churfirstenkette) und Drachenloch (2445 m Calfeisental) jene altsteinzeitlichen Höhlenbewohner des Paläolithikums (bis 3000 v. Chr.), die in der letzten Zwischeneiszeit dort lebten, d. h. etwa 80.000 bis 50.000 Jahre v. Chr., in einer Zeit, in die vermutlich auch die Mammutzahnfunde aus dem Schesatobel bei Bludenz einzurechnen sind. Viel näherliegend ist ein gelegentlicher Besuch des Tales durch Menschen der Jungsteinzeit (3000 bis 1800 v. Chr.), zumal für diese Zeit bereits Funde auch diesseits des Rheins, z. B. am Kadel und Kummenberg bei Götzis, im Vorarlberger Rheintal nachgewiesen sind.

■ 122 **Kelto-Illyrier:** Außer Zweifel steht, daß das Montafon in der Bronzezeit (ca. 1800 bis 800 v. Chr.) und vor allem in der Eisenzeit (ca. 800 v. Chr. bis Chr. Geb.) schon mannigfachen Besuch von Jägern und Durchziehenden hatte, ja sogar wahrscheinlich schon in die Alpwirtschaft (Weidenutzung) der Siedler im nahen Walgau (Bludenz) einbezogen, d. h. periodisch bewohnt wurde. Dafür sprechen zunächst die erstaunlichen bronzezeitlichen Streufunde (Beile, Lanzenspitzen usw.) in Bludenz, Nüziders, am Flexenpaß und zumal im obersten Gargellental (s. R 526), auf Vergalda und Valzifenz, aus denen man nicht nur auf die bronzezeitliche Weidenutzung im Vergalden schließt, sondern auch „einen deutlichen Beweis sieht, daß der Weg ins Prättigau schon sehr früh bekannt war“.

■ **123** Wichtiger aber für die obige Annahme sind die **Grabungsfunde** auf dem Montikel und Schloßhügel von **Bludenz** aus der älteren und jüngeren Eisenzeit (eine der wichtigsten inneralpinen Fundstätten dieser Art). Über 10000 Fundstücke aus der

Hallstatt- und Latènezeit (6. bis 1. Jahrhundert v. Chr.) erbrachten den Beweis für eine durch Jahrhunderte bewohnte größere Siedlung einer illyrischen, d. h. von Osten gekommenen Bevölkerung vom dinarischen Typ, sog. Venetern, die nicht nur „regen Handel in ostwestlicher Richtung", sondern auch Getreidebau und Haustierzucht betrieben, Rinder, Pferde, Ziegen, Schafe, Wolfshunde hielten. Es muß angenommen werden, daß diese Veneter das Montafon ständig besucht haben als Durchzugstraße zum Schlappiner Joch usw., als Jagdgebiet, zur Weidenutzung, ja sogar als Sommersiedlungsraum. Dies ist um so wahrscheinlicher, als die Suche nach Erzen sie auch hiezu verlockte, wie die Spuren frühen Bergbaues im Sarotlatal südlich Bludenz zeigen, die auch zur Erschließung des Montafons (Silbertal – Kristberg) führten.

■ **124** Der natürlichen Aufgeschlossenheit des Landes zum **Rhein-Bodensee-Raum** entsprechend, dürften aber auch von W und NW her gleichzeitig die indogermanischen **Kelten** durch das Rhein- und das Illtal vorgedrungen sein, wofür auch keltische Orts- und Flurnamen sprechen, so wie man ja u. a. den Flußnamen Ill (und Iller) auf ein keltisches Wort il = eilen (s. R 42) zurückführt. Soweit eine „Urbevölkerung" also überhaupt bekannt ist, darf sie wohl als kelto-illyrischer Art angenommen werden, wobei die Kelten schließlich dominiert haben sollen. Sie bewohnten das Land, sicher aber den Raum Bludenz – Feldkirch wo bei Göfis eine ihrer größten Siedlungen, die sog. Heidenburg, nachgewiesen wurde, als nun um Christi Geburt die Römer diesen Alpenraum zu erorbern begannen.

■ **125 Römer und Rätoromanen:** Zur Sicherung anderer Provinzen am und im östlichen und westlichen Alpenraum beschloß der römische Kaiser Augustus, auch das (später „Rätia" genannte) Kernstück der mittleren Alpen unter römische Herrschaft zu bringen. Er beauftragte seine Stiefsöhne Drusus und Tiberius damit, die im Jahr 15 v. Chr. in einer großen Zangenbewegung die Räter unter römische Herschaft brachten. Während Tiberius von W durch Helvetien (Schweiz) zum lacus Venetus

(Bodensee) vorstieß, drang Drusus aus dem Etschgebiet vermutlich über den Brenner ins Oberinntal ein.

■ **126** Vorarlberg bildete fortan durch ca. vier Jahrhunderte einen Teil der **römischen Provinz** „Raetia prima" (Hauptstadt Curia = Chur) mit der bedeutenden Römerstadt Brigantium (Bregenz) an der großen Römerstraße über die Alpen (Julier-, Septimer- und Splügenpaß) Chur – Bregenz – Augsburg. (Die sehenswerte römische Sammlung des Vorarlberger Landesmuseums in Bregenz zählt zu den reichsten dieser Art.) Die römische Besatzung und Kolonisten verschmolzen in den Jahrhunderten mählich mit der kelto-illyrischen Vorbevölkerung der „Räter" zu jenen Rätoromanen, die im benachbarten Graubünden heute noch als einige 40000 eingesessene Nachfahren leben und „Rätoromanisch", die „vierte Landesprache" der Schweiz, sprechen. Diese rätoromanischen Reste leben in den Orts- und Familiennamen des Tales; der Talname „Montafon" selbst ist Zeugnis dafür.

■ **127 Rätoromanisch.** Dort, wo auf dem Silvretta-Hauptkamm die Landes- und Talgrenze mit der Sprachgrenze des noch rätoromanischen Unterengadins jenseits zusammenfällt (z. B. auf dem Piz Buin d. h. Ochsenberg) oder in der Fuorcla dal Cunfin (= Grenzscharte) begegnen wir heute noch der lebenden rätoromanischen Sprache. Sie lebt von der Schesaplana (saxaplana = Ebenstein) bis zum Pizzeguter Grat oberhalb St. Gallenkirch – Gortipohl (Piz acut = scharfer Spitz) in nach hunderten zählenden Ortsnamen fort. In einzelnen Gemeinden überwiegen die rätoromanischen Flurnamen bei weitem die deutschen. Hier einige Proben:
Tanafreida (= kalter Brunnen), Goldafor (Col davor = Hinterberg), Lifinar, Limat, Mansaura, Tilisuna, Matschun, Zamang, Sasarscha, Montiel, Tafamunt, Garfrescha, Gampabing, Gavadura, Madrisella, Mottabella, Aualatsch, Rasafei, Nossadona, Almustrig, Ladritsch, Valcastiel, Vandans, Vermunt, Valisera, Valzifenz, Valschaviel, Versettla, Vergalda usw. – Alle mit V geschriebenen Ortsnamen werden wie F gesprochen.

Vor 400 Jahren herrschte im Montafon noch die Zweisprachigkeit. Der Bündner Ulrich Campell, einer der Begründer der rätoromanischen Schriftsprache, schrieb in seiner Schrift „Raetia alpestris Topographica Discriptio“, erschienen 1572, es seien unter den Montafonern noch jetzt Familien, die besser rätoromanisch sprächen als alemannisch und ihr Romanisch sei viel urwüchsiger als das der Engadiner und übrigen Bündner!

■ **128 Das Wort Montafon** (Montavon; amtlich Montafon) ist zusammengesetzt aus dem rätoromanischen mont (oder munt) und tavun. Mont = Berg; tavun aus tovun = Tobel. Montavon also = Tobelberg oder das Gebirge (Bergtal) mit den vielen Tobeln. Dieser mutmaßlich richtigen Erklärung der **Zusammensetzung** des Wortes aus munt und tovun durch R. v. Planta stellte J. Zehrer (R 745) 1960 eine neue und überzeugende **Deutung** gegenüber. Er verweist auf eine Urkunde aus dem Jahre 1319, worin im Hinblick auf den Bergbau am Bartholomäberg-Kristberg von den „argentifodina seu mons dictus Montafune“ die Rede ist, zu deutsch: „die Silbergruben oder der Berg genannt Montafune“. Zehrer sagt mit Recht, daß das Wort also ursprünglich gar nicht das Tal, sondern eben jenen „Berg“ oder **Bergbaubereich** bezeichnete, auf dem die Silbergruben lagen, wie dieser Berg denn auch bald nachher und bis ins 16. Jh. in den Urkunden „Silberberg“ genannt wurde. Der Bedeutungskreis des Wortes tovun = Tobel (oder markanter Einschnitt im Berggelände) muß also sinngemäß auf „Grube“ oder „Stollenloch“ erweitert werden. Zehrer übersetzt daher Montafon bzw. munt tavun mit „Grubenberg“. W. Vogt schließt sich 1972 dieser Auffassung an und sagt: „Erst Anfang des 15. Jh. scheint in den Urkunden der Talregion der Beiname ‚. . . im Montafon . . . gelegen‘ auf. Der Name ist in das Tal abgewandert.“

Auch zahlreiche Montafoner Familiennamen weisen auf romanische Geschlechter zurück: Tschann = Gian (= Hans); Tschanhenz = Hansheinz; Tschanun = Gianone (großer Hans), Vallaster, Vonier, Mangeng, Ganahl, Marent, Zudrell usw. Desgleichen sind viele rätoromanische Worte in die alemannische Umgangssprache übernommen und bis heute lebendig.

■ **129 Römer im Walgau und Montafon:** Es darf angenommen werden, daß viele Räter (Kelto-Illyrer) der Walgau-Urbevölkerung beim Eindringen der Römer in das Illtal alsbald in das abgeschlossene, leicht abzuriegelnde Montafon ausgewichen sind.
Auch scheint gewiß, daß die Römer den wichtigen Übergang in der Flanke ihrer hochwichtigen Alpenstraße, also den Walgau und den Arlberg (und Zeinis), sicherten und einen römischen Posten in Bludenz stationierten, außerdem mit ihren Stationen in Tirol Verbindung hielten, wie dies Flurnamen im Walgau beweisen, z. B. montikel (ob Bludenz) = monticulus = der kleine Berg. Auch die frühe Besiedlung der fruchtbaren Walgauterrassen scheint sicher. Auch dies wird durch den Talnamen belegt, denn als nun drei bis vier Jh. n. Chr. die Alemannen vom Bodensee her in den Vorarlberger Raum einzudringen begannen, da wiederholte sich das Besatzungsspiel: Die Rätoromanen (Römer) zogen sich in die Rhein-Ill-Täler zurück und hielten sich dort noch fast ein halbes Jahrtausend länger als im Rheintal, so daß dieser „Gau" für die Alemannen des Bodenseeraumes zum „Wal-gau" = Gau der Walen oder Walchen oder Welschen wurde (vgl. Walensee usw.).

■ **130 Räter im Montafon:** Mit Sicherheit kann angenommen werden, daß, wo nicht mit Beginn der Römerbesatzung um Christi Geburt, so doch mit Beginn der Alemannenbesetzung des Vorarlberger Raumes, d. h. allerspätestens im 5. Jh. n. Chr., Teile der rätoromanischen Bevölkerung aus dem Illtal (Walgau) in das Montafon ausgewichen sind und es damit vereinzelt dauerbesiedelt haben.

■ **131 Christianisierung.** Das Montafon gehörte aber nicht nur zur römischen Provinz Raetia prima, sondern auch zum Bistum Chur, das im 4. Jh. n. Chr. entstanden war und wohl den Mittelpunkt der Christianisierung Rätiens bildete. Wann diese Christianisierung begann und vollendet war, liegt im Dunkeln. Das südliche Vorarlberg bildete innerhalb des Bistums Chur das

Capitulum Drusianum (Drusianisches Kapitel); diese Zugehörigkeit zum Bischofssitz Chur dauerte übrigens bis 1808! Nachher gehörte das Montafon zur Diözese Brixen, ab 1919 zur Apostolischen Administratur Innsbruck – Feldkirch, seit 1968 zur neugegründeten Diözese Feldkirch.

■ **132 Alemannen.** Der römischen Herrschaft folgte die Zugehörigkeit der Raetia prima zum Ostgotenreich ab 496 n. Chr. und zum Frankenreich ab 536. In Vorarlberg geschah damals (3. bis 5. Jh., stärker im 5. Jh.) die Einwanderung der Alemannen (nachdem sie über den römischen Limes vorgedrungen waren) von N her. Während im nördlichen Vorarlberg die Alemannen im Sippenverband einwanderten, Haufendörfer und Markgenossenschaften bildeten und bis zum 6. Jh. dieser Teil schon Alemannenland geworden war, geschah südlich des historischen Talriegels vom Kummenberg (bei Götzis) nur ein allmähliches Einsickern. In diesen frühen Jahrhunderten unserer Talgeschichte lebten dann die eingesessenen Kelto-Illyrer und Rätoromanen und die eingewanderten Alemannen nebeneinander – fast 1000 Jahre lang. Sie rodeten die Wälder, sie machten das Land urbar, sie trieben Viehzucht, Ackerbau und Jagd. Wahrscheinlich geschah die intensive Landnahme im Montafon schrittweise durch die „Hofjünger" des schon im Jahre 940 genannten „Königshofes" (Gutshofes) zu Bludenz, der vermutlich im 13. Jh. eingegangen ist; an seinem Platz erstand das noch heute hier liegende Kloster St. Peter dicht vor dem Eingang ins Montafon (s. R 144).

■ **133 Deutsche Bergknappen und Silberer:** Wahrscheinlich wurde schon zur Karolingerzeit im Montafon (von den eingesessenen Rätoromanen?) Eisenerz abgebaut. Eine erste urkundliche Nachricht über das Montafon stammt aus dem 10. Jh.: ein Verzeichnis der Einkünfte des Bistums Chur aus dem Eisenbergbau am Bartholomäberg mit acht Schmelzöfen! Die Knappen brachten dem bereits von Rätoromanen besiedelten Tal viel Zuzug und verstärkten das deutsche Element. Um 1100 besteht auf Bartholomäberg schon eine Seelsorge, 1350 wird es als eigene Pfarrei genannt, die erste des ganzen Tales. Auch St. Gallenkirch, damals mit Bartholomäberg Mittelpunkt des Tales, bekam schon im 11. Jh. eine eigene Kirche. Hauptgebiete des Bergbaus waren Bartholomäberg-Kristberg bis ins hinterste Silbertal, das heutige Gemeindegebiet St. Gallenkirch bis in die obersten seiner Seitentäler und Berggebiete und bis Partenen. Allenthalben künden heute noch zahlreiche Flurnamen von jener fernen Bergbauzeit.

■ **134** Jahrhunderte spielte dieser **Bergbau** eine große Rolle; Blütezeit war wohl Ende des 12. bis Anfang des 13. Jh. Im 14. Jh. grub man auch Silber ab, nachdem man im Silbertal eine Silberader entdeckt hatte. Die Stollen am Bartholomäberg und Kristberg zeigen die ganze Geschichte der Stollenbautechnik bis zurück zur „Feuersetzarbeit". Über die Nutznießer weiß man wenig, beteiligt waren außer dem Bistum Chur auch Herzog Sigmund der Münzreiche von Tyrol und die Augsburger Fugger; der Sage nach auch die Konstanzer Gewerken, ja – mit dem am Kristberg gewonnenen Silber sei die Stadt Konstanz erbaut worden!

■ **135** Noch in der zweiten Hälfte des 18. Jh. wurde auf **Bartholomäberg** Kupfer gegraben, und zwar in rund 150 Stollen. Die Pfarrtopographie von Bartholomäberg anno 1817 berichtet hierüber : „In den letzten 60er und 70er Jahren wurde in hiesiger Gemeinde auf der sog. Allmein auf Silber und Kupfer gebaut, und zwar zuerst auf Rechnung des Landesfürsten. Späterhin wurde dieser Bau der Strehlischen Kompanie in Imst überlassen und hörte endlich wegen immer geringerer Ergiebigkeit und Größe der Transportkosten der gewonnenen Materialien ganz auf; dieselben mußten nämlich auf dem Saumsattel in die k. k. Schmelze zu Brixlegg in Tirol gebracht werden."
Am Kristberg entstand damals das gotische Kirchlein St. Agatha, erbaut von Bergknappen, die verschüttet und wieder geborgen wurden. 1920 wurde noch einmal versucht, die alten Stollen aufzutun, aber die Arbeit wurde 1926 wieder eingestellt.
Als anläßlich des Straßenbaues am Bartholomäberg wieder Erz gefunden wurde, führte im Herbst 1969 eine irische Bergbaufirma nochmals Bohrungen durch, doch ohne praktischen Erfolg.

■ **136 Die freien Walser:** Neben diesen Ereignissen, der wachsend stärkeren Landnahme der Alemannen im Illtal, Walgau und Montafon, ging im 13. Jh. ein anderes einher: die Einwanderung der „freien“ Walser aus dem oberen Rhônetal, dem Wallis, daher der Name Walser = Walliser; daher das „Große und Kleine Walsertal“ in Vorarlberg! Es sind deutsche Kolonisten mit einer eigenen, hochalemannischen Mundart, dem Walserdeutsch; berggewohnte Leute mit hervorragendem Talent, in hohen Lagen zu siedeln, „in den obristen Höhinen und freien Wildenen“. Sie brachten ihre eigenen freien Rechte mit, denn sie waren von den Landesherren, vor allem den Montforter Grafen, als Kolonisten gerufen worden. Walserforscher (Dr. Fritz) vermuten, daß für diese Einwanderung, neben dem Einzug vom Walgau her, wahrscheinlich der Weg durchs Rellstal (Vandans) bevorzugt wurde. Durch dieses Tal führte nämlich der auch in alten Urkunden genannte „Räterweg“, ein uralter Saumpfad: Seewis im Prättigau – Gafalljoch (Cavelljoch) – Lünersee – Lünerkrinne – Rellstal. Auch das Schlappiner Joch und St. Antönier Joch dürften solche Walserpforten sein, weil Davos und Klosters sowie St. Antönien usw. auf der Prättigauer Seite ebenfalls frühe Niederlassungen der ersten Walserzüge waren.

■ **137 Dem Seßhaftwerden der freien Walser** verdankt das Montafon (ebenso wie andere Hochtäler Vorarlbergs und Graubündens) mit die **Besiedlung seiner Höhen,** die sie durch Rodung in schönste Weiden verwandelten. Mitten hinein stellten sie ihre holzgebauten Häuser, während die Romanen meist in Stein bauten. Bartholomäberg – Silbertal ist ihr Hauptniederlassungsgebiet im Montafon, und noch heute finden wir dort typische Walser, rotbackig, blond, hellhäutig und blauäugig und ihrer walserischen Herkunft vielfach stolz bewußt. Noch heute siedeln sie wie ehedem zuoberst an den sonnigen Berglehnen, tragen ihre alten Stammesmerkmale und genießen das herbe und schlichte Glück ihrer Freiheit.

Auch im **Hausbaustil** spiegelt sich die verschiedene Herkunft der Siedler: Es gibt im Montafon noch Steinhäuser mit romanischem

Das Gauertal mit dem berühmten Talschluß. Links der Drei Türme das Drusentor = Grenzjoch gegen die Schweiz (Tal Prättigau in Graubünden).
Bei R 330 *Foto: V. V. Montafon*

Rundbogeneingang. Daneben steht oft das reine Walser Holzhaus. Und sehr häufig ist die Verbindung beider Baustile zum typischen Montafoner Haus: Schwarzbraun gebranntes Gebälk neben schneeweiß getünchtem, bemaltem Mauerwerk, mit blumengefüllten Fenstern. Die Bautätigkeit der letzten Jahre hat das echte bodenständige Haus leider schon zurückgedrängt.

■ **138** **Die Walser** besiedelten aber nicht nur das Silbertal, den Kristberg und den Bartholomäberg, sondern auch andere Hochlagen des Tales, weil bei ihrer Ankunft die günstigeren Tallagen durch die Rätoromanen längst in Besitz genommen waren. So faßten sie auch in der Innerfratte Fuß bis Partenen, ja sie drangen nun auch ins oberste Paznaun vor, nach Galtür, und ersetzten dort die Unterengadiner Rätoromanen, die das alte Cultura (Galtür) gegründet hatten. Auch die enge Verbindung der Montafoner Walser mit denen des Prättigaus, z. B. von St. Antönien, steht fest, wie zahlreiche gleiche Geschlechter beweisen. Daß die fleißigen Walser schon im 14. Jahrhundert das ganze Montafon und Galtür „erobert" hatten, beweist als ein seltenes Dokument zur Talgeschichte jene „Friedensrichtung", die nach dem blutigen Appenzeller Krieg zu Konstanz am 4. April 1408 von dem römischen König Rupert von der Pfalz und den verschiedenen streitenden Parteien besiegelt wurde. Unter den vielen Namen dieser Urkunden finden sich: *„Amman vnd Landlüte jn Montafun* vnnd alle Walliser zu Tamüls, zum Sunnentag jn Glatterns vnnd am Tünserberg, vnnd die silbern daselbs vnnd alle Walliser uff Galtüre."

■ **139** Aus der Mischung von Unterengadiner Rätoromanen und Walsern als Siedler in Galtür erklärt sich auch die außerordentlich interessante, ja romantische Geschichte der Landnahme und Besitzverhältnisse in den Montafoner Vermunttälern, über die das „Silvrettabuch" ausführlich berichtet R 745.

■ **140** So gewann *das deutsche Element im Montafon* allmählich die Vorherrschaft vom Bartholomäberg aus. So gut wie heute noch im benachbarten Graubünden, so haben damals im Montafon beide Volksgruppen nebeneinander gewohnt. Wie gut und doch fein säuberlich getrennt Walser und Rätoromanen nebeneinander wirtschafteten, das beweist die heute noch so benannte „Walseralp" im Gampadelstal, der eine „Wältsche Alpp" gegenüberstand, nach einer walserdeutschen Alpordnung von Tilisuna vom 16. Februar 1456, worin auch von „wallsser oder ander Lüt" die Rede ist. In der ersten Zeit der Besiedlung mischten sich die freien Walser nicht mit den Romanen, um ihre Walserrechte nicht durch eine Ehe mit Hörigen zu verlieren. Bis Mitte des 16. Jahrhunderts war die rätoromanische Sprache noch immer neben dem mehr und mehr vorherrschenden Alemannen- bzw. Walserdeutsch bräuchlich.

■ **141 Die deutsche Sprache im Montafon:** Die mit der fränkischen Herrschaft in Vorarlberg als Landessprache eingeführte deutsch-alemannische Sprache wurde durch das Walserdeutsch wesentlich verbreitet und damit gültige Sprache des Montafons, wie dies die deutsch geschriebenen Urkunden seit Jahrhunderten beweisen. Diese wechselreiche alemannische Mundart des Montafons und Vorarlbergs ist dem Alemannischen der Schweiz eng verwandt. Sie unterscheidet sich grundlegend von den bajuwarischen Mundarten östlich des Arlbergs in Tirol, Oberbayern, Salzburg usw. Es sei daher festgehalten, daß in Vorarlberg und im Montafon die (bajuwarisch-tirolischen) Worte Alm, Ferner, Lahn usw. weder bekannt noch bräuchlich sind und nur durch nicht bodenständige Kartographen in die Landkarten eingeführt wurden. Es heißt im Montafon: Alpe und Alphütte (nicht Alm usw.; Gletscher (nicht Ferner); Jöchli und Hüsli (nicht Jöchl, Häusl); Leue oder Leui (nicht Lahn) für Lawine.

Das Montafon in der großen Geschichte

■ **142** In all diesen Jahrhunderten vollzog sich die Geschichte des Montafons natürlich immer im größeren Rahmen der Landes- und Reichsgeschichte. Diese Geschichte ist durch viele Jahrhunderte die Geschichte der verschiedenen Herzogs- und Grafengeschlechter im Bodenseeraum im allerweitesten Sinne. Seit Karl dem Großen (768 bis 814) ist das Frankenreich in Gaue eingeteilt.

Der Walgau oder Drusustalgau umfaßte auch das Quellgebiet der Ill, also das Montafon. Die wechselreiche Geschichte dieser Geschlechter ist nur für Spezialisten interessant. Es sind die Grafen von Bregenz (die Udalrichinger), die Grafen von Montfort, von Werdenberg usw. – mächtige Herren, die gegen Ende des 14. Jahrhunderts ihre Macht verloren.

■ **143** 1405: der Appenzeller Bauernkrieg endet mit dem Sieg der barfüßigen Bauern über die stolze österreichische Ritterschaft. Die Wellen dieser Erhebung schlugen stürmisch nach Vorarlberg herüber. Die Walgauer Bauern, vermutlich erbost durch harte Burgherren und Vögte, erhoben sich, ebenso die Montafoner, und schlossen sich den Eidgenossen an. Es wurde ein wildes Sengen und Brennen. In einer Nacht – so sagt die Überlieferung – wurden alle walgauischen Burgen gestürmt; wahrscheinlich auch Vacastiel ob Vandans. 1408 wurden die Appenzeller durch die österreichischen Ritter des St.-Georgen-Schildes wieder geschlagen; der Krieg endete mit dem Frieden von Konstanz 1408, s. auch R 138.

■ **144** Im Jahre 1394 bzw. 1408 übernahmen die Habsburger die Geschicke des Landes. Seither und bis zum Ende der Habsburger in Österreich – 1918 – gehörte (mit der kurzen Unterbrechung der Abtrennung Vorarlbergs an Bayern) das Montafon zum Hause Habsburg. 1382 hatte der gute Graf Albrecht II. von Werdenberg zu Bludenz seine sämtlichen Hörigen aus der Leibeigenschaft entlassen, und auch die „Hofjünger im Montafon" erhielten einen Freiheitsbrief. Er gewährte ihnen auch ein eigenes Gericht alljährlich im März zu „St. Peter auf der Platte" in Bludenz. 1391 kam es überdies zu einem Bündnis zwischen Graf Albrecht von Werdenberg-Bludenz und seinen Untertanen einerseits und der Stadt Feldkirch andererseits, dem sich in völlig demokratischer Zusammensetzung verschiedene Burgherren und Talleute anschlossen – Hofjünger und Freie, Walser und Silberer: Es ist die Vorarlberger Eidgenossenschaft, entstanden zu dem Zweck, daß von den Habsburgern keine fremden Vögte auf die Burgen gesetzt werden sollen – man war gewitzigt durch die bösen Erfahrungen, welche die Gotthardkantone mit den Habsburger Vögten gemacht hatten!

■ **145** 1499 war der Schwabenkrieg mit der berühmten Schlacht von Frastanz an der Ill (bei Feldkirch), in der 1200 Knappen aus Tirol und Vorarlberg, der „Stählerne Haufe", mitkämpften; alle bis auf 200 wurden an jenem 20. April niedergemacht. Die verlorene Schlacht hatte den Verlust der Habsburger Oberhoheitsrechte über den Schweizer Bund zur Folge, der damit zur freien Volksrepublik wurde.

■ **146** Im Verlauf all dieser Wirren wurden die Reste alter Grundherrlichkeit in Vorarlberg weggeräumt; es entwickelte sich die ständische Verfassung bürgerlicher (städtischer) und freibäuerlicher Stände, die einzig war in Österreich und die nur aus dem freiheitsliebenden Wesen der alemannischen Vorarlberger zu erklären ist. In den 24 vorarlbergischen Ständen (21 ländliche und drei städtische) mit frei gewählten Ammännern und Landammännern lebte man ähnlich wie in der Schweizer Republik. Das Monafon bildete den achten Stand dieser Verfassung, der heute noch als „Stand Montafon", unter dem sich zehn Montafoner Gemeinden zur Lösung überregionaler Fragen zusammengeschlossen haben, fortlebt. Den Standesrepräsentanten wählen die Bürgermeister des Tales aus ihrer Mitte. Seine Amtszeit ist gleichlaufend mit der eines Bürgermeisters. Dem „Stand Montafon" obliegt auch die Verwaltung des „Montafoner Standeswaldes" (s. R 103).

■ **147** Im 16. und 17. Jahrhundert brachte die Reformation auch für das Montafon unruhige Zeiten. Prättigau und Engadin hatten die neue Lehre angenommen, während Vorarlberg unter dem Vogt Marx Sittich von Ems beim alten katholischen Glauben blieb. Mit diesen Graubündner Tälern Prättigau und Engadin hatte aber das Montafon seit jeher engste Fühlung durch lebhaften Paßverkehr und wichtige Handelswege, besonders für Vieh, Wein, Salz, hauptsächlich über Schlappiner Joch und Vermunt. Nun aber kam es zu Einfällen und Kampfhandlungen, es gab gegenseitig Viehraub, Kirchenraub, Bildersturm, Brandschatzungen usw. mit steigendem Fanatismus – teils auf eigene Faust, dann als eigentliche Kriegshandlungen. Am 19. Oktober 1621 riegelte der österreichische Oberst Baldiron das Prättigau ab und verbot den reformierten Gottesdienst. Im April 1622 kam es wieder zum Aufstand, im Herbst 1622 zum Friedensschluß und wieder zu neuen Kämpfen bis 1625, schließlich mußte Baldiron kapitulieren. Die Kämpfe im Grenzgebiet waren so folgenschwer, daß das St. Antönier Tal südlich der Sulzfluh vorübergehend völlig entsiedelt wurde. In Bregenz fielen die Schweden ein und drangen bis zum Kloster St. Peter bei Bludenz vor, und auch die Montafoner mußten dorthin zur Verteidigung.

■ **148** Endlos reihten sich die Kriege, in die Österreich miteinbezogen war: die „Türkenkriege", „Spanischer Erbfolgekrieg", „Franzosenkriege" – und endlos waren die Lasten auch für das Montafon: Zwangsrekrutierung, Steuern, Teuerung, Hungersnot. In jener Zeit erstand dem Tal in der Person des Landammanns Batlogg eine prachtvolle Führergestalt. Er stammte aus einfacher Montafoner Bauernfamilie, 1751 zu Vandans geboren (sein Geburtshaus in Vandans-Innerbach, Haus Nr. 65/66, s. R 237), und wurde 1775 der erste Richter und Landammann des neuen Gerichtes Montafon zu Schruns unter Kaiserin Maria Theresia, um das die Montafoner, wie auch um ihre eigenen Viehmärkte, schon seit 200 Jahren mit den Bludenzern gestritten hatten.

■ **149** Dann die Zeit Napoleons – auch Vorarlberg ist von ihm bedroht. Die Landesverteidigung muß organisiert werden. Eine besondere Montafoner Schützenkompanie unter ihrem Hauptmann Landammann Batlogg hielt die Pässe im ganzen Montafoner Grenzkamm besetzt. Männer und Frauen schleppten Proviant und Geschütze durch den tiefen Frühlingsschnee auf die wilden Jöcher empor. Am Schlappiner Joch wurden Kanonen in Stellung gebracht. Über die Pässe weg konnte immer wieder das Eindringen des Feindes verhindert werden. Das Ende diese wechselvollen Verteidigungskämpfe war aber die Kapitulation Vorarlbergs am 14. Juli 1800. Das Land wurde besetzt, auch im Montafon lagen Besatzungstruppen, wie 150 Jahre später wieder . . . In St. Anton i. M. waren sie sogar im Hause des todkranken Landammanns einquartiert, der am 25. Oktober 1800 starb. Das unglückliche Ende brachte die Trennung Vorarlbergs (und Tirols) von Österreich und seinen Zwangsanschluß an Bayern.

■ **150** 1809 brach in Tirol der Volksaufstand unter Andreas Hofer aus, und damit standen sogleich auch die Vorarlberger auf, eine Erhebung, die sich gegen die volksfremde bayrische Regierung von Frankreichs Gnaden wandte. Der Erfolg war, daß schon 1814 Tirol und Vorarlberg wieder österreichisch wurden.

■ **151** Dies alles ist der äußere Rahmen um die Geschicke dieses Bergtales. Aber tausendfach Wesentliches vollzog sich immerzu hier im Kleinen in einer einzigartig geschlossenen Welt der Berge. Die weiten Alpenmatten ermöglichten in besonderer Weise die Viehzucht. Man hatte außerdem den Saumverkehr, der bis gegen 1866 dauerte, d. h. solange das Veltlin und Venetien österreichisch waren.

■ **152** Aber das übervölkerte Tal konnte seine Bewohner kaum ernähren und so wurde der Montafoner notgedrungen zum Saisonauswanderer. Als Maurer und Stukkateure zog ein Großteil der männlichen Bevölkerung Jahr um Jahr in die Fremde, nach Deutschland, ins Elsaß, ins Saarland, nach Frankreich und bis in die Pyrenäen. Die Frauen blieben daheim, besorgten das Vieh, mühten sich an den steilen Bergmähdern und zogen die Kinder groß. Wolle und Hanf zur Kleidung wurde selbst erzeugt. Auch als Krautschneider oder Sensenhändler zogen die Männer bis nach Holland, Ungarn oder zum Goldenen Horn! Der sechsmesserige Krauthobel ist eine Erfindung der Montafoner.
Auch die Kinder wurden – gezwungen von der Armut – noch vor rund 100 Jahren auf eigenen Kindermärkten auf Bauernhöfe Oberschwabens verdingt oder gingen als Ährenleser. Alljährlich sammelten sie sich um Josefi (19. März) in Schruns und wanderten oder fuhren mit Roß und Wagen talaus und bis Ravensburg in Württemberg, wo sie sich zu ihren Brotherren zerstreuten. Im

Spätherbst kamen sie wieder heim. Diese Auswanderungen waren die Haupterwerbsquellen der Montafoner bis 1914, bis zum Ausbruch des Ersten Weltkrieges! Damals wurde so mancher Montafoner irgendwo in Frankreich vom Krieg überrascht und interniert. Noch um 1880 war es fast ein Drittel der gesamten Bevölkerung (damals 9000 Einwohner), die den Wanderstab ergriff. Sie waren – intelligent, wie der Montafoner ist – gewandte Leute, konnten französisch parlieren, hatten die Welt gesehen und konnten erzählen. Rund acht Monate des Jahres waren diese „Franzosengänger" in der Fremde. Die besten Arbeiter brachten 90 bis 120 Gulden mit nach Hause.

■ **153 Montafoner Bauern.** Über all dem blieb die Montafoner Bauernschaft das Grundelement der Bewohner, und wenn auch mit Fremdenverkehr (R 158), Industrie und Technik (R 180) manch fremdes Wesen ins Tal eindrang – die Bauernschaft blieb ihrem Boden und ihren Bergen, ihrem Wesen und ihren Werken treu. Und deren Kernstück war und ist die Wiesen- und Weidewirtschaft, die bis an die Grenze des Möglichen ausgeweitet wurde, die Alpwirtschaft und die Zucht des berühmten Montafoner Braunviehs, die sich bis in die Bronze- und Eisenzeit zurückverfolgen läßt, denn die Grabungsfunde in Bludenz erlauben mit hoher Sicherheit den Schluß, daß das sogenannte Kurzhornrind, aus einem bodenständigen Urrind gezüchtet, damals schon als Haustier gehalten, ja vermutlich auf den Alpen des Montafons gesömmert wurde!
Erst die jüngste Zeit mit anderen, leichteren Lebens- und Verdienstmöglichkeiten brachte dem Montafon – einst konservatives Bergbauernland reinster Prägung – einen leider wachsend starken Abgang der bergbäuerlichen Betriebe und des Alpwesens.

■ **154 Die Alpen** (Almen, Alpweiden) umfassen im Montafon 50 Prozent der Gesamtbodenfläche, das ist der höchste Anteil im ganzen Land. (In Vorarlberg ist der Anteil des Alpgebietes 29 Prozent, nämlich 90.277 ha, auf denen noch bis in die jüngste Zeit ca. 40.000 Stück Vieh gealpt wurden!) Durch das Vordringen anderer, leichterer Erwerbsmöglichkeiten ist leider in den letzten Jahren

auch das seit jeher so überragend wichtige Alpwesen stark zurückgegangen; so sind z. B. besonders die einst nach Tausenden zählenden Schafe nur noch als vereinzelte kleinere Herden zu sehen, und der Geißhut mit ihrem fröhlichen Geißhirten begegnet man nur noch selten.
Die Maisäße bilden die Stufe zwischen den Wintergütern im Tal und den Alpen. Sie liegen durchschnittlich zwischen 900 und 1500 m Höhe, umfassen ca. 1800 ha und wurden, ebenfalls noch bis vor kurzem, mit etwa 2000 Stück Vieh bestoßen. Das Vieh weidet dort im Frühling und Herbst. Auf den Alpen, die ihrerseits auch wieder meistens zweigestuft sind (Unter- und Oberstôfel), bleibt das Vieh je nach Höhenlage 70 bis 100 Tage. Heute dienen viele solcher Maisäßhütten als begehrte Ferienunterkünfte.

■ 155 **Montafoner Nomaden.** Diese Art Viehwirtschaft bedingt ein Wanderleben der Bauern: Ende Mai, wenn das Wintergut im Tal bestellt ist, zieht die bäuerliche Familie mit dem Vieh für vier bis fünf Wochen auf den Maisäß. Für diesen Zweck ist dort neben dem einfachen Stall eine kleine Maisäßhütte mit dem nötigsten Wohnraum und einfachstem Hausrat vorhanden. Etwa Mitte Juni kommt das Vieh auf die Alpen, wo Hirten und Sennen die Arbeiten besorgen. Die Familie geht zurück ins Talgut zum Heuen, Ende Juli wieder auf den Maisäß und in die hohen Bergmähder zum Heuen, dann wieder ins Tal zur zweiten Heuernte (Grummet). Mitte September kommt das Vieh von den Alpen in die Maisäße herab, und was von Arbeitskräften in der Familie entbehrlich ist, geht wieder auf den Maisäß. Mitte Oktober zieht man mit dem Vieh ins Tal, wo das nach dem zweiten Schnitt nachgewachsene Gras vom Vieh geweidet wird. Anfang November zieht man wieder auf den Maisäß, um das Maisäßheu zu verfüttern. Nebenbei werden auf dem ersten Schnee die Heuballen aus den Bergmähdern herabgeschlittelt, von jenen steilen Pleisen, auf die das Vieh nicht auf die Weide getrieben werden kann, und die vorzügliches Futter liefern. Auch Holz und Streue müssen geholt werden. Gegen Weihnachten zieht die Familie samt dem Vieh zu Tal und bleibt hier, bis sich der Jahresrhythmus im Mai wiederholt. Auch in

Die Sulzfluh, 2820 m, mit ihrem merkwürdigen Karrenrücken, Grenzgrat gegen die Schweiz, vom Golmer Höhenweg aus gesehen.
Bei R 356 *Foto: H. Häusle*

diesen uralten Brauch, der für das Montafon bis in die jüngste Zeit so charakteristisch war, schlägt die moderne Zeit starke Breschen, besonders das mühsame und gefährliche Bergheuen auf den steilen Wildheumähdern ist vielfach abgekommen. Die hochwertigen, reinrassigen Tiere der Montafoner Braunviehrasse gingen vor dem Krieg bei dem berühmten Schrunser Herbstmarkt in fast alle Länder der österreichisch-ungarischen Monarchie und ins Allgäu, nach Italien, ja an den Balkan, und gehen heute noch besonders in die Musterstallungen reicher Viehbesitzer.

■ **156** Vom **Brauchtum** fällt die Tracht der Frauen auf, die noch vor 50 oder 60 Jahren von den einheimischen Frauen ständig getragen wurde, zur Arbeit sowohl wie zum Kirchgang und zu Festlichkeiten. Sie besteht aus knöchellangem, rot ausgeschlagenem Wollrock mit reichgesticktem „Brusttuch" und schwarzer „Schlutte", dazu buntschillernde weite Seidenschürze; die Mädchen tragen an Festtagen weißbauschige Hemdärmel und Krönchen aus Flittergold („Schäppel") über breitgeflochtenen, bändergeschmückten Zöpfen – außerordentlich schön besonders bei den Prozession (Fronleichnam) zu sehen und auch bei den Heimatabenden, und oft preisgekrönt. Zur Hochzeit trägt die Braut die kostbare Pelzkappe aus Otterfell, prächtige Stickereien usw. Die Tracht der Männer lebt weiter in den Musikgesellschaften aller Talgemeinden und entzückt die Fremden durch ihr malerisches Bild. – Von altüberliefertem Brauchtum ist besonders typisch das Funkenbrennen an der „alten Fasnacht", d. h. am „Funkensonntag" zusammen mit dem „Küechli-Sonntig", der immer auf den ersten Sonntag nach Fasnacht fällt, ein uralter Frühlingsbrauch, voll Symbolik aus vorchristlicher Zeit stammend. Mit dem Abbrennen der Funkenhexe und dem Fackelschwingen auf Berg und Tal, von der Talmitte des Schrunser Feldes ausgehend bis in den letzten höchsten Berghof im fernsten Seitental – ein einmalig eindrucksvolles Bild von Hunderten von Feuern – werden die Dämonen des Winters vertrieben und das steigende Licht begrüßt, ein lebender Rest alten Sonnenkultes. – Verbunden damit ist das „Küechli-Backen" (Schmalzgebäck) in jedem Bauernhaus des

Montafons, auch dies eine kultische Handlung an diesem Tag. – Zum Brauchtum geworden ist auch das Abbrennen der Höhenfeuer zur Sommersonnenwende (21. Juni), auch dies ist ein herrliches Bild, wenn von allen Gipfeln und dem weiten Kranz der nächtlichen Berge die Feuer glühen, besonders schön und erhaben am Kapelljoch und Tilisuna-Seehorn, wo die Höhenfeuer ganze Girlanden bilden. Mit dem Auf- und Abzug der Viehherden auf die Alpen sind da und dort Älplerfeste verbunden. Dies Brauchtum der Montafoner spiegelt sich vortrefflich in den zwei Montafoner Romanen „Angelika" und „Joringla" von R. Beitl. Besonders ausführlich behandelt findet man das Thema durch Ludwig Vallaster im Montafoner Heimatbuch.

■ **157 Die wirtschaftliche Entwicklung des Montafons** kann in dieser geschichtlichen Skizze kaum angedeutet werden. Die Bergbauernwirtschaft ist bei alpinen Klima- und Bodenverhältnissen (Lage) nicht imstande, den Talbewohnern auskömmliches Leben zu sichern. So suchten die Männer meist außer Landes Arbeit (R 152). Es muß nicht wundern, wenn der Kreishauptmann von Ebner, der 1840 das Montafon bereiste, feststellte: „Das Tal Montafon ist eines der ärmsten in Vorarlberg." Während zwischen etwa 1840 und 1920 die Bevölkerung Vorarlbergs von nahezu 100000 auf etwa 140000 um rund 40 Prozent zunahm, nahm die des Montafons zur gleichen Zeit um etwa 15 Prozent ab!

■ **158 Fremdenverkehr:** Erst der wachsende Fremdenverkehr und der Ausbau des „Erholungsraumes Montafon" sicherten einem Teil der Bevölkerung einen gewissen Wohlstand. Wirklichen wirtschaftlichen Aufschwung brachten erst die Wasserkraftwirtschaft, d. h. die 1924 gegründeten Vorarlberger Illwerke Aktiengesellschaft mit ihren Großanlagen im Montafon. Seither hat auch die Bevölkerung des Tales wieder zugenommen, hat allerdings auch eine gewisse Überfremdung mit sich gebracht. Es ergibt sich folgendes Bild:

1500: etwa 3.000 Einwohner
1840: 8.669 Einwohner

1923: 7.376 Einwohner = Abnahme seit 1840: 1293
1950: 12.450 Einwohner = Zunahme seit 1923: 5074
1961: 13.162 Einwohner
1971: 14.740 Einwohner
1981: 16.000 Einwohner

Gastwesen und Fremdenverkehr – Bergsteiger und Skiläufer

■ **159 Das Gastwesen im Montafon** ist sicher sehr alt, denn der einst sehr lebhafte Verkehr über das Schlappiner Joch (und Zeinisjoch) führte zwangsläufig zur Herberge. So sind denn auch „Tavernen" überliefert von Vergalda (Schlappiner Joch) und vom Zeinisjoch; auch das „Veltliner Hüsli" im Vermunt gehört hierher, s. R. 657.

Diese „Tafernen" sind vielhundert Jahre alt, hat doch der Vogteiverwalter und Hauptmann David Pappus in dem hochbedeutsamen Bludenzer Herrschaftsurbar (Grenzbeschreibung aus dem Jahre 1612) schon beurkundet, daß diese Tafernen „jederzeit geweßt" sind. Vom Zeinisjoch heißt es dort: „Seyniß ligt von Pattennen ungefahr zway stundt durch das Ganifer hinauf alda ist jederzeit ein tafern wegen der durchreisenden leyt geweßt auch das dissorts die landstraß auf Galthüren in Tyrol auch ins Engadein geht." Und von Gargellen-Vergalden steht dort: „Schlapin ist ain Hauptpaß zur Sommerzeiten inß Brettigew und in obern Pundt grad gegen Tafaas (= Davos) übersehende, darüber man mit geladnen roßen fahren khan. Das thal Gargella so sich bey st. Gallenkirchen anfacht, ist ain schönß lustiges und fruchtbares thal und würdt biß ins Vallcalda bewohnth. Wie dann alda in Vallcalda ain würtßshauß oder tafern wegen der durchreisenden jederzeit geweßt und noch ist." (Engadein = Engadin; Brettigew = Prättigau; Tafaas = Davos; Vallcalda = Vergalda, womit gleich die richtige ursprüngliche Schreibweise beurkundet ist.)

■ **160** Allerdings mit „Fremdenverkehr" (Erholungsreisen) im heutigen Sinne hatte dies nichts zu tun; dieser begann etwa um 1860 in Schruns und Gaschurn. Der Gasthof „Löwen" in Schruns

(1972 abgebrochen, an seiner Stelle steht heute das 4-Sterne-Hotel „Löwen"), gehörte damals der gastfreundlichen Familie Durig, dann der alteingesessenen Gastwirtsfamilie Schwarzhans, die dann auch den ersten Gasthof „Madrisa" in Gargellen erbaute, der die Taverne im Vergalda ablöste und die Keimzelle dieses heute so berühmten Kurortes wurde. Im „Rößle" der weitbekannten Gastwirtsdynastie Keßler in Gaschurn bestehen Fremdenbücher seit 1870. Schruns und Gaschurn, später Gargellen, hatten bald gute Namen als alpine Kurorte, besonders in Süddeutschland. Treue und prominente Gäste kehrten Jahr um Jahr wieder. In den Jahren 1923 bis 1925 finden wir auch den berühmten amerikanischen Dichter und Nobelpreisträger Hemingway wiederholt im Montafon, als Gast im Hotel „Taube" in Schruns als Skiläufer in der damals noch einsamen Silvretta; er hinterließ darüber eine liebevolle Schilderung.
Mit dem Aufschwung des Verkehrswesens wuchs auch der Fremdenverkehr schnell an. 1872 wurde die sog. „Vorarlberger Bahn" Lindau – Bludenz eröffnet, 1884 die Arlbergbahn und 1905 die elektrisch betriebene Montafoner Bahn Bludenz – Schruns. Dann wurden nach dem Ersten Weltkrieg die „Stellwagen" der Pferdepost durch die Kraftpost ersetzt, deren zahlreiche Kurse heute das ganze Tal befahren bis in die Hochsilvretta. Nach dem Zweiten Weltkrieg aber entstanden, besonders dank der Entwicklung des Skisportes, die Skilifte und Bergbahnen in rascher Folge: Sessellift Tschagguns – Grabs 1947, Silvretta-Skilift Gaschurn (Versettla) 1949, Hochjochbahn Schruns – Kapell 1950, 1967/68 zur Großkabinenbahn umgebaut und durch Sesselbahn bis auf den Sennigrat erweitert. Sesselbahn Gargellen 1952; dazu kamen die Vermuntbahn Partenen – Trominier und die Golmerbahn Latschau – Grüneck (diese 1960 eröffnet), die Silbertal-Kristbergbahn 1964, die Versettlabahn Gaschurn 1967, die Sesselbahn Vandans im Dezember 1968 eröffnet, die Sesselbahn Garfrescha 1969 und eine wachsende Zahl von Skilifts, z. T. in großer Höhenlage; 1981 brachte die Eröffnung der Valiserabahn, 1988 die neue Versettla-Gondelbahn – 2000 Pers./h! Dies bedeutet – in einem Zeitraum von nur 40 Jahren – die perfekte Erschließung der Montafoner

Skigebiete mit 73 Anlagen – Förderleistung 40.000 Personen je Stunde; dazu kam 1989 die Eröffnung des Parade-Bergrestaurants „Nova-Stoba 2000" mit 1600 Sitzplätzen, als „schönstes Restaurant der Alpen" genannt.

■ **161** **Die Bergsteiger** sind, wie fast überall in den Alpen, auch im Montafon die wahren Entdecker und Erschließer des Alpenparkes Montafon, die eigentlichen Begründer des touristischen Fremdenverkehrs. Dabei nehmen die Nordrätischen Alpen – Rätikon – Silvretta – Verwall, d. h. die Montafoner Bergwelt, eine ausgesprochene Sonderstellung ein; ihre alpinistische Geschichte ist so umfangreich, daß wir uns hier auf Literaturhinweise und stichwortartige Auswahl beschränken müssen.

■ **162** Das Bemerkenswerte in der **alpinen Geschichte des Montafons** ist, daß Einheimische die ersten (bekannten) Besteigungen wagten, und außerdem auffallend frühzeitig. Sulzfluh und Schesaplana wurden schon vor Jahrhunderten regelmäßig bestiegen. Von der Schesaplana liegt die köstliche „Schesaplana-Bergreis" von Pfarrer Sererhard aus Seewis im Prättigau um 1740 vor, eines der besonderen Dokumente des Alpinismus.

■ **163** Storr erwähnt schon 1781 „die Sulzflue" als einen „auch wegen der Aussicht von seinem Gipfel aus eines Besuches würdigen hohen Kalkgipfel".
1848: Der Bludenzer A. Neyer besteigt die Zimba erstmals allein!
1865: Silvretta: 1. Ersteigung des Piz Buin am 14. Juli (am gleichen Tag wie die 1. Erst. des Matterhorns) durch J. J. Weilenmann, St. Gallen, und J. A. Specht, Wien, mit den Paznaunern F. Pöll und J. Pfitscher, Galtür.
1866: Vallüla: 1. Erst. durch Frühmesser Battlogg, Gaschurn, und 1. Erst. des Großlitzners durch den Schweizer J. Jacot mit den Führern Jann und Schlegel, Klosters.
1870: Der Schrunser Bergführer Christian Zudrell besteigt die Drusenfluh erstmals allein.
1870: 14. Juli: Dreiländerspitze (Th. Petersen mit Morell und Begleiter).

Verwall: Viele durchschnittlich leichte Gipfel im Westverwall wurden sicher schon vor 100 und mehr Jahren und viel früher erstiegen. Um 1860 bis 1865 wurden durch Vermessungsbeamte viele Gipfel bestiegen: Valschavieler Maderer, Kaltenberg, Patteriol u. a. Zahlreiche Gipfel des Montafons erhielten frühen Besuch von dem berühmten Dr. Blodig, Bregenz (Besteiger sämtl. Viertausender der Alpen) und von dem Schottländer und Wahlvorarlberger J. Sh. Douglass.

■ **164** Den ersten Pionieren folgte die eingehende Erforschung der Hochalpen dank Gründung des Deutschen Alpenvereins, dem sich die Sektion Vorarlberg im Gründungsjahr 1869 anschloß. Wege und Hütten wurden gebaut, und zwar 1871 als erste vom Alpenverein allein erbaute Alpenvereinshütte der Ostalpen (!) die Douglasshütte am Lünersee, benannt nach dem schottischen Industriellen John Sholto Douglass, dem Mitbegründer der Sektion Vorarlberg. Nach der denkwürdigen Vereinigung des Deutschen und des Österreichischen Alpenvereins zum „D. u. Ö. A. V." 1873 in Bludenz wurden die Montafoner Berge das Lieblingsziel der Vorarlberger und der südwestdeutschen Sektionen des Alpenvereins, denen ihre Erschließung fast hundertprozentig zufällt, besonders mit Erbauung der AV-Hütten: 1879: Tilisunahütte; 1882: Madlenerhaus; 1869: Wiesbadner Hütte; 1899: Lindauer Hütte; 1907: Wormser Hütte; 1908: Reutlinger u. Tübinger Hütte; 1909: H.-Hueter-Hütte; 1911: Saarbrücker Hütte; 1926: Madrisahütte; 1927: Heilbronner Hütte. Nahezu alle diese Hütten wurden neuzeitlich umgebaut und vergrößert.

■ **165** Zahlreiche private Berghäuser wurden außerdem in den Bergen errichtet; sie sind bei den einzelnen Talorten genannt. Das Hotel Bielerhöhe auf 2000 m (1956 eröffnet) bildet vorderhand den modernen Abschluß dieser Entwicklung.

■ **166** Die Höhenwege im Rätikon und Verwall wurden gebaut und nach dem Zweiten Weltkrieg ihr großes Netz musterhaft betafelt und markiert, heute durch die ehrenamtl. Wegwarte des

Alpenvereins laufend betreut. Nach 1900 bzw. zwischen den beiden Weltkriegen, ja bis um 1950, erfolgte die hochtouristische Einzelerschließung des Verwalls, der Silvretta und des Rätikons, der als „Kletterparadies des Westens“ der Ostalpen längst großen Ruf errungen hat.

■ **167** Die Skiläufer und Skitouristen bzw. Skibergsteiger zogen schon um 1900 ins Montafon ein. Die ersten Wintersportvereine wurden 1906 und 1907 in Schruns und Tschagguns gegründet. Am 1. Jänner 1900 wurde das Skizeitalter des Montafons mit der ersten Skibesteigung der Schesaplana durch Victor Sohm und Gefährten verheißungsvoll eingeleitet. Nach dem Zweiten Weltkrieg ab 1947 eroberte sich der moderne Skisport und die Technik mit Lifts und Seilbahnen in stürmischer Entwicklung das Tal bis in seine letzten Winkel, das nun zum internationalen **„Skistadion Montafon“** wurde.
Näheres zur Geschichte des Tales und zur Entwicklung seines Gastwesens und Fremdenverkehrs im Montafoner Heimatbuch und in den Heimatbüchern „Gaschurn – Partenen“ und „St. Gallenkirch – Gortipohl – Gargellen“, R 736.

168–179 Offene Randzahlen für Nachträge

Die Vorarlberger Illwerke Aktiengesellschaft im Montafon

■ **180** Unter R 158 wurde bereits die wirtschaftliche Bedeutung der Wasserkraftanlagen der Vorarlberger Illwerke Aktiengesellschaft angeführt. Zum wirtschaftlichen Nutzen kommen wichtige Einrichtungen zur Förderung des Fremdenverkehrs, nämlich die Bergbahnen, Sessel- und Schlepplifte der Vorarlberger Illwerke, wie die „Vermuntbahn" (Standseilbahn Partenen-Trominier), die Tafamuntbahn (Seilschwebebahn Partenen-Tafamunt), die „Golmerbahn" (Standseilbahn Latschau-Golm) und die „Lünerseebahn" (Seilschwebebahn von der Alpe Schattenlagant im Brandner Tal zum Lünersee).

Von großer Bedeutung für die Entwicklung des Montafoner Fremdenverkehrs war der Bau der „Silvretta-Hochalpenstraße", die von Partenen über die Bielerhöhe (2040 m) nach Wirl (Galtür) führt. Die Straße führt durch eine großartige Hochgebirgslandschaft, in die die Seen der Vorarlberger Illwerke eingebettet sind. Am Scheitelpunkt der Straße, auf der Bielerhöhe, liegen das großteils aus Holz erbaute SB-Restaurant „Silvrettasee", 400 Sitzplätze, und das Berghotel „Bielerhöhe". An die Bergstation der Golmerbahn ist ein modernes Höhenrestaurant angebaut.

Sosehr die Freunde unberührter Hochgebirgsnatur oder naturhistorisch bedeutsamer Landschaften, wie z. B. Großvermunt, es bedauern werden, daß hier auch Verluste hingenommen werden mußten, so gerne wird der unvoreingenommene Betrachter erkennen, daß die Vorarlberger Illwerke Erstaunliches erreicht haben, um die Narben im Antlitz der Landschaft zu verheilen, die Spuren der Technik zu tilgen. Die Bauvorhaben wurden mit möglichst großer Rücksichtnahme auf die Erhaltung der umgebenden Landschaft geplant und durchgeführt. So bedeuten die Stauseen, vor allem der Silvrettasee, der Vermuntsee, der Kopssee und der Lünersee – ein vergrößerter, großartiger Natursee – zweifellos einen Schmuck der Landschaft. Dies scheint schon dadurch erwiesen, daß sie eine große Zahl Besucher anlocken, wie wir

Schruns, Blick nach Westen auf Golm, zu dessen Füßen das Schwesterdorf Tschagguns mit Latschau und dem Kristakopf; rechts die Vandanser Steinwand mit der Zimba.
Bei R 370 *Foto: V. A. Schruns*

Kraftwerksdaten

KRAFTWERKE	Rohfallhöhe	Ausbauwassermenge		Engpaßleistung	Maximale Leistungsaufnahme	Regelarbeitsvermögen	Pumpenergieaufwand	SPEICHER	Nutzbarer Speicherraum	Gespeiccherte Energie
		Turbinen	Pumpen	Turbinenbetrieb	Pumpbetrieb					
	m	m^3/s	m^3/s	1000 kW	1000 kW	Mill. kWh	Mill. kWh		Mill. m^3	Mill. kWh
Obervermuntwerk	291	14	—	29	—	45	—	**Silvretta**	38,6	112,7
Vermuntwerk	714	26	—	156	—	260	—	**Vermunt**	5,3	12,4
Kopswerk	780	37,5	—	247	—	392	—	**Kops**	43,5	108,9
Rifawerk	34	30	30	7	8	8	13	**Ausgleichsbecken Rifa**	0,7	—
Latschauwerk	28	40	—	9	—	22	—	—	0,1	—
Rodundwerk I **Rodundwerk II**	353 354	60 87	10 75	198 276	41 260	332 486	58 359	**Staubecken Latschau**	2,2	1,7
Lünerseewerk	974	32	28	232	224	371	541	**Lünersee**	78,3	227,6
Werksgruppe „Obere Ill – Lünersee“				1154	533	1916	971 2)		168,7	463,3 3)
Walgauwerk	162	68	—	94	—	356	—	**Becken Rodund**	2,1	0,7 3)
Werksgruppe „Obere Ill – Lünersee“ und Walgauwerk				1148	533	2272 1)	971 2)		170,8	

Für den Begriff „Engpaßleistung“ wurden die Begriffsbestimmungen für die Bundesstatistik der Österreichischen Elektrizitätswirtschaft verwendet. Die „Ausbauwassermenge“ für Turbinen und Pumpen entspricht der Wasserbucheintragung bzw. den wasserrechtlichen Bewilligungsbescheiden.
Bei gleichzeitigem Betrieb der Kraftwerke der Werksgruppe „Obere Ill – Lünersee“ bei Stauhöhe im Speicherschwerpunkt ist in der Umspannanlage Bürs eine Gesamtleistung von 1088 MW im Turbinenbetrieb und 525 MW im Pumpbetrieb verfügbar. Die Leistungen der Hausgeneratoren von zusammen 6160 kW wurden bei der Ermittlung der Engpaßleistung nicht berücksichtigt. Sie dienen der Eigenbedarfsversorgung.

[1] Von diesen 2272 Mill. kWh werden 987 Mill. kWh aus Zufluß der Vorarlberger Einzugsgebiete und 651 Mill. kWh aus Zufluß der Tiroler Einzugsgebiete erzeugt. 138 Mill. kWh ergeben sich aus der Jahrespumpspeicherung im Lünerseewerk.
Durch die erweiterte Abarbeitung in den Rodundwerken I und II erhöht sich die Erzeugung aus der Jahrespumpspeicherung auf 188 Mill. kWh (Berücksichtigung der Sommer-Winter-Verlagerung von natürlichem Zufluß in der Gefällsstufe Latschau – Rodund durch die Pumpspeicherung Latschau – Lünersee). Bei Betrieb nach Projektdaten werden durch Wälzpumpspeicherung 496 Mill. kWh erzeugt. (120 Mill. kWh im Rodundwerk I, 175 Mill. kWh im Rodundwerk II und 201 Mill. kWh im Lünerseewerk).

[2] Zusätzlich 9 Mill. kWh Pumpstromaufwand für das Pumpwerk Kleinvermunt.

[3] Gespeicherte Energie bis Unterwasser Rodundwerk.

denn auch diesen Besuch des herrlichen Vermuntraumes im Schmuck und Spiegel der Stauseen unter den Gletschern der Silvretta allen Gästen des Tales besonders empfehlen. Gar nicht zu reden von den gewaltigen Kräften, die dort droben ihre Quellen haben und in den Krafthäusern der jeweiligen Staustufen unter dem Brausen der Wasser und Sausen der Generatoren Gestalt gewinnen, als wertvolle elektrische Spitzenenergie bis nach Deutschland geleitet werden und dem Land wichtige Einkünfte und die Sicherung des eigenen Energiebedarfes ermöglichen.

■ **181** Die Bauvorhaben waren so groß, daß eine große Personenzahl im Montafon Arbeit finden konnte. In der Hochsilvretta entstanden durch Talsperren große Staubecken. Am ehemaligen Ochsenboden zu Füßen des Piz Buin auf der Bielerhöhe (europäische Wasserscheide Rhein/Donau) wurde durch Errichtung der Silvrettamauer der ansehnliche Silvrettasee mit einem Stauziel von 2030 m und einem Inhalt von 38,6 Millionen Kubikmetern geschaffen. Die Mauer, die auf der Vorarlberger Seite steht, ist rund 80 m hoch, bis 52 m breit und auf der Krone 432 m lang. Der die Wasserscheide gegen Tirol (Inn-Donau) bildende Bielerdamm ist ein Kiesschüttdamm mit Betondichtkern, größte Höhe 25 m, größte Breite 121 m, Kronenlänge 733 m.
Vom Stausee führen Rohre mit 2,10 m bis 2,40 m Durchmesser zum Krafthaus des Obervermuntwerks, das auf einer Höhe von 1743 m am Südende des Vermuntstausees liegt. Es besitzt eine Engpaßleistung von 29.000 kW. Aus dem Vermuntstausee, der 5,3 Mill. m^3 zu speichern vermag, wird das Wasser durch einen Stollen und dann durch zwei Rohrleitungen bei einem Gefälle von 714 m zum Vermuntwerk am Rande der Ortschaft Partenen geleitet. Im Vermuntwerk sind fünf Maschinengruppen mit einer Engpaßleistung von 156.000 kW untergebracht.

■ **182** Im Bereich der Alpe Kops, in der Nähe des Zeinisjoches, wurde durch eine Staumauer von 122 m größter Höhe ein Stausee, der Speicher Kops, mit einem Fassungsvermögen von 43,5 Millionen m^3 geschaffen. Die Staumauer selbst besteht aus einer Gewölbemauer mit künstlichem Widerlager, Kronenlänge 400 m,

und daran anschließend einer Gewichtsmauer mit 214 m Kronenlänge.
Sie zählt zu den größten Staumauern Österreichs. Der Speicher liegt im Stollenzuge eines Wasserüberleitungssystems und erhält sein Wasser vorwiegend aus Einzugsgebieten, die zum Inn gehören, also jenseits der Wasserscheide in Tirol liegen. Vom Speicher Kops führt ein Druckstollen und ein Druckschacht bei einem Gefälle von 780 m zum Kopswerk, das als Kavernenkraftwerk gegenüber dem Vermuntwerk in Partenen 200 m tief im Berg erbaut wurde. Es hat mit drei Maschinengruppen eine Engpaßleistung von 247.000 kW.

■ **183** Das Betriebswasser der beiden Kraftwerke in Partenen wird vom Ausgleichsbecken des Vermuntwerkes in den Hangstollen nach Latschau geleitet oder im Rifabecken, einem ca. 1 km talauswärts bei Gaschurn gelegenen Ausgleichsbecken, zwischengespeichert. Da dieses Becken um ca. 30 m tiefer liegt als das Ausgleichsbecken des Vermuntwerkes, wurde ein kleines Kraftwerk, das Rifawerk, mit 7000 kW Engpaßleistung erstellt. Das Rifawerk ist mit Pumpturbinen ausgerüstet und pumpt bei Stillstandszeiten des Kops- und Vermuntwerkes das zwischengespeicherte Wasser in das Ausgleichsbecken Partenen zurück, worauf es weiter in den Hangstollen nach Latschau fließt.

■ **184** Zwischen Gaschurn und Latschau sind keine Kraftwerksanlagen der Vorarlberger Illwerke zu sehen. Das Betriebswasser wird von Partenen am linken Talhang in einem Hangstollen unterirdisch nach Latschau in die Latschaubecken geführt. Das Wasser der Seitenbäche auf der linken Talseite sowie der Valschavielbach auf der rechten Talseite bei Gaschurn werden diesem Betriebswasserkanal zugeführt. In Latschau wird auch der Rellsbach beigeleitet. Das Gefälle von bis zu 28 m zwischen dem Stollenauslauf in Latschau und dem Wasserspiegel des Latschaubeckens wird durch das Latschauwerk mit einer Engpaßleistung von 9000 kW ausgenutzt.

■ **185** Von den Latschaubecken oberhalb von Tschagguns wird das Betriebswasser in zwei Druckschächten den beiden

Rodundwerken zugeführt, die sich in der Nähe der Haltestelle Kaltenbrunnen der Montafonerbahn befinden.
Das Rodundwerk I (Rohfallhöhe 353 m) besitzt vier Maschinengruppen mit einer Engpaßleistung von 198.000 kW; eine Maschine ist mit einer Speichergruppe mit 41.000 kW Engpaßleistung ausgerüstet, der Einbau einer zweiten Speichergruppe gleicher Leistung ist möglich. Das Rodundwerk II befindet sich etwa 500 m weiter in südwestlicher Richtung; es ist bei einer Rohfallhöhe von 354 m mit einem Maschinensatz, und zwar einer Pumpturbine, ausgestattet; seine Engpaßleistung beträgt im Turbinenbetrieb 276.000 kW im Pumpbetrieb 259.000 kW.

■ **186** An den Latschaubecken liegt das Lünerseewerk, ein Pumpspeicherwerk mit fünf Maschinengruppen, die zusammen eine Engpaßleistung im Turbinenbetrieb von 232.000 kW und im Pumpbetrieb von 223.000 kW aufweisen. Das Gefälle dieses Kraftwerkes beträgt 974 m. Zu Zeiten geringen Stromverbrauches wird Wasser zum Lünersee hochgepumpt, in Zeiten hohen Strombedarfs durch die Turbinen wieder abgearbeitet.
Der Lünersee selbst, ein natürlicher Alpensee in rund 2000 m Höhe mit einem Inhalt von 40 Millionen m^3, wurde durch eine Staumauer von 28 m Höhe und 380 m Kronenlänge auf ein Fassungsvermögen von 78,3 Millionen m^3 vergrößert.
Im freizugänglichen Besucherraum des Lünerseewerkes befinden sich neben technischen Informationen eine sehenswerte naturhistorische Ausstellung.

■ **187** Die Vorarlberger Illwerke Aktiengesellschaft (VIW) ist eine Sondergesellschaft in der österreichischen Elektrizitätswirtschaft, der vor allem die Stromerzeugung in großen Kraftwerken obliegt.
Aktionäre sind die Republik Österreich, das Land Vorarlberg und die Finanzgesellschaft für Elektrizitätsbeteiligung AG (Finelectra), Aarau. Sitz des Unternehmens ist Bregenz, wo sich auch die Hauptverwaltung befindet. Im Montafon, im Oberen Paznaun und im Walgau liegen Kraftwerksanlagen der Gesellschaft, im Monta-

fon, im Walgau und im Rheintal verlaufen Hochspannungsleitungen zur Übertragung der elektrischen Energie.

Die 1924 gegründete Vorarlberger Illwerke Aktiengesellschaft hat die Aufgabe, das Gesamtgefälle der Ill von der Quelle im Vermuntgletscher bis zur Mündung in den Rhein auszubauen.

Die Kraftwerksgruppe arbeitet im Verbundbetrieb mit dem westeuropäischen Verbundnetz. Die Werkgruppe „Obere Ill-Lünersee" liefert Spitzenenergie, das Walgauwerk vorwiegend Mittellastenenergie.

Das Energiedarbieten stammt aus natürlichem Zufluß und Pumpspeicherung. Durch Pumpspeicherung wird Energie, die in Schwachlastzeiten anfällt, in Spitzenenergie verwandelt. Die Pumpspeicheranlagen der Vorarlberger Illwerke Aktiengesellschaft sind für die „Jahrespumpspeicherung" (Verlagerung von Sommerschwachlast- auf Winterspitzenlastenergie) und für die kurzfristige „Wälzpumpspeicherung" bestimmt.
Bei Ausfall großer Kraftwerke im Netz bieten die Kraftwerke der Vorarlberger Illwerke die erforderliche Reserveleistung („Momentanreserve"). Der große Energieinhalt der Speicher erlaubt es, diese Reservefunktion während einer längeren Zeit auszuüben.
Weiter wird die Kraftwerksgruppe zur Frequenz- und Spannungsregelung im Verbundnetz eingesetzt. Mit der Inbetriebnahme des Walgauwerkes stehen 1248 MW Turbinenleistung und 533 MW Aufnahmeleistung im Pumpbetrieb zur Verfügung. Das „Regelarbeitsvermögen" der Kraftwerkgruppe – die in einem Jahr bei durchschnittlichem Wasserzufluß und projektgemäßem Pumpspeicherbetrieb erzeugbare Energiemenge – beträgt 2272 Mill kWh.
Die Energie wird an die Stromabnehmer

Energieversorgung Schwaben Aktiengesellschaft
Land Tirol
Land Vorarlberg
Österreichische Elektrizitätswirtschafts-Aktiengesellschaft (Verbundgesellschaft)

abgegeben.

Die Vorarlberger Illwerke Aktiengesellschaft betreibt in einigen Gemeinden des Montafons, des Oberen Paznauns und des Brandnertales die öffentliche Stromversorgung.
Insgesamt beschäftigt die Vorarlberger Illwerke Aktiengesellschaft etwa 870 Personen (Stand 1987).

III. Praktischer Teil

Rätikon – Silvretta – Verwall

Die drei Gebirgsgruppen, touristisch gesehen

■ **200** Die Talschaft Montafon wird durch drei der vier Gebirgsgruppen – Rätikon, Silvretta, Verwall, Samnaun – der sog. **„Nordrätischen Alpen“** (oder „Vermuntalpen“) gebildet, nämlich durch die drei erstgenannten, und zwar jeweils nur durch die Hälfte der Gruppe: *Ost*rätikon, *West*silvretta und *West*verwall. Jede dieser Gruppen hat auch touristisch ihre besonderen Eigenheiten und Schönheiten, begründet auf den naturgegebenen Verschiedenheiten. Die Randzahlen (R) für die nachbeschriebenen Gipfel, Hütten, Täler usw. findet man im alphabetischen Stichwortverzeichnis R 740.

■ **201 Höhengang rings um das Montafon:** Für ausdauernde Bergwanderer großartig ist eine Umwanderung des ganzen Montafons, etwa von Nordwesten über Osten nach Süden und Westen: Schruns – Monteneu – Kristberg – Silbertal – Schruns – Hochjochbahn zur Wormser Hütte – Kapelljoch – Verwall-Höhenweg (Wormser Weg) – Heilbronner Hütte – Zeinisjoch – (Galtür) – Madlenerhaus – Hohes Rad – Wiesbadner Hütte – Piz Buin – Bielerhöhe –Saarbrücker Hütte – Tübinger Hütte – Gargellen – Tilisunahütte – Sulzfluh – Lindauer Hütte – Lünersee – Schesaplana – Douglasshütte–Saulajoch– Hueter-Hütte–Rellstal–Vandans–Schruns. In 10 bis 12 Tagen bequem zu erwandern, beliebig zu kürzen oder abzuwandeln.

■ **202 Die Montafoner Rätikongruppe** erstreckt sich zwischen Schlappiner Joch und Zimba – Schesaplana. – Der Osträtikon bietet infolge Gesteinswechsels, sowohl innerhalb der Kalkgruppen wie vom Kalk zum kristallinen Silvrettagneis, außerordentlich vielseitige Möglichkeiten für Bergwanderungen und Klet-

Bartholomäberg mit seiner Talsiedlung Gantschier (s. R 440) – Innerberg, überragt vom Monteneu; rechts im Bild Kristberg mit dem Kristbergsattel (darüber vorschauend Gipfel des Lechquellengebirges) und mit dem Muttjöchli; davor rechts im Bild das Silbertal mit der Lobspitzgruppe ganz rechts.
Bei R 440 *Foto: V. V. Montafon*

terfahrten, von der sanftesten begrünten Bergkuppe (z. B. Golmer Joch, Geißspitze, Hora) bis zur Kletterei des VI. Grades (Sulzfluh-SW-Wand, Drusentürme, Süd- und Nordwände). Die schönsten Klettereien des Rätikons liegen im Montafoner Anteil; im Kalk u. a.: Zimba, Drei Türme, Drusenfluh, Sulzfluh, Saulakopf, Kirchlispitzen usw., im Kristallingestein: Madrisagruppe, besonders ihr Nordostgrat.

Die Hochgipfel liegen zwischen 2500 und knapp 3000 m. Außer den Talorten und Berghäusern stehen sechs Schutzhütten des Alpenvereins zur Verfügung, alle im Sommer bewirtschaftet (außer der Madrisahütte): Douglasshütte am Lünersee, Totalphütte und Mannheimer Hütte an der Schesaplana, Sarotlahütte und Hueter-Hütte an der Zimba, Lindauer Hütte im Gauertal, Tilisunahütte an der Sulzfluh und Madrisahütte bei Gargellen. Die Hütten sind durch Höhenwege verbunden. Als Gesamt-Gruppendurchquerung hat der ÖAV Sektion Vorarlberg seit 1977 den **Rätikon-Weitwanderweg Nr. 102** rot-weiß-rot durchmarkiert und betafelt. Verlauf von W nach O: von Feldkirch über Dreischwesternkette – Liechtensteiner Höhenweg – Schesaplana – Lünersee – Lindauer Hütte – Tilisunahütte – Gargellen. (Dort schließt der Silvretta-Weitwanderweg Nr. 302 an, s. R 203.) Besonders lohnend sind auch die verschiedenen herrlichen Höhenwege von der Bergstation der Golmerbahn aus sowie der Höhenweg von der Bergstation der Sesselbahn Grabs über Tobelsee zur Tilisunahütte, ferner die großartigen Rundgänge rings um die Sulzfluh oder Drusenfluh. Leichte, besonders lohnende Aussichtsberge sind u. a.: Schesaplana (2964 m), Schafgafall (2596 m), Golmer Joch – Kreuzjoch (2261 m), Geißspitze (2334 m), Sulzfluh (2817 m), Riedkopf (2586 m), Schafberg (2213 m).

Auch die zwei einzigen Gletscher des Rätikons liegen im Bereich: Brandner Gletscher auf der Schesaplana und Eistobelgletscher zwischen Drusenfluh und Drusentürmen. Sowohl geologisch wie botanisch ist das Gebiet ungewöhnlich vielseitig und interessant (s. R 55–85 und 101–108).

Hochgebirgsführer: AV-Führer, Bd. Rätikon (Neuaufl. 1988 und Gebietsführer Rätikon, Lit.-Verz.-Ziffer R 735).

■ **203 Die Montafoner Silvrettagruppe** erstreckt sich zwischen Schlappinerjoch im W und Dreiländerspitze im O. Mit den Illquellen ist sie das vergletscherte Kernstück der Montafoner Hochalpen. Der westlichste Teil, Gargellner Berge und Garneragruppe, ist nicht oder schwach vergletschert, der restliche Teil nach O erfordert Gletscherkenntnis und -ausrüstung. Die Gipfel selbst sind aus altkristallinem Gestein, Silvrettagneis, Hornblende und meist ausgeprägte Felsgipfel, oft von Gletschern umgeben; ausgesprochene Firngipfel, bis zur Spitze befirnt, bestehen kaum noch (Schneeglocke), dagegen berühmte Kletterberge, so in der Litznergruppe, im Garnerakamm, in der Buingruppe und im Silvrettakamm, ferner die Vallüla, die Schwarze Wand usw.

Besonders lohnende, meist leichte Aussichtsberge sind von W nach O: Heimspitze (2685 m) und Valisera (2716 m), Rotbühlspitze (2852 m), Gantekopf (1959 m) und Versettla (2372 m), Westliche Plattenspitze (2884 m), Hochmaderer (2825 m), Signalhorn (3213 m), Piz Buin (3312 m), Hohes Rad (2912 m), Bielerspitze (2545 m), Vallüla (2813 m). Die Höhen der Hauptgipfel liegen zwischen 2800 und 3300 m. Auch die Silvretta kann auf verschiedenen markierten Höhenwegen durchquert werden, z. T. über Gletscher. Der DAV hat den **Silvretta-Weitwanderweg Nr. 302** geschaffen (Durchmarkierung rot-weiß-rot, auf der Alpenvereins-Silvrettakarte 1:25.000 eingetragen). Er ist ein Teil des Zentralalpenweges. **Verlauf:** Gargellen – Vergaldnerjoch – Tübinger Hütte – Plattenjoch – Saarbrücker Hütte – Tschifernella – Madlenerhaus – Bieltal – Getschnerscharte – Jamtalhütte (Tirol) – Kronenjoch – Heidelberger Hütte.

In der Montafoner Silvretta liegen folgende Alpenvereinshütten: Tübinger Hütte im Garneratal (Gaschurn), Saarbrücker Hütte am Litzner, Madlenerhaus auf der Bielerhöhe. Wiesbadner Hütte am Piz Buin. Wir verweisen auf den **„Gebietsführer Silvretta“** (München 1985), ein moderner Auswahlführer von W. Flaig. Genaue Einzelbeschreibung sämtlicher Silvrettaberge findet man im Alpenvereinsführer, Bd. „Silvretta“, von W. Flaig, mit zahlreichen Bildern und Karte. Für die beliebten Skitouren und Skidurchquerungen der Gruppe dient der „Skiführer Silvretta und Rätikon“ von Egon Pracht (s. Lit.-Verz. R 735).

■ **204 Die Montafoner Verwallgruppe** erstreckt sich rechts der Ill zwischen Dawenna im W und Fädnerspitze im O; sie ist zwar aus dem gleichen kristallinen Gestein (Gneis, Hornblende usw.) gebaut wie die Silvretta, hat aber ungeachtet gewisser Ähnlichkeiten doch eine ganz eigene Note und größere Einsamkeit. Vergletscherung fehlt im Montafoner Teil, dafür ist das Verwall reich an entzückenden kleinen Hochgebirgsseen. Die Hauptgipfelhöhen liegen zwischen 2300 und 2900 m; im Montafoner Verwall steht kein Dreitausender (der Patteriol, 3059 m, liegt jenseits der Montafoner Wasserscheide). Eine Großzahl vielseitigster Gipfel jeden Schwierigkeitsgrades erfüllt alle Wünsche. Besonders lohnende und leichte Aussichtsgipfel: Von W nach O Davenna (1881 m), Itonskopf (2081 m), Kreuzjoch (2350 m), Zamangspitze (2390 m), Scheimersch (2420 m), Roßberg (2326 m). – Grappeskopf (2206 m), Versalspitze (2462 m), Fluhspitze (2826 m), Fädnerspitze (2788 m).

Für Geübte leichte **Kletterberge** sind Hochjoch (2522 m), Madererspitze (2771 m), Schrotenkopf (2889 m), Pflunspitzen (2916 m), Isatäler (Eisentaler) Spitze (2757 m). Von den 7 Alpenvereinshütten in der Verwallgruppe liegen nur drei im Montafon, nämlich die Wormser Hütte über Schruns (Hochjochbahn), die Heilbronner Hütte über Partenen und die kleine Selbstversorgerhütte der Sektion Reutlingen auf der Wildebene, 2400 m.

Verwall-Höhenwege: Der schönste und großartigste ist der Wormser Höhenweg, siehe R 430, von der Wormser zur Heilbronner Hütte. Als „Verwall-Höhenweg“ setzt er sich auf der Tiroler Seite fort zur Darmstädter Hütte – Niederelbehütte – Edm.-Graf-Hütte bis zum Hohen Riffler. Als weitere besonders schöne Höhenwege bzw. Übergänge im Montafoner Verwall seien genannt; Silbertal – Gafluna – Wildebene – Langen/A.; Zeinisjoch – Schönverwall – St. Anton/A.
Führer: AV-Führer „Ferwall“ von Malcher-Luzian, s. R 735.

Tourenpläne

■ 205 1 bis 3 Tage Montafon mit Auto und Bergbahnen.
a) In 1 Tag: zur Wahl: Auffahrt von Schruns mit Hochjochbahn zur Kapellalpe und mit Sessellift bis Sennigrat – Wormser Hütte. **Oder:** Latschau-Golmerbahn. **Oder:** Tschagguns-Grabs (Sessellift). Nachmittags Fahrt auf der Silvretta-Hochalpenstraße zur Bielerhöhe.

b) In 2 bis 3 Tagen; die beliebtesten Ziele zur Wahl:
1. Tag: Mit Pkw Fahrt auf die Bielerhöhe (Silvretta-Hochalpenstraße); dort Motorbootfahrt auf dem Silvrettasee. – Weiterfahrt von der Bielerhöhe über Galtür und zum Zeinisjoch-Speicher Kops. Rückfahrt über Bielerhöhe – Partenen bis St. Gallenkirch und Abstecher ins Gargellental nach Gargellen.
2. Tag: Fahrt von Schruns mit Hochjochbahn wie oben bei a); **oder** von Tschagguns-Latschau mit der Golmerbahn bis Bergstation. – Nachmittags Fahrt auf Bartholomäberg mit Besuch der sehenswerten Kirche.
3. Tag: Fahrt nach Silbertal und mit Kabinenbahn auf den Kristberg (gotisches Knappenkirchlein!). Nachmittags Fahrt nach Gaschurn und Auffahrt mit der Versettlabahn zum Parade-Restaurant Nova-Stoba.

■ 206 Drei Dutzend Wanderungen zur Auswahl. – Sämtliche der nachgenannten Wanderungen vollziehen sich auf markierten Bergwegen, beliebig zu kürzen, zu verlängern oder abzuwandeln. Beschreibungen unter den betreffenden Randzahlen (siehe Stichwortverzeichnis). Die Bemerkung „mit Führer" bedeutet, daß Ungeübten die Tour nur mit Führer bzw. bergvertrauter Begleitung anzuraten ist und nur mit Bergausrüstung.
1. Schruns – mit Hochjochbahn und Sessellift auf den Sennigrat – Wormser Hütte; zurück auf dem Seeweg über Herzsee und Schwarzsee.
2. Wie bei 1. zur Wormser Hütte; weiter über das Kreuzjoch auf die Zamangspitze; Abstieg gleich oder über Zamangalpe nach St. Gallenkirch.

3. Schruns – Bartholomäberg-Kirche (Postauto); auf dem Geologischen Lehrpfad zum Korallenriff auf der Obern Wies; Abstieg nach Kristberg und mit Seilbahn nach Silbertal.
4. Bartholomäberg-Kirche – Rofer – Sasella – Fritzensee-Fulasee – Kristberg; mit Kabinenbahn oder auf Fußweg nach Silbertal.
5. Silbertal – mit Kabinenbahn auf den Kristberg–Muttjöchli-Mittagstein–Sonnenkopf-Bergstation; Talfahrt ins Klostertal oder über Obere und Untere Wasserstubenalpe zur Bergstation Kristberg zurück.
6. Schruns – Silbertal – Jausenstation Fellimännle; evtl. Weiterwanderung zur Gaflunaalpe und ins hintere Silbertal bis zum Schwarzensee.
7. Silbertal – Gaflunaalpe-Lobspitze und zurück.
8. Tschagguns – Golmerbahn bis Bergstation; auf dem Latschätzer Weg oder auf dem Höhenweg über Kreuzjoch-Latschätz zur Lindauer Hütte (Alpengarten!). Oder auf dem Geißspitzsteig auf die Geißspitze und zurück zur Golmerbahn oder Abstieg zur Lindauer Hütte.
9. Lindauer Hütte – Drusentor – rings um die Drusenfluh – Schweizertor; Abstieg zur Zaluandaalpe – Rellstal; mit Wanderbus nach Vandans.
10. Lindauer Hütte – Douglasshütte am Lünersee. Nächtigung. Am anderen Tag: Totalphütte, Besteigung der Schesaplana (mit Führer); Abstieg ebenso und mit Lünerseebahn nach Brand; Postauto nach Bludenz.
11. Auffahrt mit Golmerbahn bis Bergstation Golm und auf dem Höhenweg zur Alpe Platzis; Abstieg durch den Schattwald zum Gasthof Rellstal – Vandans; oder von der Alpe Platzis direkt über Tschöppa – Ganeu nach Vandans.
12. Vandans – Rellstal (mit Wanderbus) – H.-Hueter-Hütte – Saulajoch – Lünersee. Oder: Rellstal – Lünerkrinne – Lünersee; Talfahrt mit Lünerseebahn nach Schattenlagant-Brand; Mit Postauto nach Bludenz.
13. Vandans – Latschau oder Tschagguns-Latschau – Rasafei-Schluchtweg – Tschagguns; oder von Latschau auf dem „Kleinen Höhenweg" nach Bitschweil; Abstieg nach Tschagguns.

14. Bartholomäberg – Lutt – Forgla – Graves – Valeu; Abstieg nach St. Anton. Oder Bartholomäberg-Kirche.
15. Schruns – mit Hochjochbahn bis Mittelstation Kropfen; weiter zum Maisäß Auf dem Ried – Plattes – Gamplaschg – Schruns.
16. Schruns – Bergstation Kapellalpe; Bergabwanderung zum Maisäß Lifinar – Limat – Gamprätz – Schruns.
17. Tschagguns-Grabs (Sessellift); über Alpila zum Tobelsee – Tilisunahütte – Sulzfluh. Nächtigung auf der Tilisunahütte. 2. Tag über Sarotlapaß – Röbi nach Gargellen. Oder zur Wahl:
18. Tilisunahütte – Weißplatte (für Geübte) und Seehorn oder Besuch der Sulzfluhhöhlen.
19. Tilisunahütte – Bilkengrat – Lindauer Hütte – Gauertal.
20. Gargellen – Schafbergbahn-Bergstation und zum Gandasee, Abstieg ins Valzifenztal; oder Aufstieg zum Gafierjoch und evtl. zum Rätschenjoch (Rätschenfluh).
21. Gargellen mit Schafbergbahn bis Bergstation. Weiter zum St. Antönierjoch; Rückweg über Riedkopf – Täscher – Gargellner Alpe – Gargellen.
22. Gargellen – Schlappinerjoch – Höhenweg Saaser Alp zur Bergstation der Klosterser Madrisabahn und zurück.
23. Gargellen – Vergaldner Alpe – Heimspitze; Abstieg gleich oder zum Matschunerjoch – Garfrescha.
24. St. Gallenkirch – Garfrescha (Sesselbahn) – Gantekopf – Gantegrat – Bergrestaurant „Nova-Stoba" – Gaschurn (Gondelbahn).
25. Gortipohl – Maisäß Manigg – Grappeskopf – Zapfkopf; Abstieg über Alpe Netza.
26. Gaschurn – Versettlabahn Bergstation – Auf die Versettla; Höhenweg bis Matschunerjoch; Abstieg gleich oder ins Novatal – Garfrescha (Sessellift St. Gallenkirch).
27. Gaschurn – Auf die Versettla und Höhenweg bis Matschunerjoch (siehe 26); zu den Heimbühlseen aufs Heimbühljoch und Abstieg zur Alpe Vergalden – Gargellen.
28. Gaschurn bis Mittelstation Rehsee der Versettlabahn; über Maisäß Lifinar zum Maisäß Ganeu und durch die Garneraschlucht nach Gaschurn.

29. Gaschurn – Valschavieltal – Alpe Mardusa – zu den Seen am Gaschurner Winterjoch – Valschavieler Joch; Besteigung des Albonakopfes. Abstieg zur Heilbronner Hütte auf dem Wormser Höhenweg.
30. Partenen – Tafamunt (Kabinenbahn) – Wiegensee – Alpe Verbella; Abstieg über Ganifer nach Partenen. Oder von der Alpe Verbella Aufstieg zur Heilbronner Hütte (Nächtigung); Abstieg zum Zeinisjoch – Kops – Galtür und mit Postauto über Bielerhöhe nach Partenen.
31. Partenen, mit Vermuntbahn auf Trominier; zum Aussichtspunkt Obertrominier; oder Trominier – Tschambreu – Schafbodenberg und zurück; oder über Ganeu – Garneraschlucht nach Gaschurn.
32. Bielerhöhe – durch das Bieltal auf den Radsattel – Wiesbadner Hütte; Abstieg durch das Ochsental (Hüttenweg) zum Silvrettasee.
33. Bielerhöhe – Tschifernella – Saarbrücker Hütte. Nächtigung. Am anderen Tag über das Plattenjoch zur Tübinger Hütte; Abstieg durch das Garneratal nach Gaschurn; oder auf dem Weitwanderweg 302 Gargellen.
34. Partenen – Vallülatal – Vallülaseen.
35. Bielerhöhe – Silvretta–Klostertal; für Geübte weiter auf die Rotfurka. Abstieg ebenso.
36.Partenen – Kops. Auf den Breiten Spitz. Zurück ebenso. Oder über Galtür und auf der Silvretta-Hochalpenstraße (Postauto) nach Partenen.
37. Drei Rundwanderungen um die Hochseen: Rund um den Silvrettasee (Bielerhöhe) / Rund um den Kops-Stausee (Zeinisjoch) / Rund um den Lünersee.

■ **207 Achtung:** Uber **Montafoner Bergwander- und Bergtourenprogramm** der Verkehrsämter siehe R 24; dort auch über die verschiedenen **Wanderabzeichen.**

208–221 Offene Randzahlen für Nachträge

Spaziergänge – Wanderungen – Bergtouren

LORÜNS-STALLEHR, 600 m ü. d. M.

Die beiden ruhigen Dörfer liegen im Nahbereich der Fremdenverkehrsstadt Bludenz, ihres großen Wanderwegenetzes und ihrer Muttersbergbahn.
Auskunft: Gemeindeamt A-6700 Lorüns; Tel. (0 55 52) 6 23 39. Gemeindeamt A-6700 Stallehr; Tel. (0 55 52) 6 24 82.

■ **222 Lorüns** liegt 4 km südöstlich von Bludenz an der Straße nach Schruns, Haltestelle der Montafonerbahn, Post, Ladengeschäft, 2 Gasthöfe (Adler mit 12 B, Hirschen) und Privatunterkünfte; Sportplatz, Reitmöglichkeit.
Die kleine Gemeinde, schon im Jahr 896 als „Airumne" erwähnt, 840 ha (einschl. Alpweiden), 212 Einw., liegt mit ihrer gutgestalteten Kirche am Taleingang in einer Wiesenbucht zwischen den bewaldeten Ausläufern der Vandanser Steinwand im S und dem Dawennakopf im N, überragt von dem markanten Felsen des Rappenkopfes. Nördlich über dem Dörflein baut sich der durch eine Forststraße erschlossene Wald des Lorünser Berges auf. Weit bekannt ist Lorüns durch sein Zementwerk, das einen vorzüglichen Portlandzement erzeugt und den größten Zementsilo Österreichs besitzt.
Stallehr, 4 km östl. von Bludenz mit Gasthaus-Pension Alfenz (52 B, 1987 völlig renoviert), großer Parkplatz; dazu Privatunterkünfte mit rd. 15 B; Sportplatz; im Winter 5,5 km Skiloipe, Radweg.
Das Dörfchen an den Ufern der Alfenz, 163 ha, mit 200 Einw., ist eine in Wiesen und Wald wunderhübsch eingebettete Sommerfrische und beliebter Ausflugsort. In der Nähe Mauerreste des Diebschlößle, urkundlich 1279 als „Schloß Fadullis" erwähnt. Geographisch liegt Stallehr im Klostertal, gehört aber seit Jahrhunderten politisch zum Montafon, d. h. seit der Zeit des großen Bergbaues am Bartholomäberg; hier begann bzw. endete der

Montafonertracht.
Bei R 443

Foto: Dr. Zurkirchen

Saumweg der Erzknappen. Stallehr ist urkundlich schon 1355 genannt. Den Zugang in das abseitige Dorf vermittelt die Arlbergstraße Bludenz – Bings (dort rechts ab und über die Alfenzbrücke, 1 Min.) sowie ein Fahrsträßchen (Bludenz-)Brunnenfeld–Stallehr; dazu die Bahnstationen Bings an der Arlbergbahn und Brunnenfeld an der Montafonerbahn; von den beiden letztgenannten führen hübsche **Spazierwege** nach Stallehr:
a) Von der Haltestelle Brunnenfeld kurz auf der Straße talaus bis zur Wegtafel „Nach Stallehr und Bings 1 km". Hier biegt das Sträßchen nach rechts Richtung Klostertal ab und führt mit schöner Aussicht (Blick auf den stolzen Roggelskopf) an der Alfenz entlang, teils durch Wald in 20 Min. nach Stallehr.
b) Von Lorüns: Von der Bahnhaltestelle aus auf der Dorfstraße 10 Min. talaus bis zur Alfenzbrücke beim Zementwerk. Diesseits rechts, an den Werkgebäuden, am Steinbruch und am Alfenzufer entlang, talein in 20 Min. durch die liebliche Wiesenflur ins Dorf.

■ **223 Dawennakopf.** Eine schöne Wanderung führt von der Ortsmitte Stallehr auf den Dawennakopf, 1708 m: am Kirchlein vorbei talein, nach 5 Min. zweigt nach rechts hin eine 3 km lange Forststraße ab (Autoverbot), die schattig und mit prächtigen Ausblicken mit 530 m HU in Kehren durch den Bergwald hinaufführt zum Maisäß Dawenna, 1100 bis 1250 m, mit Jagdhütte. Weiteraufstieg auf mark. steilem Steig (für Geübte) auf den Dawennakopf, 1707 m, mit interessanter Aussicht. Der Dawenna ist der westlichste Eckpunkt der mächtigen Verwallgruppe, die sich bis Landeck in Tirol hinzieht.
Von Lorüns und von Stallehr aus bieten sich fast unerschöpfliche Wanderungen und Touren an: vor allem im Bereich der Alpenstadt Bludenz mit der Muttersbergbahn und dem Hohen Frassen (1981 m) samt der Frassenhütte des ÖAV Vorarlberg, weiters im nahen Klostertal – Arlberggebiet, im Brandnertal, im Walgau und natürlich besonders im Montafon, speziell im Nahbereich der Orte St. Anton und Vandans.

ST. ANTON IM MONTAFON, 659 m ü. d. M.

Auskunft: Gemeindeamt A-6771 St. Anton i. M.; Tel. (0 55 52/ 671 69).

■ **224** Siehe Bild 1. Bahnstation der Montafonerbahn an der Straße Bludenz–Schruns, 7 km von Bludenz, 6 km nach Schruns. Post, Telefon, Raiffeisenkasse (Geldwechsel). – **Gaststätten:** rund 450 Betten. Hotel Adler (70 B) mit Hallenbad und vollautomatischer Kegelbahn; außerdem mehrere Gasthöfe, Pensionen, Ferienwohnungen und zahlreiche Privatquartiere; dazu Imbißstuben und Tages-Café.

St. Anton i. M. ist ein idyllisches, sonniges Dorf mitten in Wiesen und Obstbäumen, 342 ha, 580 Einw., zu Füßen des Dawennastokkes (westl. Ausläufer des Verwall) und rechts (östl.) der Ill. Die Siedlung soll auf eine Eremitenklause zurückzuführen sein. Im Kirchlein von St. Anton i. M. befindet sich das Grabmal des berühmten Montafoner Landammanns Battlogg (R 148, 149). Sein Wohnhaus war der heutige Gasthof „Adler", der noch im Besitz der Familie Battlogg ist.

Typisch für das Dorf sind die vielen gepflegten Häuser; zwischen 1951 und 1981 hat sich der Häuserbestand hier mehr als verdreifacht. Schöne Buchenwälder umkleiden die Hänge gegen Bartholomäberg. Im Erlenwald im Talgrund reizvolle ebene Wege in den Auen an der Ill. Die Nadelwälder nördl. talaus stellen die „größte und geschlossenste Schuttkegelwaldung im Montafon" dar (Baldauf); dieser lockere Kiefernbestand, mit seinem Erikazeenteppich, der schöne Spaziergänge bietet, bedeckt ein spätmittelalterliches mächtiges Bergsturzgelände links und rechts des Gipsbaches, die sog. „St. Antönier Alma". Diesen Bergsturz verband das Volk mit einer Sage, nach der dort einst Schloß und „Stadt" Prazalanza standen, die durch den Bergsturz vernichtet wurden. Im Mittelalter war 3 km vom heutigen Ortszentrum Eisenabbau und seit dem 18. Jahrhundert gab es Gipsabbau am Dawennastock, der seit 1977 eingestellt ist. 15 bis 20 Gehminuten oberhalb des Ortes bricht am Bergfuß aus einer Verwerfungsspalte der Bergwand der Gravestobelbach hervor und stürzt als sehenswerter Wasserfall herab.

Hübscher Spaziergang dorthin, Ruhebänke. Weiter talaus auf der „Alma" das Tränenbächle, dessen trübes Wasser (gipshaltig) nach der Sage von den Tränen einer im Berg eingeschlossenen Jungfrau herkommt, die der Erlösung harrt. Große Verbauungen. **Im Winter** ist St. Anton durch die Nähe vieler Wintersportanlagen beliebter Ferienaufenthalt. Mit Montafoner Skipaß kostenlose Benützung der Montafonerbahn und Postbusse.

■ **225 Die Autostraße St. Anton i. M. – Bartholomäberg,** 5 km lang, beginnt gegenüber vom Bahnhof und führt durch schönen Bergwald empor über Jetzmunt, dann auf einer Höhe von rd. 1000 m fast waagrecht hangentlang als prächtige Höhenstraße bis Innerberg, angesichts des herrlichen Bergpanoramas. Sie ermöglicht Autozufahrt und Abkürzung der Wanderung nach Bartholomäberg – Innerberg – Kristberg. Von Bartholomäberg Straßenverbindung nach Schruns, von Innerberg nach Silbertal. **Postauto: Schruns – Bartholomäberg – Fernblick – Innerberg.**

■ **226** Die sog. **St. Antönier Alma,** d. h. Allmein (s. R 224), bietet mit ihrem eigenartigen stillen Föhrenwald schöne Spaziergänge. Direkt bei der Kirche St. Anton beginnt der schöne markierte Waldweg über Gavottis, 1½ bis 2 Std., der abseits und oberhalb der Talstraße steigungslos mit schönen Ausblicken talaus führt, bis an den Oberrand der „Langen Wiese" von Prazalanz, parkartiges Gelände mit Ruhebänken. Entweder ebenso zurück oder über die „Lange Wiese" mit ihren Heuhütten sanft hinab zur Montafoner Talstraße und zur Illbrücke bei Lorüns. Über die Brücke und auf dem Sträßchen auf der andern Talseite nach links talein durch Wald nach Vens und über die Schwebebrücke wieder zurück zur Bahnstation St. Anton, insgesamt ca. 3 Std.

■ **227 Illuferweg.** Dieser besonders schöne ebene Spazierweg mit vielen Ruhebänken beginnt bei der Schwebebrücke über die Ill (s. R 230). 3 bis 4 Min. von der Bahnstation St. Anton. Bei der Hängebrücke rechtsufrig Wegtafel. Der Illuferweg führt ganz eben, anmutig und schattig durch die Auen und lichtes Erlengehölz am Fluß entlang talein; man kann ihn beliebig bis zur Station Kaltenbrunnen oder bis Tschagguns ausdehnen.

■ **228 Über Jetzmunt – Batschief:** Von der Straße nach Bartholomäberg rechts abzweigend, führt ein schöner Spazierweg meist durch Wald, über die Höfe von Batschief zum Kloster Gauenstein und nach Schruns, 1½ Std., R 381. Oder von Batschief empor an Bartholomäberg, ½ Std., und in weiteren 1½ Std. auf das Maisäß Rellseck, 1483 m, in herrlicher Aussichtslage (s. R 443).

■ **229** Interessant ist ein Besuch der einst dauernd bewohnten Hochsiedlung von **Valleu,** 1236 m, hoch über dem Graveser Tobel, jetzt Maiensäß, mit Kirchlein.
Zugang: Auf der Berger Straße nach Jetzmunt hinauf (35 Min.) Wegtafel. Nach links über die Parzelle Marentes empor, später in das Graveser Tobel einbiegend, durch den Schattwald zu einem Maisäß; dahinter die starke Quelle des Weißen Baches, 1 Std., und auf gut angelegtem Weg in weiteren 20 Min. auf Maschi (Ton auf dem i); vom Westende dieses Rückens besonders schöner Talblick auf Bludenz–Walgau. Der Weg führt weiter zu den verlassenen Höfen von Valleu (s. R 453). Fesselnder Blick bes. auf die nahe Vandanser Steinwand und Rätikonkette. Gehzeit St. Anton – Valleu ca. 2½ Std.

■ **230** Im übrigen hat **St. Anton i. M.** weitere zahlreiche Spaziergänge, Wanderungen und Hochtouren mit Bartholomäberg östl. oberhalb und mit Vandans jenseits der Ill gemeinsam; desgleichen können die verschiedenen Einrichtungen des nahe gelegenen Vandans, dessen Schwimmbad, Sportplatz und bes. auch der Doppelsessellift Vandans – Latschau rasch erreicht werden. Sie sind unter diesen Orten beschrieben. Mit Vandans-Vens ist St. Anton durch den „Illsteg" verbunden, eine Hängebrücke, deren Zugangsweg beim Bahnhof St. Anton i. M. beginnt. Über dieselbe gelangt man nach Außer-Vens und in 25 bis 30 Min. talein in die Ortsmitte Vandans. Zwei Straßenbrücken führen außerdem weiter talein über die Ill nach Vandans, eine nahe der

Haltestelle Vandans; sie vermitteln hübsche Rundwanderungen dies- und jenseits der Ill.
Lit.: Heimatbuch St. Anton i. M. von Dr. h. c. Zurkirchen in Vorbereitung.
Im Winter: Durch die Nähe der vielen Skigebiete des Tales mit ihren rasch erreichbaren Bergbahnen (mit Skibus zum Nulltarif) ist St. Anton auch im Winter ein beliebter ruhiger Ferienort. In nächster Nähe besonders das Skigebiet Vandans-Golm und Schruns-Hochjoch. Im Ort selbst gibt es die 6-km-Skiloipe nach Schruns.

231–234 offene Randzahlen für Nachträge.

VANDANS, 650 m. ü. d. M.

Beim großen internationalen Wettbewerb der Entente Floriale 1988 wurde *Vandans* der Titel **schönstes Blumendorf Europas** verliehen, nachdem es schon bisher das „schönste Blumendorf" Vorarlbergs" war.

Auskunft: Verkehrsamt A-6773 Vandans; Tel. (0 55 56) 26 60.

■ **235** Siehe Bild. Haltestelle der Montafonerbahn, 8 km von Bludenz. Verkehrsamt, Post, Bank, Arzt, Apotheke, Ladengeschäfte, Gärtnerei, Friseur; geheiztes Schwimmbad, Tennisplätze, 2 Sportplätze, Fitneßparcours, Kleingolfanlage, automat. Kegelbahnen, Billard, Fischen, Lese- und Fernsehräume. Über 100 km großes Spazier- und Wanderwegnetz; geführte Wanderungen (Teilnahme mit Gästekarte kostenlos). Wanderpaß für Hütten- und Gipfelwanderungen mit Leistungsabzeichen. Heimat- und Trachtenabende der Sing-, Tanz- und Trachtengruppe. Autobusausflüge, Mietwagen, Taxi: Wachter, Landhaus Erna, Tel. 0 55 56/27 56; Kasperreisen, Tel. 27 35. Bergführer im Ort (über Verkehrsamt), Lese- und Fernsehräume im Verkehrsamt.

Moderne Kirche, sehenswerte Häuser heimischer Bauart. Große Kraftwerksanlagen der Vorarlberger Illwerke in Rodund mit 3 Pumpspeicherbecken im Tal, moderne Werksiedlung. Das Rodundwerk II (Pumpspeicherwerk) ist seit 1976 mit einer der größten Pumpturbinen Europas ausgerüstet.

Gaststätten: 1600 Gästebetten in Hotels (5 Kat. A und B mit Hallenbad und Sauna), in Gasthöfen, Pensionen, Appartements, Ferienwohnungen und Privathäusern. Verzeichnis durch Verkehrsamt.

In Höhenlage: Alpengasthaus Rellstal auf 1500 m (20 B); H.-Hueter-Hütte (ÖAV), 1766 m (26 B, 75 TL); Totalphütte (ÖAV), 2385 m (64 TL und 36 Notlager); Douglasshütte (ÖAV), 1997 m (55 B, 70 TL).

Seilbahn Vandans, Tel. 27 13, Doppelsessellift. Talstation in Vandans-Innerbach, 650 m, Bergstation auf **Latschau,** 1000 m, zunächst der Talstation der Golmerbahn. Länge 1570 m, Beförderung 700 Pers. je Stunde, Fahrzeit 12 Min. – Zugang und Zufahrt zur Talstation: von der Ortsmitte in 12 Min. auf der Hauptstraße talein nach Innerbach; großer Parkplatz und „Liftstüble" (Restaurant). Nur Winterbetrieb; im Sommer Seilbahn-Ersatzverkehr (Autobus).– Die Seilbahn bzw. der Bus schließt Vandans unmittelbar an das großartige und weitläufige Wander- und Skigebiet am Golm an und bringt die Gäste rasch auf die herrlich gelegene Bergparzelle. In nächster Nähe der Bergstation schöne Grünanlagen um den Stausee. Sehenswert: die Besuchergalerie im Krafthaus Lünerseewerk, die Illwerke-Wohnsiedlung, die neue Bergkirche, siehe auch unter R 282. Die zahlreichen Spaziergänge und Wanderungen, für welche die Bergstation der Seilbahn Vandans Ausgangspunkt ist, findet man beschrieben unter R 294 ff.; besonders zu empfehlen: R 295, 296, 298–300 und sämtl. aus dem Wanderwegnetz von Golm – Gauertal, s. R 310–352.
Wanderbus Rellstal: nur in der Sommersaison; Abfahrt beim Bahnhof Vandans und beim Verkehrsamt; Auskunft dort.
Im Winter: Sesselbahn Vandans mit Anschluß an das Erstklasseskigebiet auf Matschwitz-Golm mit 10 Seilbahnen und Liftanlagen. 2,7 km lange Naturrodelbahn im Bereich der Seilbahn Vandans. Skischule. – Ca. 10 km Wander- und Langlaufloipe. – Ski-, Skischuh-, Rodel- und Skibobverleih. – Hallenbäder und Sauna, Reiten; automat. Kegelbahnen, geräumte Spazier- und Wanderwege. Montafoner Skipaß.

■ **236 Vandans** ist ein romatisches und interessantes Dorf (2050 Einw.) zu Füßen der Vandanser Steinwand mit dem kühnen Horn der Zimba. Das Gemeindegebiet reicht bis auf den Gipfel der Schesaplana, 2965 m, Grenze gegen die Schweiz; auch der Lünersee liegt ganz auf Vandanser Gebiet. Von den 5355 ha Gemeindegebiet sind 2937 Alpweiden auf 7 Alpen und 1338 ha Wald. Die Gratfirste der Vandanser Wand erheben sich fast 2000 m über der Talsohle und dem Dorf Vandans in jähem Aufbau. Ihre

Abstürze und Schluchten suchen ihresgleichen an Wildheit und Großartigkeit, während sich die lieblichen Fluren von Vandans, dem Wüten der Wildbäche in unendlichen Mühen einst abgerungen und entrissen, ihnen zu Füßen schmiegt. Die schwer zugänglichen Flanken der Vandanser Wand sind ein reiches Wildasyl.

Es ist ein oft geprüftes Dorf, dem die Wildbäche früher schwer zusetzten, deren Verbauung Millionen verschlang. Besonders instruktiv ist ein Überblick über die Vandanser Landschaft von der gegenüberliegenden Seite her, im Aufstieg auf der Straße St. Anton – Jetzmunt – Bartholomäberg, die seine von den Wildbächen, Bergkulissen und Tobeln diktierte Geographie eindrucksvoll zeigt. „Vandans" bedeutet ad fontanas = bei den Wassern. Diese Wasser von Vandans, die mit sein Antlitz prägen und sein Schicksal waren, sind folgende Bäche (von S nach N): Aualatsch (vom Golm herab), der Rellsbach aus dem Rellstal (Almustrig), der Mustergiel aus dem Valcastieltobel, der Ladritschbach aus dem Venser Tobel. Soviel Wildbäche aus den Tälern und Tobeln herabkommen, auf ebenso vielen fächerartigen Schwemmkegeln ist das Dorf gebaut. Von S nach N: Rodund, Innerbach, Zwischenbach (Kirchdorf) mit Diel; Bündten und Vens. Heute ist dank den gewaltigen Wildbachverbauungen Vandans geschützt und eine aufblühende Gemeinde, die sich der Heimat freuen kann, wo ehemals viele zur Auswanderung gezwungen waren. Ihre Geschichte ist sehr alt. Reg.-Rat H. Barbisch hat sie in einer ausgezeichneten „Heimatkunde" erschöpfend dargestellt.

Etliche bedeutende Persönlichkeiten sind aus Vandans hervorgegangen, vor allem der berühmte Landammann Joh. Jos. Batlogg (1751 bis 1800), einer der fähigsten und tatkräftigsten Führer Vorarlbergs in den Koalitionskriegen. Sein Geburtshaus (mit Gedenktafel) steht in Vandans-Innerbach, Haus Nr. 65/66, sein Denkmal in Schruns. Auffallend viele romanische Flurnamen sind ein Zeichen für die frühe Besiedlung von Vandans. Als Beispiel: Schandang, Ganeu, Mazutt, Mansaura, Gatmatsch, Studaun, Planatsch, Lün, Valehr usw. Vgl. R 125 und R 148, 149.

Bartholomäberg-Innerberg gegen Rätikon-Hauptkette: links die Höhensiedlungen an der Mittagspitze, Drei Türme, Drusenfluh; links der Kirche Blick gegen Gauertal, rechts Golm. Die Häusergruppe bei der Kirche zeigt typisches Montafon.
Bei R 452 *Foto: G. Flaig*

Der große Aufschwung, den Vandans genommen hat, zeigte sich auch in der 1. Montafoner Handwerksausstellung 1988, die das vielseitige und hervorragende Können der Montafoner bewies.

■ **237 Vandans** bietet neben den großartigen **Wander- und Tourengebiet** in seinem hochalpinen Hinterland bis zum Lünersee und auf die Schesaplana auch viele reizvolle Spaziergänge im Tal, durch Wiesen, Matten, in den Naturpark Agat (Außervens), zu den Maisäßen am Golmerhang (Mansaura, Ganeu), in den Illauen usw. Interessant für Geübte ist besonders eine Wanderung in das Valcastieltobel durch Wald in eine großartige Felsenlandschaft. – Außerdem aber können von Vandans aus in 14 Min. Bahnfahrt oder 1 Std. Spaziergang (Illuferweg) die Kurorte Schruns-Tschagguns mit ihren zahlreichen Einrichtungen schnell erreicht werden, die Hochjochbahn, Grabser Sesselbahn und Golmerbahn; oder mit dem Postauto von Schruns aus: Gargellen, Gaschurn-Partenen und Silvretta-Hochalpenstraße. Man ist mühelos an alle Möglichkeiten angeschlossen.

Spaziergänge von Vandans

■ **239 Zum Venser Kirchlein.** Von der Kirche Vandans der oberen oder der unteren Straße nach (N) talaus durch Gärten und Wiesen bis nach Vens, 30 bis 40 Min. Das Kirchlein – mit Gnadenbild aus dem Jahre 1613, idyllisches Pilgerziel – liegt nahe am wilden Venser Tobel mit dem Ladritschbach. Weiter talaus führt das Sträßchen durch den schönen Föhrenmischwald von Vaduschis nach Lorüns, ca. 45 Min. Zum Illuferweg s. R 241.

■ **240 Nach Außervens-Agath** („Englischer Garten"), 20 Min. Von der Kirche nördl. talaus nach Außervens (bei Gabelung links) über Wiesengelände. Beim Haus Nr. 165 links auf Feldweg nw., dann westl. in das parkartige Gelände Agath mit schönen Baumgruppen.

■ **241 Illuferweg.** Beim Kirchlein Vandans-Außervens findet man den Anfang dieses schönen Spazierweges. Er führt von dort durch Wiesen zur Schwebebrücke an der Ill hinab. Ab hier führt an beiden Ufern der Ill je ein ganz ebener Uferweg talein, durch lichten Auwald und über Wiesen, abseits des Verkehrs, immer dicht am schönen Fluß entlang, mit vielen Ruhebänken, 3 km weit bis zur Bahnstation Rodund; weiter am rechten Illufer entlang bis nach Tschagguns zur Illbrücke; ab hier auf dem Promenadenweg nach Schruns. – Sportler finden diesen Weg für Geländelauf sehr geeignet, im Winter dient er als Langlaufloipe.

■ **242 Nach Rodund** ca. 30 bis 40 Min.: Von der Kirche auf der Straße talein, Richtung Schwimmbad. Bald überquert die Straße das breite Schotterbett des Rellsbaches (alter Name: Almustrig), einst der Schrecken der Vandanser, besonders bei der Wasserkatastrophe 1910. Heute erstreckt sich dort eine schmucke Siedlung mit vielen Häusern und Gärten. – Weiter auf der Straße zu den Höfen des Weilers Innerbach (rechts in Straßennähe die Talstation der Seilbahn) und weiter bis man die großen Werksanlagen der Vorarlberger Illwerke mit den Speicherbecken, dem Krafthaus Rodund, den technischen Zweckbauten und Siedlungsheimen zu Füßen des dicht bewaldeten Kristakopfes erreicht. Ab hier kann man entweder den linksseitigen Illuferweg wählen oder jenseits der Illbrücke am Illufer talaus nach Vandans – St. Anton oder talein nach Tschagguns wandern.

■ **243 Lantschisott-Latschau.** Wegbeginn bei der Talstation der Sesselbahn nach Latschau in Innerbach. Wegtafel. Durch Wald und über Bergwiesen sanft ansteigend an alten Bauernhöfen vorbei in ca. 1 Std. zum Stausee nach Latschau empor. Siehe auch R 295 (als Bergabwanderung).

■ **244 Rodund – Krista – Tschagguns,** 1½ Std. Krista, eigentlich Cresta, d. h. Kamm oder Grat, heißt der bewaldete Bergkamm, der als nördl. Ausläufer des Golm einen langgezogenen auffallenden Moränenriegel bildet zwischen den Gemeinden Vandans und Tschagguns. Über Krista führt auch der alte Saumpfad talein. – Kristakopf, 1071 m, heißt der waldige Kegel westl. ob Tschagguns, eigentlich Schwarzkopf, früher (um 1710) Raschitzer Kopf. – Beim Werk Rodund am östl. Ende zwischen den Magazingebäuden rechts empor durch Wald zu den Höfen von Unterkrista; von dort jenseits sanft nach O hinab und längs der Ill nach Tschagguns.

■ **245 Vandans – Mustergieltobel – Valcastiel.** Zwischen den beiden bewaldeten Kegelbergen über Vandans, dem Geißberg bzw. Fahrengrat links und dem Mutt rechts ist das großartige und sehenswerte Valcastieltobel mit dem Mustergielbach an die 800 m tief eingeschnitten. Die gewaltigen Mauern und Sperren, mit denen der Mustergielwildbach verbaut wurde, sind ein Musterbeispiel, mit welchem Aufwand und welchen Mühen ein kleines Bergdorf seinen Siedlungsraum gegen die verheerende Naturgewalt gesichert hat.

Inmitten des Tobels steht die fast senkrechte 70 m hohe Schloßwand, z. T. aus schwarzem Marmorgestein, mit der namengebenden Ruine Valcastiel aus spärlichen Mauerresten. Die Geschichte dieser sagenumwobenen Ruine liegt im Dunkel; es wird in ihr das 1391 urkundlich erwähnte Schloß Montafon vermutet, wahrscheinlich im Appenzeller Krieg 1405 zerstört. Schon der Name dieses Tobels Vallis castelli = Schloßtal oder Schloßtobel, beweist die Existenz eines einstigen Schlosses, vermutlich aus der Zeit des Bergbaues. Nach anderer Deutung wäre an ein Bergklösterlein zu denken, denn der Name Mustergiel leitet sich her aus rätorom. mustér = Kloster und gil = col = Hügel.

Zugang: Von der Ortsmitte rechts, nördl. der Kirche auf der Straße aufwärts, dann nach rechts auswärts und den Mustergiel überquerend bis zu seiner großen nördl. Schutzmauer. Hier führt innerhalb der Mauer nach linkshin aufwärts ein guter Weg durch schönen Jungwald und Aufforstungen in ½ Std. ins Valcastieltobel hinein. Nur für Geübte. Die Ruine erhebt sich steil in etwa 50 m Höhe über den beiden Bachbetten am linken Ufer des Mustergielbaches. Die Schloßwand scheidet den Talkessel in das eng zerklüftete „Linkstobel“ und in das eigentliche Valcastieltobel rechts mit vielen Stufenverbauungen, über die der Bach tosend in Fällen herabstürzt. Das rückwärtige Valcastieltobel ist wildes und (außer Jagdsteigen) wegloses Gebirge.

■ **246 Nach Muleritsch-Vandans.** Von der Ortsmitte auf der Rellstalstraße ca. 1 Gehstunde in Richtung Maisäß Ganeu. Kurz vor Ganeu bei einer Straßenkehre zweigt nach links der romantische „Wildsteig“ ab (rote Markierung, Wegzeiger „Nach Latschau 1½ Std.“); er führt in ca. 45 Min. nach Muleritsch (Waldwiese mit Gebäuden). Bei Wegtafel durch Wald abwärts in ca. 50 Min. zu den Häusern nach Vandans-Innerbach. – Von Muleritsch führt der „Wildsteig“ weiter bis nach Lantschisott. Nur bei Trockenheit anzuraten!

■ **247 Rundwanderung Vandans,** ca. 1½ Std. Vom Ortsteil Innerbach dem Rellsbach entlang am linken Dammweg bis zur Lende. Man folgt der Rellstalstraße bis zur 1. Kehre am Aussichtspunkt Planatsch. Ab hier führt ein mark. Fußweg nach rechts in den Dielerwald zum Schießstand und wieder zur Ortsmitte.

■ **248 Nach Obergantschier.** Gegenüber der Bahnstation Vandans beim Gasthof Engel (Wegtafel) ist der Beginn eines unscheinbaren Fußpfades. Er führt zunächst steil durch Wald hinauf zu den Höfen von Gantschier und Obergantschier. Wegtafeln weisen dann weiter zu einer Anzahl verschiedener schöner Ziele wie Batschief, Jetzmunt, Landschrofen, Gauenstein usw.

249 Offene Randzahl

Bergwanderungen von Vandans

■ **250** Wanderungen und Bergtouren von Vandans aus sind in dem großen Berggebiet der Gemeinde, das sich bis an die Schweizer Grenze erstreckt, überaus zahlreich und vorbildlich markiert (Wanderkarte, Äußeres Montafon 1:25.000). Jede einzelne Tour findet man genauest beschrieben im Alpenvereinsführer, Bd. Rätikon von Günther Flaig. – Besonders zu empfehlen sind die zahlreichen Spaziergänge und Wanderungen im Bereich der Bergstation der Seilbahn Vandans, s. R 237, und der anschließenden Golmerbahn; ferner ein Besuch des Rellstales, R 255, des Lünersees, R 258 und des Schweizer Tors, R 267. Bergtüchtige können bei sicherem Wetter die Schesaplana besteigen (sehr gut markiert); die Zimba zählt zu den beliebtesten Kletterzielen des Landes (nur mit Führer oder Seilgefährten!). Eine sehr lohnende alpine Steiganlage für Geübte führt auf den Saulakopf, s. R 269. – Einen Spaziergang in den Mustergieltobel (R 245) mit seinen imposanten Wildbachverbauungen sollte kein Gast versäumen! Leicht, rasch erreichbar und sehr lohnend sind auch die Wanderungen auf Bartholomäberg (R 440–453).

■ **251 Nach Bartholomäberg.** Als Fußwanderung: Wie bei R 241 von Außervens über den Illsteg nach St. Anton i. M. und gegenüber der Bahnstation auf der Berger Straße großteils durch Wald bis zur herrlich gelegenen Bartholomäberger Kirche empor, ca. 1½ bis 2 Std. Rückweg sehr lohnend über „Fernblick" nach Schruns (R 452) und mit Bahn oder zu Fuß auf dem Illuferweg R 387 zurück nach Vandans.

■ **252 Latschau – Kristakopf – Tschagguns** Diese schöne Halbtagswanderung auf den Kristakopf ist unter R 294 beschrieben. Zugang nach Latschau mit dem Seilbahn-Ersatzbus.

■ **253 Auf Ganeu,** 1200 m, ca. 2 Std. Güterweg 4 km (auch für Pkw). Von Vandans auf der Fahrstraße ins Rellstal bis zur ersten Kehre; hier (Wegtafel) links abzweigen und dem Sträßchen nach bis zu den Maisäßen von Ganeu mit schönem Ausblick. Gut angelegte Wege führen weiter empor auf die Voralpe Tschöppa, 1511 m, und zur Alpe Platzis, 1778 m, 1¾ bis 2 Std. Von dort auf Höhenweg hangentlang in ca. 50 Min. bequem und sehr schön nach Außergolm–Golmerhaus und zur Mittelstation der Golmerbahn (Berghaus Matschwitz). Das Ganze eine leichte, schöne Tagestour.

■ **254 Zur Lindauer Hütte,** 1764 m. Besonders zu empfehlende Tagestour: Auffahrt nach Latschau. Dort geradeaus zum Parkplatz beim Kraftwerkbau „Lünersee". Wegtafel. In 2 Std. über „Piz" und rechts- oder linksseitig durch das Gauertal zur Lindauer Hütte (s. R 332). Oder, bequemer, von Latschau Weiterauffahrt mit der Golmerbahn bis Bergstation und auf dem außergewöhnlich schönen, vielbegangenen Höhenweg (R 315) zur Lindauer Hütte und ihrem *Alpengarten.*

■ **255 Das Rellstal.** Südwestlich von Vandans öffnet sich das Rellstal. Es ist schluchtartig in die üppig begrünten und bewaldeten Abhänge des Gebirges – Fahrengrat westlich und Golm östlich – eingeschnitten, durchflossen vom Wildwasser des Rellsbaches (Almustrig) mit 10,9 km Lauflänge und 29,4 km^2 Einzugsgebiet, mit vielen Verbauungen. Das Tal (Naturschutzgebiet) hat im unteren Teil keine Siedlung. Die 7 km lange Straße führt in der steil abschließenden Ostflanke des Fahrengrates (ein Seitenast der Vandanser Wand); sie wurde von den Illwerken erbaut, ist aber für privaten Autoverkehr nicht zugelassen. Dafür gibt es den *Rellstalbus, s. R 235.* – Erst bei den Voralpen Ruggell und Vilifau auf 1450 m faltet sich das Tal plötzlich wie ein Fächer weit und großartig auseinander. Dreifache Gabelung bei der Rellskapelle am Zusammenfluß des Zaluanda- und des Vilifaubaches zum Rellsbach: nach rechts, W, zur Vilifau-Alpe mit Hueter-Hütte; nach links, S und SO, ins Zaluanda Richtung Schweizertor; geradeaus nach SW zur Alpe Lün – Lünerkrinne – Lünersee. Durch das Rellstal führte einst ein alter Saumweg über Lünersee ins Prättigau/Graubünden; in einer Urkunde von 1734 wird er als „Räterweg" genannt.

■ **256 Ins Rellstal, Berghaus Rellstal** und **H.-Hueter-Hütte.** Wegbeginn links der Kirche Vandans (Wegtafel); er führt sanft ansteigend über die Wiesen von Zwischenbach an den Eingang des Rellstals. Der Rellsbach bleibt stets links. Auf der Straße durch Bergwald (schöne Ausblicke auf Schruns und Bartholomäberg!) in 2 Std. zu den malerischen Hütten der Voralpen Ruggell und Vilifau mit Kapelle St. Hubertus auf 1450 m empor. 10 Min. weiter talein, links am Rand des Schattenwaldes, steht der Alpengasthof Rellstal, 1500 m, am Eingang ins Zaluanda (Salonienta). Bewirtschaftet von Mai bis Oktober, 20 B. Sehr günstiger Standort für viele herrliche Wanderungen. Wanderbus s. R 235. Für Wanderer gibt es auch einen Fußweg rechtsufrig bis ins innerste Tal.

Vom Golm zum Berghaus Rellstal: Auffahrt mit Golmerbahn bis Bergstation; jetzt nach Westen zur Alpe Außergolm und auf aussichtsreichem Höhenweg bis Alpe Platzis und über ihre Matten der Markierung folgend eben nach Westen (herrlicher Zimbablick!), dann steil durch den Wald hinab direkt zum Berghaus, ca. 2 bis 2½ Std., siehe auch R 268, umgekehrt.

■ **257 Zur Hueter-Hütte,** ÖAV, 1766 m, 3 Std.: Wie bei R 256 ins Rellstal; hinter der Hubertuskapelle überschreitet man den Rellsbach auf Brücke nach rechts und gelangt auf dem markierten AV-Weg in ¾ Std. bequem zur Heinrich-Hueter-Hütte unter der Zimba. Die Hütte, früher kleines Bergsteigerheim, wurde 1976/77 neu umgebaut und besitzt jetzt 26 B und 104 TL, bewirtschaftet Juni bis Oktober. Reizvolle Lage bei der Alpe Vilifau mitten in einem großartigen Touren- und Wandergebiet, das unter Naturschutz steht (Vilifau = Buchental).

■ **258 Alpe Lün – Lünerkrinne – Lünersee,** 2½ bis 3 Std. Wie bei R 256 ins Rellstal bis zur Kapelle. Hinter der Hubertuskapelle auf der Voralpe Vilifau geradeaus nach SW auf markiertem Weg empor über den schönen Bergrücken in 1½ Std. zur Alpe Lün. Schöne Zirbenbäume! **Naturschutzgebiet!**
Weiter über blumenreiche Matten zur Lünerkrinne (= Rellstalsattel), 2166 m, mit interessanten Gipstrichtern. Herrlicher Ausblick nach beiden Seiten. Abstieg nach der Seeseite zuerst nach S, dann nach W, gut markiert, zum Lünersee (½ Std.) und in einer weiteren ½ Std. zur Douglasshütte (ÖAV). Zugang mit der Lünerseebahn, s. R 261.

■ **259 Hueter-Hütte – Saulajoch – Lünersee,** 2 bis 2½ Std. Von der Hütte auf AV-Weg in südwestl. Richtung zum Saulajoch empor zwischen Saulakopf rechts und Schafgafall links. Prächtige Flora, im Hochsommer ein Teppich von betäubend duftenden Steinrösle (Daphne striata). Das Joch bildet ein kleines, eigenartig schönes Hochtal. Abstieg auf markiertem Pfad in der steilen Westflanke (nur für Schwindelfreie) des Schafgafalls zum Lünerseebord. Im Frühsommer Achtung auf steile Altschneefelder!

■ **260 Saulakopf,** 2516 m, über den Saulasteig. Von der Hueter-Hütte auf mark. Weg in das Hochtälchen des Saulajoches, 2065 m. In der Mitte des langgezogenen Joches beginnt bei Wegtafel die alpine Steiganlage, die mit blau-gelber Markierung in 1½ Std. über die Südflanke des Saulakopfes auf dessen Gipfel führt. Für Geübte, in Bergschuhen; einige Stellen drahtseilversichert. Prächtige Rundsicht! Abstieg wie Aufstieg.
Zugang von der Douglasshütte her. Von der Hütte nach NO über den Staudamm und bei Wegtafel nach links quer durch die Westabstürze des Schafgafall aufs breite Saulajoch hinauf. Im Vorsommer oft Lawinenreste in den Steilrinnen – Achtung! Nur mit Bergschuhen!

■ **261 Lünersee – Douglasshütte,** 1978 m. – Seit Sommer 1959 ist die im Jahr 1955 erstellte Douglasshütte in Betrieb, nachdem die alte durch Aufstauung des Lünersees versunken ist. Die neue „Hütte“, die als Entschädigung für die alte von den Illwerken errichtet wurde, ist Eigentum der Sektion Vorarlberg des ÖAV. Sie enthält 75 B in 1- und 2-Bett-Zimmern und 95 Touristenbetten, je 6 in 1 Raum (Winterraum mit 20 TL u. AV-Schloß); über Bewirtschaftung zu Ostern, Pfingsten usw. erkundige man sich beim Verkehrsamt Brand, Tel. (0 55 59) 201. Die Hütte steht auf dem Nordufer und Seebord, der natürlichen Felsenschwelle des Lünersees, auf Gemeindegebiet Vandans (R 263), nahe dem Westende der Staumauerkrone und dicht östl. der Bergstation der Lünerseebahn mit Zugang von der Schalterhalle zum Hüttenrestaurant. Zugänge: Der direkteste Zugang aus dem Montafon ist jener von Vandans – Rellstal – Alpe Lün – Lünerkrinne oder Hueter-Hütte–Saulajoch (R259). Ferner gibt es vielbegangene Zugänge durchs Gauertal über Verajöchle usw. – Bequemster Zugang:
Von Bludenz mit Postbus oder Pkw nach Brand, 1035 m (12 km); weiter auf der Illwerke-Straße (6,3 km, Postautoverkehr) zur Talstation Schattenlagant der Lünerseebahn, 1565 m ü. d. M., große Parkplätze, von dort mit **Lünerseebahn** direkt zur Douglasshütte. Pendelseilbahn von der Talstation, 1565 m ü. d. M., auf

Silbertal-Dorf gegen Lobspitze und Glatingrat; der Blick talein: 80 km² Wälder, Alpen und Wanderland.
Bei R 455 *Foto: V. V. Montafon*

1978 m am Lünerseebord. Fahrzeit 5 Min., Förderleistung 500 Pers./h. Nur Sommerbetrieb von Ende Mai bis Anfang Oktober. Bei der Hütte große Orientierungstafel; das Wandergebiet ist vorbildlich markiert.

■ **262 Totalphütte,** 2350 m, des ÖAV, Sekt. Vorarlberg. Bergsteiger-Schutzhütte seit 1961 (ehem. Baubaracke) auf der Totalpe, halbwegs zwischen Lünersee und Schesaplana (1 1/2 Std.). 10 Min. südl. überm Zirmensee. 64 ML, 36 Notlager, sommers bewirtschaftet, übrige Zeit Selbstversorgerhütte. Zugang und Touren wie R 264.
Nach uralter Überlieferung war die heute steinige Öde der Totalp, der „Toten Alpe", einst eine üppige Viehweide. Diese Sage findet ihre Erklärung in der Tatsache, daß der Lünersee in der nacheiszeitlichen Wärmezeit (siehe unter R 263!) von Hochwald umgeben war. Die Totalp konnte also damals sehr wohl im Bereich der grünen Alpweiden liegen. Noch 1610 trug die Totalp einen rätoromanischen Namen, der so viel wie „Ochsenboden" oder Ochsenweide bedeutete. Das weite Karrenfeld der Totalp mit spärlicher Hochgebirgsflora ist interessant zu durchwandern. (Nicht bei Nebel!) Für geübte Berggeher gibt es einen markierten Steig quer über die Totalp und über die Gamsluggen steil hinab auf die Schweizer Seite zum Höhenweg Cavelljoch – Schesaplanahütte.

■ **263 Der Lünersee,** das Juwel des Rätikongebirges, liegt ganz auf Vandanser Gemeindegebiet, 1970 m hoch, zu Füßen der Schesaplana, deren Gipfel ihn noch um 1000 m überragt. Er entstand aus Trichtern, die vom Wasser aus dem Gips herausgefressen und von den Gletschern ausgeschliffen wurden (W. Klein). Sein Umfang ist 4,2 km, der Nutzinhalt heute nach dem Aufstau 76 Mill. m^3 (s. R 186). Vor dem Aufstau war er der größte natürliche Hochalpensee der Ostalpen (s. R 79). Scheinbar abflußlos, füllte er die riesige Schale mit dem berühmten Blau seiner Flut. Einige hundert Meter tiefer brachen damals seine Wasser als Quellenbündel aus der Seebordwand und stürzten als Wasserfälle zu Tal. Diese unterirdischen Abflüsse wurden abgedichtet. Zu diesem Zweck wurde der See mit einem künstlichen Stollen durch den

Seebord abgelassen. Dabei wurden auf dem Seegrund im Schlick Geweihe und Knochen von vorgeschichtlichen Rothirschen gefunden (s. R 93, 94). Der See war um 5000 bis 6000 Jahre v. Chr. (nach Dr. Gams) von Fichtenwald umgeben, wo jetzt nur noch Legföhren und Alpenrosen gedeihen. Durch die künstliche Aufstauung des Sees zur Wasserkraftgewinnung wurden Spiegelhöhe, Inhalt und Umfang wesentlich vergrößert. Näheres s. R 186. – Ein gut angelegter *Rundweg* führt von der Bergstation bzw. von der Douglasshütte rings um den ganzen Lünersee herum, 6,5 bis 7 km lang, 1¾ Std., rot-weiß mark., in beiden Richtungen gleich schön. Achtung! Das ganze Lünerseegebiet steht unter **Naturschutz;** jegliches Pflücken oder Ausgraben von Pflanzen ist verboten.

■ **264 Schesaplana,** 2965 m, 3 Std. von der Douglasshütte aus. Die Schesaplana ist der höchste Gipfel des Rätikons, Grenzgipfel Österreich–Schweiz, berühmt durch seine umfassende Fernsicht und die außerordentlich schönen Tiefblicke ins Tal des Alpenrheins (Chur) usw. Die Glanzpunkte der Gipfelschau sind: Vorarlberger und Tiroler Hochalpen bis Monte Rosa; nach Norden zum Bodensee, Schwarzwald, Vogesen, Schwäbische Alb usw. – Zu Füßen des Gipfelbaues liegt nordseits der Brandner Gletscher mit der Mannheimer Hütte (DAV). Die Schesaplana ist einer der lohnendsten Berggipfel der ganzen Alpen und kann bei normalen Verhältnissen von jedem berggewohnten und ordentlich ausgerüsteten Touristen bestiegen werden. Zugänge zur Douglasshütte s. R 261. Von der Hütte führt der vielbegangene, ausgezeichnet markierte Alpenvereinsweg (rot-blau-rot) zuerst im Zickzack zum kleinen Zirmensee empor (links oben die Totalphütte, 10 Min.), dann über die Blockmulde der Toten Alp mit der Totalphütte, s. R. 262, und weiter auf den Gipfel. 1000 m Höhenunterschied vom Lünersee. Abstieg am leichtesten auf gleichem Weg zur Douglasshütte; oder wie R 265.

■ **265** a) **Zur Mannheimer, früher Straßburger Hütte,** 2679 m: Der Abstieg bzw. Übergang von der Schesaplana zur Mannheimer Hütte über den Brandner Gletscher empfiehlt sich nur für

Geübte oder mit Führer; nur bei sicherem, hellem Wetter ratsam. Vom Gipfel, der Markierung nach, kurz nach Süden und Südwesten hinab auf den flachen Schesaplanasattel; von dort in etwa 25 bis 35 Min. zuerst steil dann fast eben quer über den Gletscher zu der von weitem sichtbaren Mannheimer Hütte (1969/70 umgebaut, 34 B, 155 TL). Der Weiterabstieg über den Leiberweg nach Brand erfordert gute Verhältnisse und Trittsicherheit, nur für **Geübte** mit Bergschuhen zu begehen! Kühner Felsensteig durch die Panüler Wände zu der in sanften Matten liegenden Oberzalimhütte, 1930 m, und weiter nach Brand. Der Leiberweg ist besser im Aufstieg zu begehen, d. h. von Brand her.
b) **Zur Schesaplanahütte** des Schweizer Alpenclubs auf der Schweizer Seite führt ebenfalls eine markierte Steiganlage durch die Südwand des Alpsteins. Wegbeginn am Westende des Schesaplanasattels. Steil, heikler als der Leiberweg! Nur für Geübte. Schesaplanahütte 1908 m, 10 B, 70 TL, Heulager für 80 Pers. Von hier auf dem schönen Höhenweg (s. R. 266) zum Gafall- oder Cavelljoch, 2239 m, 2 Std., nach Norden hinab und in weiteren 1 ½ Std. zum Lünersee – Douglasshütte. Großartige Bergtour.

■ **266** Das **Cavell- oder Gafalljoch** (2239 m; vgl. R 265 b) ist eines der schönsten leichten Bergwanderziele der Douglasshütte; rechts, westlich, um den Lünersee und gerade nach S zum Joch, etwa 2 Std. Prächtiger Blick auf die Bergwelt Graubündens. Ein Pfad führt vom Joch aus auf der Schweizer Seite nach W über herrliche Weideböden in 1 ½ bis 2 Std. zur Schesaplanahütte des Schweiz. Alpenclubs. Das von beiden Seiten leicht zu begehende Joch zwischen großen Alpgebieten hat historische Bedeutung als „alter Räterweg“ und Einbruchspforte der Walser, s. R 136.

■ **267 Auf die Zimba,** 2645 m, über Hueter-Hütte. Die Zimba ist der formschönste Berg des äußeren Montafons, ein kühnes Horn, aber als reiner Kletterberg nur mit Bergführer zu begehen (oder nur für geübte Hochtouristen). Ihre Besteigung ist sehr lohnend (nur für Bergsteiger oder mit Führer), mit außerordentlich schönem Tiefblick auf das in voller Lieblichkeit in der jähen Tiefe ausgebreitete Montafon im O und auf den Walgau im N und weiter

Fernsicht über den Bodensee und die Hochgebirgsgipfelflur. Ausgangspunkt (Nächtigung): Hueter-Hütte. Von dort auf rot mark. Steig steil im Zickzack nach N zum Zimbajoch empor und über den Westgrat zum Gipfel (gewöhnlicher Anstieg). Weitere Anstiege s. Alpenvereinsführer, Bd. Rätikon, von Flaig. Abstieg ebenso oder vom Zimbajoch auf versichertem Steig nach N zur Sarotlahütte und nach Bludenz oder Brand, 2 Std.

■ **268 Vom Rellstal zur Alpe Platzis – Golmerhaus,** 2½ bis 3 Std. Unmittelbar beim „Berghaus Rellstal" (hierher auch mit Wanderbus, s. R 237) beginnt am Waldeingang ein gut markierter Pfad, der in Kehren zur Waldgrenze emporführt auf ca. 1780 m, 50 bis 60 Min. Von dort ohne Weiteranstieg in östl. Richtung vorwärts zur Alpe Platzis, 1 Std., und auf aussichtsreichem Höhenweg weiter zur Alpe Außergolm und zur Golmerbahn (zur Berg- oder Mittelstation).

■ **269 Vom Rellstal nach Zaluanda – Schweizertor.** Von der Rellskapelle, 1465 m, bzw. vom Berghaus Rellstal am Talknie folgt man der Werkstraße nach links, Süden, allmählich ansteigend in die schönen Alpgebiete der Unteren und Oberen Zaluandaalpe (1700 und 1824 m) 1½ bis 2 Std. Weiter empor durch große Alpenrosenbestände und vorbei an schönen Zirben in einer weiteren Stunde zum Schweizertor, 2137 m. Großartiges Felsentor zwischen Drusenfluh links und Kirchlispitzen rechts, Durchblick auf Graubündner Alpen. Zollhütte, Grenze Österreich – Schweiz, Übergang nach Schuders–Schiers im Prättigau. – Weiterweg: zurück bis Alpe Oberzaluanda, 1824 m, und auf dem mark. Hätaberger Weg zum Hätaberger Jöchli (2154 m, 1 Std.), dann auf dem Golmer Höhenweg zur Bergstation Golm ¾ Std.; Talfahrt nach Latschau.

■ **270 Übergänge und Rundtouren vom Rellstal aus.** Die beschriebenen Touren lassen sich zu interessanten Übergängen oder zu schönen Rundtouren verbinden. Hier einige Vorschläge:
a) Rellstal – Hueter-Hütte – Saulajoch – Lünersee (R 259) und zurück über Lünerkrinne – Lün – Rellstal, ca. 5 bis 6 Std.

b) Rellstal – Zaluanda – Schweizertor; von dort nach W aufs Verajoch – Lünersee – Douglasshütte; mit Lünerseebahn nach Schattenlagant – Brand – Bludenz – Vandans (Tagestour).
c) Zaluanda–Schweizertor; von dort nach O zum Öfapaß und Abstieg zur Lindauer Hütte – Tschagguns (Tagestour).
d) Schweizertor mit Abstieg nach S: Für gut Geübte gibt es eine landschaftlich herrliche Wanderung auf der Südseite der Drusenfluh: Vom Schweizertor auf Steig steil in den Felsen absteigend, dann immer unter den gewaltigen Südwänden der Fluhen auf Schweizer Boden nach O zur Garschinahütte des SAC und über das Drusentor; auf der österreichischen Gegenseite zur Lindauer Hütte hinab, s. R 337 (Tagestour).
Die Südwände der Kirchlispitzen sind großartige Kletterziele der oberen Schwierigkeitsgrade.

Offene Randzahlen 271 bis 279

TSCHAGGUNS, 700 m ü. d. M.

Auskunft: Verkehrsamt A-6774 Tschagguns; Tel. (0 55 56) 24 57, Telex 5 21 56.

■ **280** Siehe Bild. – Bahnstation der Montafonerbahn, 1 km vor Schruns. Autostraße auf Latschau, 1000 m ü. M. (Postautokurse). – Verkehrsamt, Postamt, Raiffeisenkasse; geheiztes Schwimmbad im großen Freizeitzentrum (20.000 m^2) im Ortsteil Zelfen mit modernen Sportanlagen, Tennis, Tennishalle usw.; Bergführer, wöchentlich 2 geführte Bergwanderungen und Bergtouren, Volksmärsche. – Kaufläden, Supermarkt mit Selbstbedienungsrestaurant, Sportgeschäft; Musikkapelle in Montafoner Tracht, Platzkonzerte, Heimatabende usw.
Bergbahnen: Sesselbahn auf Grabs, s. R 284; Golmerbahn auf 1890 m, s. R 283; Seilbahn nach Vandans, s. R 235.
Gaststätten: Tschagguns hat rd. 3700 Gästebetten im Ort und in Höhenlagen in Hotels, Gasthöfen und Pensionen aller Kategorien mit Hallenbad, Sauna usw., in Gästeheimen, Privatunterkünften usw.
Campingplatz in Zelfen, 20.000 m^2, gj. geöffnet.
In Höhenlagen: Jugendferienhaus Sonnenheim (50 TL), Berggasthof Grabs (20 B) und Jugendferienhaus Grabs (50 TL), Jugendferienhaus Konzett (30 TL), Gauertalhaus der Naturfreunde, 1250 m (16 B, 25 TL). – Tilisunahütte des ÖAV, 2200 m (21 B, 112 TL); Lindauer Hütte im Gauertal, DAV, 1750 m (40 B, 100 TL); Berghof Golm, 1900 m (18 B), Großrestaurant Grüneck, 1900 m, Haus Matschwitz, DAV Tübingen, 1500 m (40 B).
Außerdem Maisäßhäuschen zu vermieten. – Verzeichnis der Gaststätten in Höhenlagen mit Lageplan und Zufahrtsmöglichkeit durch Verkehrsverband Tschagguns.
Karten: Wanderkarte. „Äußeres Montafon“, 1:30.000.

■ **281** Tschagguns liegt links der Ill auf erhöhter Uferterrasse und bildet das südliche Halbrund des lieblichen Landschaftsraumes von Schruns-Tschagguns. Hier ist der Ausgang der zwei prächtigen Hochtäler Gauertal (Lindauer Hütte) mit dem Rasafei

und Gampadelstal (Tilisunahütte) mit dem Gampadelsbach, beide von S kommend, von der Rätikon-Hauptkette mit ihren schönen Gipfeln. Häuser und Höfe sind breit hingelagert an die grünen Bergeslehnen, die weich herabfluten von den mehr als 2800 m hohen Wällen der Berge über Tschagguns. Die Gemeinde ist 5768 ha groß (mit 2500 Einwohnern). Von den 5768 ha Fläche sind 58 Prozent Alpanteil mit 7 Alpen (Tilisuna, Spora, Latschätz, Golm, Alpila, Hora und Zanüel). – Wahrzeichen von Tschagguns ist seine Wallfahrtskirche aus dem 15. Jh. Das wundertätige Bild wird in einer Schrift aus dem Jahre 1757 als „von unerdenklichen Zeiten her ein Ziel frommer Wallfahrer" bezeichnet, urkundlich schon 1338 nachweisbar. Die Aufzählung der Pilger verrät uns viele Geschlechternamen aus dem Tal und besonders auch vom Arlberg-Hochtannberg, von denen fast sämtliche heute noch existieren.
Tschagguns wird in dieser Schrift mit „Tschaggun" genannt; in einem 1742 in Graubünden verfaßten Werk von Nic. Sererhard heißt es „Tschakun"; im Dialekt wird „Tschaggu'" gesprochen. Ein bedeutender Erwerbszweig war einst der Sensenhandel und an die Zeiten des regen Saumverkehrs über die Rätikonpässe erinnert besonders der Gasthof „Löwen" und die Pension Montafonerstube mit sehenswerter Innenausstattung. Der Dorfkern von Tschagguns mit Gaststätten, Schulhaus, Gemeindeamt, Post und Verkehrsbüro liegt östl. und südöstl. des Kirchenhügels (R 293). Hier spielt sich auch der bunte Verkehr ab – das übrige Tschagguns ist weitzerstreute Siedlung mit reizvollen und malerischen Bauernhöfen an den Bergeshängen weit empor.

■ **282 Latschau,** 1000 m ü. M., Endstation der Autobuslinie Schruns – Latschau (4 km). Talstation der Golmerbahn (R 283), Bergstation der Seilbahn Vandans (R 237). Diese Parzelle von Tschagguns, auf einer Stufe des Golmerhanges sonnig gelegen, war früher eine bergbäuerliche Siedlung reinster Montafoner Prägung. Durch die Großbauten der Vorarlberger Illwerke erlangte Latschau eine besondere Bedeutung und einen weitbekannten Namen. Auch durch die Golmerbahn wurde Latschau zu einer der wichtigsten Örtlichkeiten des Montafons. Näheres über die großen Werksanlagen s. R 185, 186. Das Krafthaus besitzt eine allgemein und kostenlos zugängliche Besuchergalerie, die einen Blick auf die Maschinen und die Verteilung gewährt. – Sehr hübschen Eindruck macht die vorbildliche Werksiedlung der VIW im alpenländischen Stil samt der schönen neuen Bergkirche, in der Nähe die Hofrat-Durig-Schule, benannt nach dem in Latschau beheimateten berühmten Physiologen Prof. Dr. Arnold Durig, dem großen Sohn und Ehrenbürger der Gemeinde Tschagguns. – Mehrere Gaststätten und Pensionen auf Latschau. In der Ortsmitte beim Feuerwehrhaus Wegtafel und Start für ½ Dutzend Wanderungen. Im Sommer öfters Kirchenkonzerte.

■ **283 Die Golmerbahn.** Tel. (0 55 56) 21 75. 2 Sektionen. Talstation auf Latschau, 995 m, 5 Min. nördl. vom Krafthaus des Lünerseewerkes an der Postautoendstation. Parkplatz für 600 Autos.

Sektion I **„Latschau – Matschwitz“:** Die Standseilbahn führt mit einer Länge von rund 1312 m bei einem Höhenunterschied von 525 m zur Zwischenstation Matschwitz auf Seehöhe 1520 m; größte Steigung rund 71 Prozent. Beförderungsmöglichkeit 300 Pers./h in beiden Richtungen, Fahrzeit 9 Min.

Sektion II **„Matschwitz – Golm“** (Grüneck): Von Seehöhe 1516 m über eine Länge von 1224 m zur Bergstation Golm auf Seehöhe 1890 m. Größte Steigung rund 40 Prozent. Beförderungsmöglichkeit 400 Pers./h (in beiden Richtungen), Fahrzeit 9 Min. Betrieb: Mitte Dezember bis Mitte April, Ende Mai bis Anfang Oktober. Die Golmerbahn ist wie die Vermuntbahn und die Silvretta-Hochalpenstraße ein Geschenk der Vorarlberger Illwerke an den Montafoner Fremdenverkehr. 1954 im Zuge der Werksbauten entstanden, seit Weihnachten 1959 der Öffentlichkeit übergeben. Sie brachte nicht nur diesem klassischen Skigebiet, dem ältesten des Montafons, einen neuen riesigen Aufschwung, sondern sie erschließt auch ein besonders beliebtes **Wandergebiet,** das mit Hilfe dieser Bahn auch dem Ungeübten bequem zugänglich gemacht ist, doch auch der geübte Tourist bedient sich mit Vorteil dieser Fahrgelegenheit, weil ihm von der Endstation aus noch ein

St. Gallenkirch – das Dorf ist Knotenpunkt und Ausstrahlungsort der drei großen Gebirgsgruppen Rätikon, Silvretta und Verwall. Das Bild zeigt den Blick nach Westen gegen Rätikon mit der Gweilspitze; ihr zu Füßen zieht das Gargellental nach Süden mit dem Kurort Gargellen und vielen Maisäßen und Alpen.

Foto: Verkehrsverband Montafon

weiträumiges Wanderland offensteht. Die Skizeit dauert hier sehr lange; nicht weniger schön ist der Frühling auf Matschwitz, der Sommer der Alpenrosenzeit und der Bergherbst mit der farbenbunten Hochheide, den stimmungsvollen Moorlandschaften und ihren dunklen Seen. Großrestaurant Grüneck in der Bergstation. **Winters** Schlepplift auf Grüneck von 1895 m auf 2085 m, 600 m schräge Länge, 700 Pers./h, Schlepplift Matschwitz – Golm, Länge 1200 m, Höhenunterschied 380 m, und Skilift Sücka von 1860 m auf 1910 m. Skilift Außergolm 1780 m bis 1950 m, Doppelsesselbahn Hüttenkopf 1635 m bis 2030 m. Insgesamt hat das Golmer Gebiet 10 Bahnen und Lifte. Kapazität: 5500 Pers./h. Bergrestaurant Grüneck mit großer Sonnenterrasse.

■ **284 Die Sesselbahn Grabs** in Tschagguns. Tel. 24 01. Ganzjähriger Betrieb. Der Sessellift auf Grabs, Talstation Tschagguns 700 m, Bergstation Grabs 1365 m, wurde 1947 durch das Cresta-Hotel erbaut aus Anlaß der Österreichischen Skimeisterschaften in Tschagguns-Schruns, 1959 umgebaut und modernisiert (1952 durch einen Skischlepplift bis auf Hochegga, 1558 m, fortgesetzt mit 300 m Höhe und 600 m Länge). Unmittelbar bei der Bergstation befindet sich herrlich gelegen das Berggasthaus Grabs (56 B) mit schönem Tiefblick auf Schruns-Tschagguns. Im Sommer auch Autozufahrt. Fußaufstieg 1¾ bis 2 Std.
„Grabs" heißen die Maisäßsiedlungen hoch an den breiten Lehnen der Tschaggunser Mittagsspitze, grüne Matten mit Wäldchen dazwischen, durch die sich fast eben wunderschöne Wege hinziehen. (Bekanntes Abfahrtsgebiet im Winter und bis Ostern; Nordlage!) Im Sommer besteht der besondere Vorzug der Sesselbahn Grabs in der Erschließung der vielen Spazier- und Wanderwege von Ziegerberg-Grabs, vor allem aber auch als Ausgangspunkt in die Hochwelt von Tilisuna usw.

■ **285 Im Winter:** Altberühmtes Skigebiet auf Golm und auf Grabs mit 13 örtlichen Bergbahnen und Liften bis 2100 m, ca. 30 km Pisten (mit Gütesiegel), Austragung von Europa- und Skiweltcuprennen. – Skischule, Skikindergarten und 2 Berglifte. Langlaufloipe, Naturrodelbahn, Kunsteisbahn, Schlittenfahrten;

Tennishalle, Gästeskirennen, Hotel-Hallenbäder, Heimatabende. Sonnenterrasse auf Golm-Grüneck auf 1900 m. – Dazu kommt das große Skigebiet der nahen Schrunser Hochjoch- und Zamangbahn. Der Montafoner Skipaß gilt für uneingeschränkte Benützung von 70 Bahnen und Liften im Tal.

298–290 Offene Randzahlen für Nachträge

Spaziergänge und Wanderungen von Tschagguns

Tschagguns besitzt seiner Ausdehnung entsprechend ein sehr weites Netz von Spaziergängen und Wanderungen. Man findet sie im Tal und im Hochgebirge vorzüglich betafelt und markiert, etwa 30 allein im engsten Bereich des Dorfes. Wir können nur auf die wichtigsten hinweisen. Ihre Beschreibungen gehen von der Ortsmitte aus. Die Spaziergänge und Wanderungen rechts der Ill liegen auf Schrunser Gebiet und sind dort beschrieben.

■ **291 Illuferweg – Illauweg – Litzpromenade.** Beidseits der Ill führen schöne ebene autofreie Spazierwege dicht an ihrem Ufer entlang.
a) Von der Ortsmitte am Ghf. Löwen vorbei hinab zur Illbrücke; dort bei Wegtafel rechts talein; eine Anzahl Ruhebänke.
b) Von der Ortsmitte Tschagguns beim Ghf. Jochum links hinab, dann der Ill entlang talein, z. T. auf der neu errichteten Wuhrböschung zwischen Rasafei- und Gampadelsbach; besonders hübsch mit Kindern! In 15 bis 20 Min. zum Alpenbad Montafon; a und b ergeben zusammen hübschen Rundweg; ebenso ergibt sich ein schöner Rundweg, wenn man vom Schwimmbad geradeaus nach Süden zur Zelfenstraße geht und talaus nach Ganzanahl-Ortsmitte Tschagguns. Vom Schwimmbad führt der Fußweg als Illauweg weiter talein, immer dicht am Ufer zu einer Brücke. Über sie zur Talstraße und zum etwas höheren parallelen Fratteweg; auf ihm nach Schruns.
c) Ein weiterer sehr schöner Illuferweg mit Ruhebänken führt talaus nach Kaltenbrunnen – Rodund – Vandans – Vens oder bis St. Anton; Beginn gegenüber Bahnhof Tschagguns (Wegtafel).

d) Am Litzufer führt rechts und links je ein Promenadeweg nach Schruns.

■ **292 Ganzanahl – Schwimmbad – Bödmenstein:** Von der Ortsmitte auf der Zelfenstraße ca. 35 Min. talein. Hier liegt am Bergfuß das Gampadelswerk der Vorarlberger Kraftwerke und am nahen Illufer in einem Auwäldchen das große Freizeitzentrum Schruns-Tschagguns mit Schwimmbad und in der Nähe der Campingplatz Zelfen mit „Zelfastübli“ (Jausenstation). – Beim Schwimmbad Brücke über die Ill mit Fußgängerunterführung; in 10 Min. in die Ortsmitte Schruns. – Beim Schwimmbad-Parkplatz, d. h. linksufrig, findet man die Fortsetzung des Illuferweges (Ill-Auweg); man folgt ihm durch Wald taleinwärts, geht aber nicht über eine erste Brücke, sondern bleibt diesseits, jetzt über Wiesen talein bis zur Landbrücke, ca. 50 Min. ab Schwimmbad. Hier erreicht man, diesseits bleibend, das Sträßchen, das zu den schön gelegenen Häusern von **Bödmenstein** hinaufführt, mit Kapelle im Wald. Ein Fußweg führt von hier weiter aufwärts durch Wald in 1¼ Std. auf **Bitschweil** empor (Stausee); von dort Straße nach Tschagguns hinab, oder weiter wie R 298 nach Ziegerberg. Von der Landbrücke nach Schruns: entweder mit Postauto oder durch die Parzelle **Gamprätz** mit ihren gepflegten Häusern, mit Hotel und einem Hallenbad.

■ **293 Nira-Krista – Bleis – Latschau.** So heißen die Ortsteile, die sich westl. der Kirche an die geschützen Hänge des bewaldeten Kristakopfes anlehnen. Ihr liebliches Gehügel, ihre halbversteckten Mulden, ihre Wäldchen und Wiesen bieten reizende Spaziergänge. Schönen Überblick gewährt auch ein Gang zur erhöht gelegenen Kirche (s. R 281). Hinter der Kirche beim westl. Ende des Friedhofs bei der Gittertüre beginnt mit rot-weißer Markierung der zuerst kurz steile Anstieg auf den Kirchenstein (760 m) empor (7 Min.); Ruhebänke unter Bäumen mit herrlichem Ausblick. Weiter, sehr hübsch durch Wald über den Grat bis zu den idyllischen Häusern von Nira. – Hierher gelangt man auch, indem man hinter dem Ghf. „Sonne“, am Gemeindeamt vorbei, durch den schönen Wiesenwinkel, „Wiege“ genannt, emporgeht, oder hinter dem Hotel Verwall nach rechts auf dem Sträßchen empor. Oben mehrere Möglichkeiten (Wegtafeln):

a) nach rechtshin und über die Schwelle des vom Kirchenstein herziehenden Grates, der Markierung folgend, auf dem Kristaweg, schön durch Wald zu den in Mattengrün liegenden Höfen von Unterkrista mit Kapellchen; nach links, Westen, weiter gelangt man nach Rodund, nach rechts abwärts zum Gustav-Senner-Weg und zur Tschaggunser Illbrücke. Letzteres in umgekehrter Richtung: Tschaggunser Illbrücke und nach links auf dem Gustav-Senner-Weg; dies der übliche Weg nach Krista.

b) Bei den Höfen von Nira nach linkshin, markiert, sehr hübsch am und im Wald durch Wiesen auf dem Bleisweg nach Bleis empor; der Weg mündet nach ca. 30 bis 35 Min. in die Latschauer Straße ein.

■ **294 Latschau – Kristakopf – Tschagguns,** ca. 2 Std. Reizvoller Wanderweg. Eine Viertelstunde bergauf, 1¼ Std. bergab. Wegbeginn beim Postautohalt Latschau, in wenigen Schritten zum östl. Stauseedamm hinüber. Wegtafel. Am Damm entlang bis zum nördl. Ende und auf dem Sträßlein nach rechts, Osten, über die Lichtung (umzäunte Aufforstung mit Überstieg) empor auf die Höhe des Kristakopfes, 1076 m. Markierung rotweiße Scheibe. Nun stets ziemlich steil im Wald bergab bis der Weg nach ca. ¾ Std. in die Latschauer Straße einmündet. Kurz links auf ihr bergab, dann nach links bei den Häusern von Bleis über einen Wiesenweg hinab in die reizvolle Parzelle Nira und auf dem Sträßchen nach Krista und nach Tschagguns-Dorfmitte. Sowohl auf der Grathöhe wie im Abstieg verschiedene Aussichtspunkte (Ruhebänke) mit interessanten Ausblicken nach Süd, Nord und Ost.

■ **295 Lantschisott.** So heißt die Parzelle, welche sich mit einer Anzahl kleiner Berghöfe am untersten Golmerhang von Latschau gegen Vandans hinabzieht. Wegbeginn zwischen Bergstation der Vandanser Seilbahn und Talstation der Golmerbahn (Wegtafel). Hübsche Bergabwanderung nach Innerbach zur Seilbahntalstation, ca. 40 Min. Die Seilbahn hat nur Winterbetrieb; im Sommer Ersatz-Wanderbus eingesetzt.

■ **296 Rasafeiweg – Schluchtweg.** Bei der Talstation des Grabser Liftes beginnt nach Westen mit blau-gelber Markierung der Rasafeiweg, der auf dem Damm bis zur Lochmühle emporführt (Autohalt an der Latschauer Straße). Dort beginnt (Wegtafel) der romantische Weg durch die Rasafeischlucht nach Latschau empor. In der Schlucht sind Wildbachverbauungen, die den früher gefürchteten Rasafei bändigen.

297 Offene Randzahl für Nachträge

■ **298 Höhenweg Latschau – Ziegerberg-Bitschweil,** 3 Std. Als schönster Spaziergang im Nahbereich von Tschagguns darf der Kleine Höhenweg angesprochen werden, der auf Latschau beginnt und sich in rd. 1000 m Höhe fast eben längs des ganzen Ziegerberghanges bis Bitschweil, 994 m, hinzieht. Besonders zu empfehlen! Man fährt mit Postauto auf Latschau, 1115 m, folgt ein Stück der Latschauer Straße und biegt dann nach ca. 10 Min. nach links ab zur Säge und zum Rasafeibach. Diesen überschreitet man im Tobel auf Brücke und hat damit den Beginn des Höhenweges erreicht. Markierung: rot-gelbes Rechteck. Nun immer in östl. Richtung fast eben, wechselnd durch Wiesen und kleine Waldstücke aussichtsreich an Berghöfen vorbei.
Wo der Höhenweg bei Straßenkehre in den Gampadelsweg einmündet (Wegtafel) zwei Möglichkeiten:
a) **entweder** nach links abwärts, am Ghf. „Bötle“ vorbei zu den Höfen beim „Bädli“ (hier war das einstige Wildbad Gampadels, ein vielbenütztes Heilbad) und zur nahen Wasserfassung des Gampadelsbaches; auf Brücke über den Bach an den Horahang hinüber und mit der Markierung durch schönen Wald fast eben zu den Bauernhöfen und zum Stausee von Bitschweil, 1077 m;
b) **oder** rechts auf der Straße beim Ghf. „Mittagspitze“ vorbei und auf dem Gampadelsweg talein, bis eine Brücke den Bach überquert. Jenseits gelangt man zu den Hütten von Manuaf und der Markierung folgend nach Bitschweil. Beim Maisäß Manuaf zweigt

ein Pfad nach rechts ab und führt durch Wald auf die Hora empor. Weiter über den Gampadelsbach an den Horahang hinüber und über Manuaf zu den Bauernhöfen und zum Stausee von Bitschweil, 1077 m. Von dort auf dem Sträßlein nach Tschagguns hinab. Insgesamt 2½ Std.

■ **299 Ziegerberg** heißt der mit zahlreichen kleinen Berghöfen übersäte Bergrücken unter der Mittagspitze mit der Grabser Sesselbahn. Der alte rätoromanische Name hieß Montschäganera. Ein Netz von fahrbaren Güterwegen und Pfaden verbindet die Streusiedlungen des Ziegerberges zwischen Gauertal im W und Gampadelstal im O und bietet zahlreiche Spazierwege und Wanderungen. Zufahrt: Ziegerbergstraße, die bei der Lochmühle von der Latschauer Straße nach links abzweigt, wie bei R 298.

■ **300 Bitschweil,** 1115 m. Der Weiler, früher Dauersiedlung, liegt einsam und aussichtsreich auf einer Stufe des dicht bewaldeten Horahanges. Stausee (34.000 m^3 Inhalt) des Gampadelswerkes der VKW. Kapelle. Heute führt ein „Güterweg" (Autostraße) der Agrarbehörde in die stille Bergsiedlung empor. Winters Rodelbahn. Fußaufstieg von Tschagguns 1½ Std.: Von der Ortsmitte auf der Straße einige Minuten talein nach O, über den Bach, dann von der Straße rechtsab (Wegtafel) über den Gampadelsbach und dem guten Weg folgend bergan. Bei Wegteilung links bleiben, im Wald empor. Auch über Junkersboden wird der Bitschweiler Weg erreicht, indem man bei Haus Nr. 211 nach rechts, NW, emporgeht. Weiterwege: Vom Stausee durch ein Wiesentälchen östl. empor zur kl. Kapelle. Wegtafeln. Abwärts führt ein Pfad durch Wald nach Bödmenstein, 1 Std., zur Landbrücke (Autohalt), aufwärts nach Mansaura-Hora (2 Std.), s. R 364. Der Höhenweg Bitschweil – Latschau, s. R 298, beginnt beim Stausee.

301–309 Offene Randzahlen für Nachträge

Wanderungen und Bergtouren von Tschagguns

■ **310** Das gesamte Tourengebiet ist vorbildlich markiert. Wanderkarte Äußeres Montafon 1:30.000 für die Wanderungen im

Golmer- und Lünserseegebiet dient besonders die von der Illwerke Betriebsges. m. b. H. herausgegebene Karte 1:50.000 „Wandergebiet der Golmer- und Lünerseebahn“ mit Angabe aller Markierungsfarben und Kurzbeschreibung der Wandermöglichkeiten. Das gesamte Tourengebiet beschreibt in allen Einzelheiten der AV-Führer „Rätikon“ und der Gebietsführer Rätikon, s. R 745.

■ **311 Matschwitz,** Mittelstation der Golmerbahn auf 1520 m (s. R 283), ist eine anmutige Höhenstufe zwischen 1500 m und 1600 m ü. d. M., 500 m oberhalb Latschau, ein sanftes Mattengelände mit vielen Berghütten (Maisäßen) und Ferienhäuschen in herrlicher Aussichtslage. Zu Fuß auf Matschwitz: Mit Postauto auf Latschau (oder zu Fuß dorthin, s. R 293 b). Vom Postautohalt ca. 7 Min. auf der Straße Richtung Gauertal, bis man beim Golmerbach (Wegtafel), vom Hauptweg abzweigend, nach rechts emporsteigen kann, wechselnd über Bergwiesen und durch Wald. Auf gutem Weg in 1¼ bis 1½ Std. auf Matschwitz. – Gaststätte: „Haus Matschwitz“, Berg- und Skiheim des DAV, Sektion Tübingen. Neu instandgesetzt und markiert (gelb-roter Kreis) wurde der schöne **Höhenweg von Matschwitz,** 1500 m, über Plazadels-Wachters, Diaja – Alpe Latschätz, 1800 m, ¾ bis 1 Std. Hier Anschlüsse an den Höhenweg Golm – Lindauer Hütte, s. R 315, oder bergab auf Güterweg ins Gauertal.

■ **312 Golm.** Golm, d. i. Cuolm (Kulm), rätorom., bedeutet „Höhe“. Es ist der Gesamtname für die Berggruppe, welche sich zwischen Gauertal, Rellstal und Zaluanda erhebt. – Zu den Gipfeln und Graten von Golm zählen von NO nach SW:
Grüneck 2024 m, Golmerjoch 2124 m, Latschätzkopf 2219 m, Kreuzjoch, 2261 m, Hätaberger Jöchli, 2154 m, Wilder Mann, 2291 m, Kreuzspitze, 2351 m, Zerneuerkopf, 2353 m; ferner im nordwestl. Teil, Platziser Joch, 2170 m, nördl. vom Kreuzjoch und das Gebiet der Golmer und Platziser Alpen. Dieses ausgedehnte Gebiet erstreckt sich mit seinen weichgeformten grünen Kuppen, mit Wäldern und Alpenmatten vor der großartigen dolomitenähnlichen Rätikon-Hauptkette und der wilden Vandanser Steinwand in

prachtvollem landschaftlichem Gegensatz zu diesen. Golm ist auf Höhe 1890 m Bergstation der Golmerbahn (näheres s. R 283); durch deren Betriebsgesellschaft wurde das Gebiet in seinem ganzen Umfang mit Höhenwanderwegen bestens erschlossen (s. R 310 und 314–320!). – Gaststätten: Restaurant Grüneck in der Bergstation auf 1900 m; dicht daneben Berghof Golm (18 B).

■ **313 Zu Fuß auf Golm:** Wie bei R 311 nach Latschau und Matschwitz. Auf dem bequemen Weg in 20 bis 25 Min. zum Golmerhaus, 1654 m, und zur nahen Alpe Innergolm; der Druckrohrleitung entlang in ca. ¾ Std. zur Bergstation empor.

■ **314 Golm – Platzis – Ganeu.** Ein lohnender, abseitiger Bergabwanderweg bietet sich, wenn man von Golm-Mittelstation Matschwitz zur Alpe Innergolm aufsteigt und auf dem Höhenweg über Außergolm zur Alpe Platzis, 1774 m, horizontal am Berghang hinauswandert, ständig mit Blick auf die nahe Zimba. Auf Platzis erreicht man den gut markierten Platzisweg, der über Tschöppa zu den schön gelegenen Hütten von Maisäß Ganeu hinabführt und auf dem neuen Sträßchen nach Vandans; insges. ca. 3½ bis 4 Std.

■ **315 Bergstation Golm – Latschätzalpe – Lindauer Hütte,** 1½ bis 2 Std. (Latschätzer Weg). Prachtvolle Höhenwanderung, einer der schönsten und bequemsten alpinen Wanderwege im Montafon. Aus der Bergstation tretend, wendet man sich links (Wegtafel, Markierung). Zuerst kurzer Anstieg, dann horizontal durch weite Alpenrosenhänge an den Osthängen des Golmergrates entlang, dann abwärts in das Hochtal der Alpe Latschätz. Jetzt rechts über den Bach und etwas ansteigend auf die markante Schulter im O-Grat der Geißspitze; weiter durch deren Osthang, Nähe der Waldgrenze, leicht ab und auf und nicht zu fehlen zur Lindauer Hütte mit ihrem Alpengarten.

■ **316 Golm – Kreuzjoch – Latschätz – Lindauer Hütte,** 3 bis 3½ Std. („Oberer Höhenweg" zur Lindauer Hütte). Noch schöner als der vorstehende ist der folgende, ca. 500 m höher parallel verlaufende Höhenweg aufs Golmerjoch, 2124 m, und weiter bis zum Kreuzjoch, 2261 m. Dort in Zickzacks durch das gemuldete

Motiv aus dem Dörflein Gortipohl: alte Montafoner Häuser; links im Hintergrund die Zamangspitze.
Bei R 500 *Foto: V. V. Montafon*

Weidetälchen nach O hinab zur Latschätzalpe, 1733 m, wo der Weg in den von R 315 einmündet und zur Lindauer Hütte führt.

■ **317 Bergstation – Golmerjoch – Geißspitze – Lindauer Hütte,** 4 Std. (Verbindung Golmer Höhenweg–Hätaberger Weg – Geißspitzsteig.) Der schönste aller Zugänge zur Lindauer Hütte, vielbegangener Weg mit prachtvollen Ausblicken. Nicht zu fehlen, bestens markiert; gutes Schuhwerk nötig. Verlauf: Bergstation (1890 m) – Grüneck (2024 m) – Golmerjoch (2124 m) – Kreuzjoch (2261 m) – Hätaberger Jöchle (2154 m); weiter auf dem Hätaberger Weg unter dem Wilden Mann durch auf dem Geißspitzsteig auf die Geißspitze, 2334 m. Hier herrlicher Blick auf das Gegenüber der Drei Türme, Drusenfluh, Eistobelgletscher, Sulzfluh! Abstieg auf schönem, blumenreichem Pfad in 1 Std. in Kehren zur Lindauer Hütte, 1744 m. Besonders lohnende Tagestour!

■ **318 Bergstation Golm – Kreuzjoch – Zaluanda – Schweizertor – Lünersee,** 5½ bis 6 Std. Interessanter Übergang. Auf dem Golmer Höhenweg über Kreuzjoch, 2261 m, bis Hätaberger Jöchle, 2154 m, s. R 317. Dort vom Grat nach W ins Zaluandatal hinab, dann seinem schönen Bach entlang durch Alpenrosenfelder empor bis zum grandiosen Felsentor des Schweizertors (Grenze Österreich–Schweiz). Von hier auf dem Schweizertorweg wie bei R 340 zum Lünersee und nach links zur Douglasshütte und Bergstation der Lünerseebahn.

■ **319 Golmer Seeweg,** 3 bis 3½ Std. Dieser Weg führt ungemein schön in sanftem Auf und Ab über die bezaubernde Bergheide- und Moorseenlandschaft des hohen Golm: Von der Bergstation auf dem Golmer Höhenweg über Golmerjoch, 2124 m, bis Kreuzjoch, 2261 m; s. R 317, von dort auf dem „Seeweg" nach NW zum Platziser Joch, 2170 m, und nach NO zur Alpe Außergolm. Zurück zur Bergstation oder auf dem fast flachen Alpweg zur Alpe Innergolm und zur Mittelstation Matschwitz hinab.

■ **320 Bergstation Golm – Außergolm – Platzis – Rellstal – Lünersee,** ca. 6 Std. Von der Bergstation zuerst nördl. auf dem Platziser Weg, dann westl. auf aussichtsreichem Höhenweg (herrliche Zimbablicke!) bis Alpe Platzis. Nun weiter in gleicher Richtung nach W durch die parkartige Waldgrenze, dann in den Schattwald hinein und steil in Kehren hinab bis zum Berggasthaus Rellstal. (Hier führt die Straße talaus nach Vandans [auch Wanderbus], talein ins Zaluanda und zum Schweizertor.) Nach SW auf dem Lünerweg in 2 Std. zur Lünerkrinne empor und weiter in 30 bis 40 Min. zur Douglasshütte am Lünersee und Bergstation der Lünerseebahn.

321–329 Offene Randzahlen für Nachträge

■ **330 Das Gauertal** trennt die mattenreichen Massive Grabs-Mittagspitze im O und Matschwitz–Golm im W. Es ist ein dreigestuftes Tal mit dem wilden Rasafei(bach), 8,6 km Länge. 1. Talstufe ist Latschau mit dem Stausee, 2. Stufe die liebliche Talwiege des eigentlichen Gauertales mit vielen Maisäßen, 3. Stufe die obere Alpe Spora mit Lindauer Hütte, 1744 m, an der Waldgrenze zu Füßen der Drei Türme, Sulz- und Drusenfluh, **„der schönste Talschluß Vorarlbergs".** Unvergeßlich herrlich die hochgetürmten, hier noch mehr als 1000 m emporsteigenden Gipfel aus hellen Tithonkalken über dem dunklen Wälder- und leuchtenden Mattengrün.
Achtung! Für Autofahrer strenges Fahrverbot im Gauertal. Erlaubnis nur für Ansässige.

■ **331 Unterkünfte im Gauertal:**
a) Gauertalhaus des Vereins „Naturfreunde", 1300 m (17 B, 25 TL) auf der linksufrigen Talseite (Volspora);
b) Lindauer Hütte, 1744 m, des DAV (40 B, 120 TL, Duschräume usw.) am Rande des Porsalengerwaldes, Nähe der Oberen Sporeralpe. Ausgangspunkt für zahlreiche Bergwanderungen und Hochtouren. – **Alpengarten** der Sektion Lindau des DAV, dicht bei der Hütte, 1903 angelegt, 1907 eröffnet; nach Verfall seit 1982 wieder voll saniert und bestens betreut. Hauptblütezeit Mitte Juni bis Mitte (Ende) Juli. „Führer durch den Alpengarten", 50 Seiten, reich bebildert (1985 ersch.) in der Hütte erhältlich.

■ **332 Zugänge ins Gauertal** bzw. zur Lindauer Hütte.
I. Von Tschagguns nach Latschau (Postauto) und weiter auf dem Sträßchen in ca. 20 Min. zum Gasthof Gauertal, 1100 m (10 B), auf dem „Piz". Weiter zur Ruafabrücke über den Rasafei. Hier Wegteilung: Entweder links, ostseitig, über die Alpweiden von Vollspora, später wieder über den Bach und durch den Porsalenger Wald empor zur Hütte. Oder bei der Wegteilung rechts, westseitig, talein mitten durch die Matten und Maisäßhütten der „Gaua" zum Gauertalhaus (R 331 a). Von dort weiter talein, steiler empor zur Unteren Sporeralpe, dann über Weiden und durch Wald hinauf zur Lindauer Hütte je 2 bis 2½ Std.

II. Besonders lohnend und mühelos (weil ohne eigentliche Steigung) ist der Zugang zur Lindauer Hütte von der Bergstation Golm auf dem Latschätzer Höhenweg, s. R 315, 2 Std. Noch schöner ist der „Obere Höhenweg", s. R 316, 3 Std. Eine weitere Steigerung bedeutet der Höhenweg über die Geißspitze zur Lindauer Hütte hinab, s. R 317, 4 Std.

III. Einen hübschen Zugang gibt es auch von **Matschwitz** aus (Mittelstation der Golmerbahn): von dort mark. Weg weithin flach durch Bergwiesen, über die Hütten von Plazadels und über Wachters Dieja (Dieja = Alphütte) und weiter zur Alpe Latschätz; von dort auf gutem Weg Abstieg ins Gauertal, 1 Std.

IV. **Grabs – Volspora:** Ein weiterer interessanter Zugang ins Gauertal geht von Grabs aus: Auffahrt mit der Grabser Sesselbahn zur Bergstation. Hier nach links auf der neuen Forststraße durch Wald abwärts zum Älple Sanüel und weiter hinab ins vordere Gauertal, wo man (mit 200 m Höhenverlust) auf dem Volsporner Weg talein geht (zur Lindauer Hütte). Ein weiterer mark. Weg führt von Grabs zum Maisäß Zarzauas und weiter hinab nach Volspora.

333 Offene Randzahl für Nachträge

■ **334 Geißspitze,** 2334 m, 2 Std. von der Lindauer Hütte. Sehr lohnender Aussichtsberg mit dem schönsten Anblick der Fluhen (Sulzfluh, Drei Türme, Drusenfluh mit Eistobel). Reiche Alpenflora, herrliche Bergmatten. Weganlage bis zum Gipfel. Besonders zu empfehlen in Verbindung mit dem prachtvollen Übergang nach Golm, bestens markiert, s. R 317, 3 Std.

■ **335 Drusenfluh,** 2835 m, 4 Std. Berühmter Kletterberg, 1870 erstbestiegen, nur für geübte Kletterer oder mit Führer.

■ **336 Drei Türme:** Großer Turm 2830 m, Mittlerer Turm 2782 m, Kleiner Turm 2754 m. Großer und Mittlerer Turm von der Lindauer Hütte für Geübte unschwierig, großartige Tour und sehr zu empfehlen. Aussicht und Tiefblick gewaltig! – Kleiner Turm ausgesetzt und schwierig, nur für Geübte oder mit Führer. Außerdem eine Anzahl Kletteranstiege des III. bis VI. Schwierigkeitsgrades.

■ **337 Drusentor,** 2342 m, 2 Std. Felsige Scharte zwischen Drei Türmen und Sulzfluh, Grenze gegen Schweiz. Übergang nach St. Antönien-Prättigau. Markierter Bergpfad. Außerordentlich schöne und lohnende Tagestour: **Paß-Rundwanderung** übers Drusentor, auf der Südseite der Drusenfluh zum Schweizertor und zurück über den Öfapaß; oder Drusentor – Garschinafurka – Garschinahütte – Grubenpaß – Tilisunahütte. Zwei einzigartige Ringwanderungen! Die **Garschinahütte** des SAC ist vom 1. Juli bis Ende September geöffnet. 50 Schlafplätze. Für größere Gruppen Voranmeldung bei Peter Arigoni, Sektion Rätia, CH-7000 Chur, Tel. 081/54 28 57. Hüttenstempel nur mit Wanderpaß erhältlich.

■ **338 Bilkengrat – Tilisuna.** Von der Lindauer Hütte am Schlafhaus entlang nach NO durch den ganzen Porsalenger Wald hinab bis zum obersten Weideboden unter den Nordabstürzen der Sulzfluh. Jetzt nicht links talaus, sondern rechts zum Fuß des Bilkengrates (Wegzeiger). Auf den Grat und in vielen Kurzkehren über seinen begrünten Rücken zur Schwarzen Furka hinauf. Der

Weg quert jetzt nach rechts, dann durch ein Hochtälchen hinab zur Tilisunahütte, 2½ bis 3 Std.
Auf die **Sulzfluh,** 2818 m: Von der Schwarzen Furka auf Verspala und auf die Platten des Karrenfeldes. In 1½ Std. über den Hochrücken auf den Gipfel. Auf Verspala auffallender Gesteins- und Florawechsel. Die Sulzfluh ist der am leichtesten erreichbare Hochgipfel des Rätikon, siehe R 356.

■ **339 Sulzfluh durch den „Rachen“,** 4 Std. Wie bei R 338 gegen Bilkengratfuß hinab, P. 1684, jetzt mit Markierung, rechtshin steil empor zum Rachen, durch denselben und links (O) aufs Plateau und zum Gipfel. Interessant, gut markiert, aber nur für Geübte oder mit Führer, s. R 356.

■ **340 Zum Lünersee:** Lindauer Hütte – Öfapaß, 2291 m – Schweizertor, 2137 m – Verajoch, 2330 m – Lünersee, 1970 m (Douglasshütte – Bergstation der Lünerseebahn), 4 Std. Besonders beliebter Übergang mit wechselreichen, prachtvollen Landschaftsbildern. Von der Hütte in 5 Min. nach W zur Oberen Alpe Spora und weiter nach W unter den gewaltigen Abstürzen der Drusenfluh durch das Sporertobel in ca. 1½ Std. zum Öfapaß; jenseits ca. 15 Min. hinab zum Schweizertor mit seinen von den riesigen senkrechten Abstürzen der Drusenfluh links und der Kirchlispitzen rechts gebildeten Flanken. Weiter entlang den Nordabstürzen der Kirchlispitzen ca. 45 Min. zum Verajoch empor; jenseits hinab gegen den Lünersee mit Lünerseealpe; auf dem Lünersee-Uferweg nach linkshin zur Douglasshütte.

■ **341 Ins Rellstal über Öfapaß – Schweizertor,** 3 Std. Wie bei R 340 zum Schweizertor (2 Std.); von dort nach rechts, N, ins Zaluandatal hinab zum Berggasthof Rellstal (und weiter auf der Straße talaus nach Vandans, insgesamt 4½ bis 5 Std.), oder mit Rellstalbus (R 235). – Oder von der Rellskapelle in 1 Std. zur Hueter-Hütte.

■ **342 Nach Mottabella – Grabs,** 2½ bis 3 Std. Wie bei R 338 zum Bilkengrat und ca. 45 Min. auf ihm empor, bis ein gut bez. Pfad in ca. 2000 m Höhe nach links abzweigt und, Bilkengrat und

Bilkentobel querend, in den Weg Grabs–Tilisuna mündet. Abstieg nach Grabs über Mottabella und Alpe Alpila zur Liftbergstation. Das Bilkentobel hat Gesteine in großer Auswahl; darunter Quarzite, grünen Serpentin und den rotgrün gemusterten Ophikalzit, „den schönsten Stein des Montafons“ (W. Klein).

343–349 Offene Randzahlen für Nachträge

Grabs – Gampadels – Tilisuna. Grabs heißen die Maiensäße oberhalb Tschagguns–Ziegerberg auf rund 1400 m. Mit Sessellift Grabs (s. R 284) und Berggasthof Grabs (56 B), im Sommer Straßenzufahrt. In herrlicher Aussichtslage, bezaubernd schöner Blick besonders auch nachts auf den Lichtersee von Schruns-Tschagguns. Autozufahrt. Ausgangspunkt für schöne, leichte Wanderungen und Touren.

■ **350** a) **Grabs – Gavadura – Latschau;** ca. 1 Std. Dicht hinter der Bergstation Grabs (Wegtafeln) führt mit rot-gelber Rautenmarkierung ein reizender Fußweg nach Westen hin an den Grabser Maisäßhütten vorbei, dann in Zickzacks durch den Wald hinab zum Maisäß Gavadura. Hier nach rechts über die Wiesen hinab, bis der Pfad weiter unten den schönen Höhenweg nach Ziegerberg erreicht (R 298). Dort entweder auf dem Höhenweg nach rechts weiter oder nach links in die Rasafeischlucht, s. R 296, oder auf der Latschauer Straße zum Postautohalt.
b) **Grabs – Gavadura – Sanüel – Vollspora (richtig: Volspora);** ca 1½ Std. Wie oben bis Gavadura, nun links, oben bleibend (Markierung gelber Punkt in rotem Ring) weiter in das kleine Mattental der Alpe Zanüel, 1282 m, dann linkshin zu den Maisäßen im Gauertal, Wegtafel, weiter entweder rechts hinab zur Straße und weiter talein zur Unteren Sporeralpe–Lindauer Hütte oder talaus nach Latschau. Bergauf führt ein Pfad zur Alpe Alpila-Mittagspitze.
c) **Grabs – Ziegerberg.** Von der Bergstation führt auch ein Fußweg nach rechtshin, Osten, nach Ziegerberg hinab; von dort auf dem Höhenweg nach Latschau oder auf dem Fahrweg nach Tschagguns hinab, ca. 1 Std.

■ **351 Grabs – Mottabella – Tobelsee,** 2 Std. Mottabella, 1844 m, heißt der Bergrücken mit Vermessungszeichen an der Waldgrenze am Weg zur Tilisunahütte über der Alpe Alpila. (Mottabella, rätoromanisch, bedeutet Schöner Hügel; Alpila = kleine Alpe.) Von Mottabella hat man einen großartigen Rundblick über den Talschluß des Gauertales und über Golm. Sehr lohnend! 200 m höher liegt auf einer Stufe, in Alpenrosen gebettet, der kleine reizende Tobelsee, 2041 m; schönes Ziel für eine Wanderung von Grabs aus, sehr zu empfehlen! Von Grabs bis Alpe Alpila gut ausgebauter Güterweg (auch für wenig geübte Wanderer!); Fahrverbot auf dem Sträßlein Grabs – Gasthof Mittagspitze; herrliche Aussicht!

■ **352 Grabs – Mittagspitze,** 2167 m. Wie bei R 351 bis zur Alpe Alpila. Bei den Alphütten links haltend (rechts zum Tobelsee–Tilisuna) auf mark. Pfad in Zickzacks über den Hang empor bis in den Sattel südl. der Mittagspitze, 50 bis 60 Min., und in leichter Schrofenkletterei (nur für Geübte!) in ca. 30 Min. auf den Gipfel Entzückender Tiefblick ins Montafon! Rückweg: Vom Sattel nach Süden über den flachen, begrünten Bergkamm, welcher das Gampadelstal im O vom Gauertal im W trennt, bis in die Scharte vor dem Schwarzhorn (Wegtafel) und über Tobelsee–Alpila zurück zur Bergstation Grabs (–Tschagguns).

■ **353 Zur Tilisunahütte,** 2208 m (ÖAV, S. Vorarlberg). Mit Sesselbahn 2½ bis 3 Std., ohne Bahnbenützung 4½ Std. Die Hütte wurde 1966 durch einen modernen Anbau vergrößert und besitzt insgesamt 21 B und 130 TL. Sie liegt auf den Hochmatten des obersten Tilisuna, ein Stück ob dem Tilisunasee, nächst der Schweizer Grenze. Der lange Anstieg (4½ Std.) ist durch den Grabser Lift auf 2½ bis 3 Std. gekürzt, so daß die Zugänge durchs Gampadelstal (R 354) fast nur noch für Abstiege benützt werden. Wie bei R 351 zum Tobelsee und dem gut markierten Pfad nach über die Scharte am N-Fuß des Schwarzhorns, an dessen N- und O-Hängen über die Hochmatten, linker Hand der Tilisunasee, zur Hütte empor.

■ **354 Gampadelstal – Tilisuna.** Die großen Bergmassive der Mittagspitze und der Hora sind durch das Gampadelstal mit dem Gampadelsbach getrennt. Man gelangt über die schönen, üppig begrünten und oft parkähnlich bewaldeten Hänge von Ziegerberg in das eigentliche Tal, dessen Hintergrund das dunkelfelsige Seehorn bildet, das wie ein Querriegel das Tal abschließt. Ein Stück talein von der Alpe Gampadels die Talstation der Materialseilbahn zur Tilisunahütte (Rucksackbeförderung!). Links wie rechts führen die Anstiege aus dem Gampadelstal um das Seehorn nach Tilisuna, in eine hohe, weite, lichte Landschaft voll eigenartiger Schönheit. Hochinteressant ist das Zusammenstoßen von dunklem vulkanischem Gestein (Amphibolit) und weißgrauem Tithon-Jura-Kalk, das auch einen Wechsel der Flora bedingt. In den Mattenteppichen von Tilisuna, zu Füßen des Seehorns, liegt auf 2100 m der Tilisunasee. Das ganze Gebiet ist ein Dorado der Geologen und Botaniker. Vom Schwarzhornsattel sagt Klein im Montafoner Heimatbuch (Lit.-Verz. 745), daß es dort Steine gibt, „wie von einem andern Stern“. Botanisch von höchster Schönheit ist (Mitte Juni bis Anfang August) die Nivalflora auf dem nackten hellen Kalkplateau der Sulzfluh und der Weißplatte. Die 1988 erbaute Wasserwerkoberstufe Gampadels am Zusammenfluß des Walser- und Tilisunabaches auf 1650 m wird 1989 eröffnet: kleiner Stausee „Fischkalter“ mit 5000 m^3 Stauinhalt. Die Alpstraße ist auf 600 m neu trassiert.

■ **355 Abstiege von Tilisuna** führen gut markiert

a) entweder vom N-Ufer des Tilisunasees über seine Schwelle direkt nach N hinab, westl. des Seehorns im Zickzack zur Walseralpe hinab und durchs Gampadelstal–Ziegerberg nach Tschagguns, ca. 2½ Std.;

b) oder von der Hütte, der Markierung folgend, nach O zur Tilisunaalpe hinab und rechts (östl.) des Seehorns zur Gampadelsalpe und über Ziegerberg nach Tschagguns;

c) über Schwarzhornsattel – Tobelsee – Bergstation Grabs, 1½ Std.; dies der bequemste Abstieg;

d) wie oben bis zum Schwarzhornsattel und über das Walser

Gargellen mit Madrisa rechts (Rätikon) und den Ritzenspitzen links (der Silvretta zugehörig). Zu ihren Füßen zieht nach links das Vergaldnertal, geradeaus das Valzifenz mit dem Schlappinerjoch im Hintergrund (Übergang nach Klosters/Graubünden).
Bei R 525 *Foto: G. Flaig*

Alpjoch – Alpe Alpila – zur Bergstation Grabs, 2½ Std.; dies der schönste Abstieg, s. R 352

■ **356 Sulzfluh,** 2820 m, mit Liftbenützung 5 Std. von Tschagguns; 2 Std. von der Tilisunahütte.
Das Glanzstück der Tschaggunser Hochtouren! Der müheloseste, interessanteste und einer der schönsten Hochgipfel Vorarlbergs mit unvergleichlicher Fernsicht, die zu den schönsten der ganzen Alpen gehört! Die Sulzfluh ist ein „Berg der sechs Grade", d. h. sie hat Anstiegsmöglichkeiten aller Schwierigkeitsgrade der Alpenskala, vom bequemsten bis zum „extremsten" der Meisterkletterer über ihre senkrechten Süd- und Westabstürze.
Ein breiter Karrenrücken (geologisch und botanisch sehenswert), auf dem ein Regiment nebeneinander marschieren könnte, führt in sanfter Steigung empor. Sehr gut markiert und mit vielen Steinmalen bezeichnet. Gute Bergsteiger können durch den „Rachen" (markiert) nach N über die Firnfelder (die Reste des früheren Sporergletschers) ins Gauertal (Lindauer Hütte) absteigen.
Die Sulzfluhaussicht umfaßt im O und SO die Silvretta, dahinter die Ötztaler Firne; im SO die hohe, breite Kuppe des Ortlers; im südl. Halbkreis die Graubündner Hochgebirge, Plessuralpen, Albula, das Bernina-Eisgebirge, das alle überstrahlt; dann die Berge des Ober- und Hinterrheins, rechts über ihnen im SW Walliser und noch weiter rechts Gipfel des Berner Oberlandes; davorher Glarner Alpen, Tödi, Glärnisch, bis zu den Appenzeller Bergen und zum Säntis und weit nach N zum Bodensee, Schwarzwald und ins schwäbische Oberland.

■ **357 Sulzfluhhöhlen.** Von der Tilisunahütte aus können die Sulzfluhhöhlen besucht werden, besonders die drei nächsten, Kirchhöhle, Abgrundhöhle und Herrenbalme. Sie liegen ziemlich nahe beisammen in ca. 2050 m bis 2300 m Höhe. Interessant! Fackeln nötig, mitbringen! Von der Hütte ein Stück auf dem Sulzfluhweg, dann nach links, S, zum Grünen Fürkele (Landesgrenze) und gut markiert jenseits hinab in den SO-Wänden der Sulzfluh in wenigen Minuten. Die Eingänge der Höhlen sind bezeichnet. Der Steig führt zum Partnunsee hinab (1869 m), ca. 1

Std. ab Hütte, und weiter nach Partnun – St. Antönien in der Schweiz, ca. 2 Std. – Von der Tilisunahütte leicht erreichbar ist auch die höchst seltsame Landschaft der „Gruben", wie ein steinernes Amphitheater, und der grandiose Anblick der Sulzfluh- und Scheienfluhabstürze vom Grünen Fürkele aus (R 359). Es ist mit das Großartigste, was der Rätikon, dieses interessante, vielseitige und herrliche Gebirge, zu bieten hat.

■ **358 Bilkengrat – Lindauer Hütte,** 2 bis 3 Std. Hinter der Hütte auf gut bez. Weg nach NW auf die Schwarze Scharte, 2336 m, und steil in vielen Kehren über den Bilkengrat durch üppigen Alpenrosen- und Erikazeenteppich 650 m hinab an den Nordfuß der Sulzfluhwände in den Porsalenger Wald. Mit leichter Steigung nach W zur Lindauer Hütte empor (20 Min.) oder rechts talaus durch das Gauertal nach Tschagguns.

■ **359 Tilisunahütte – Grubenpaß (2232 m) – Partnunsee (1869 m) – Grünes Fürkele (2319 m) – Tilisunahütte,** 4 bis 5 Std. Großartige Rundtour über Schweizer Gebiet. Nach O zum Grubenpaß und durch die seltsame Landschaft der Karren hinab zum kleinen Partnunsee, 1869 m. Hier entweder talaus bis Partnun (Gasthof) oder zurück zum Talschluß nach N empor zwischen den wilden Fluchten der Sulzfluh links und der Weißplatte rechts, an den Sulzfluhhöhlen vorbei, durchaus gut markiert, zum Grünen Fürkele und zurück zur Hütte.

■ **360 Weißplatte,** 2628 m. Herrlicher Kalkklotz, mächtiges Gegenstück der Sulzfluh mit eindrucksvollen Tief- und Fernblikken. Anstieg ca. 2 Std. von der Tilisunahütte, durch Steinmännle (Steinmale) markiert. Unvergleichlich die Felsenflora (Androsace, Saxifraga, Silene usw.)! – Man folgt wie bei R 359 dem markierten Weg zum Grubenpaß, 2239 m; dort verläßt man den Felsensteig etwas nach links und steigt den Steinmalen nach über die nackten Karrenplatten, Schratten, Schrofen und Schuttbänder, für Geübte unschwierig über den Nordostrücken des Berges (Mittelfluh und Fluhkopf) auf den Gipfel.

■ **361 Tilisuna – Seehorn,** 2342 m. Sein waagrechter Gipfelgrat bildet den markanten dunkelfelsigen Abschluß des Gampadelstales. Von der Tilisunahütte her leicht und lohnend zu ersteigen, 3/4 bis 1 Std. Durch das Blocktälchen an der Südseite auf den Sattel, der das Seehorn mit den im Süden vorgelagerten grünen Hügeln verbindet. Über Grashalden und Felsstufen schräg rechts aufwärts zum Gipfel. Entzückender Tiefblick, auch auf den Tilisunasee, von dem der Berg seinen Namen hat.

■ **362 Nach Gargellen über Plasseggenpaß – Sarotlapaß.** Von der Tilisunahütte auf markiertem Weg nach O, unter den Felsen der Weißplatte durch nach S und hinauf zum rauhen Plasseggenpaß, 2354 m, ehemals vielbenützter Saumpfad, den Botanikern besonders interessant als Floragrenze zwischen Sulzfluhkalk und Silvretta-Kristallin. Diesen überschreitend (Landesgrenze mit Markstein), auf der W-Seite der Sarotlaspitzen fast waagrecht zum Sarotlapaß, 2389 m (hier überraschend großartiger Blick auf die nahe Silvretta!), und gut markiert jenseits südöstl. hinab (nur mit Bergschuhen; nur für Geübte oder unter Führung!) über Sarotlaalp und Röbialp nach Gargellen, 3 bis 3½ Std.
Auf die Sarotlaspitze (für Geübte): Bei einer Zollhütte nahe dem Plasseggenpaß nach links abzweigen, dann weglos zu einer Mulde; an deren linkem Rand auf Zickzackpfad hinauf, an einem kleinen See vorbei; nun rechts auf den Grat und auf einem Felsband auf die Sarotlaspitze, 2563 m (Grenzgipfel).

■ **363 Tilisunahütte – Gweiljoch – St. Gallenkirch,** 3 bis 3½ Std. Von der Hütte nach OSO hinter dem Seehorn hinab und im Bogen nach N gegen die Tilisunaalpe, 1956 m. Kurz oberhalb ihrer Hütten über den Tilisunabach und jenseits, östl., steil, mit Markierung, empor zum Gweiljoch, 2209 m. Jenseits, mit herrlicher Aussicht, nach O hinab zur Innergweilalpe, 1743 m, und auf gutem Weg nach rechts hin. O, über Jagdhaus Valsott, 1681 m, und die Rüti-Maiensäße zur Talstraße von Gargellen und zum Autohalt Hotel Reutehorn.

■ **364 Tschagguns – Hora,** 1970 m, 3½ bis 4 Std. Hora heißt der dicht bewaldete Berg östl. der Mittagspitze, der mit einem langen Höhenzug sich nach S fortsetzt bzw. an die Gweilgruppe anschließt; er trennt das tiefe Gampadelstal im W vom Gargellental im O. – Der Name ist nicht Mundartform von Horn, sondern bedeutete den alten Rätoromanen „die Stunde" (= hora) im Sinne von Mittag (spitze). Einsames, wildreiches Gebiet von großer Schönheit im kristallinen Gneis mit vielen Moortümpeln und Alpenrosenheide. Gute Einsicht in die Kapelljochgruppe, Überblick über das äußere und innere Montafon und auf alle drei Gebirgsgruppen (Verwall, Silvretta, Rätikon). Interessante, einsame Wanderungen. Der Gast möge sich an die markierten Steige halten, um sich nicht zu verirren. Zugang: Wie bei R 300 (auch mit Auto) oder wie bei R 298 nach Bitschweil zur Wegteilung östl. der Kapelle. Auf mark. Fußweg halbrechts empor zu den Maisäßen von Mansaura (= Oberberg) und Hora, größtenteils durch schöne Bergwälder, Weg teilweise rauh, zur Alpe Hora, 1892 m.

365–369 Offene Randzahlen für Nachträge

SCHRUNS, 700 m ü. d. M.

Auskunft: Verkehrsamt A-6780 Schruns, Silvrettastraße 6, Tel. (0 55 56) 21 66, FS 5 21 44.

■ **370** Siehe Bild 5. **Verkehr:** Endstation der Montafonerbahn Bludenz – Schruns, s. R 8; Ausgangspunkt der Postbusse auf Bartholomäberg, ins Silbertal, nach Latschau, nach Gargellen, nach St. Gallenkirch – Gortipohl – Gaschurn – Partenen und Silvretta-Hochalpenstraße – Bielerhöhe (– Galtür – Kops, Tirol). Talstation der Hochjochbahn (Großkabinenbahn, s. R 375). Verkehrsamt im „Haus des Gastes"; dort alle Auskünfte, Hotellisten, Privatzimmernachweis usw. Sitz des Verkehrsverbandes Montafon, Tel. (0 55 56) 22 53.

Einrichtungen im Kurort Schruns: Im „Haus des Gastes" (zur unentgeltlichen Benützung) FS-Räume (ZDF, ARD, SRG, SWF, ORF), Lesehalle (mit Zeitungen aus D, CH, NL, F, A).

Katholische Kirche (1982 sehenswert erneuert), evangelische Gottesdienste. – **Montafoner Heimatmusem** (s. R 22).

Geldwechsel und Banken: Raiffeisenbank am Kirchplatz; Sparkasse der Stadt Bludenz, Filiale Schruns, in der Bahnhofstraße. – Kurhaus Montafon (s. R 374) mit Sauna und öffentlichem Hallenbad. Sanatorium Maria Rast, Gauenstein, Krankenhaus für Innere Medizin, bakteriologisches und Röntgeninstitut. – Geheiztes Schwimmbad „Alpenbad Montafon" im großen Freizeitzentrum Schruns-Tschagguns (30.000 m^2) an der Ill, große Liegeflächen und Sportanlagen, auch für sportliche Wettkämpfe; mit Autozufahrten von Schruns und Tschagguns. Parkplätze. Hallenbad, Sauna, Solarium im Löwen-Hotel (öffentlich zugänglich). – Alpinschule Montafon (s. R 18). Bergführer; geführte Gruppenwanderungen und Bergtouren; Wandernadel (s. R 24). Anmeldung beim Verkehrsamt. Radwanderweg.

Musikkapelle in Montafonertracht, wöchentliche Platzkonzerte, Aufführungen der Trachtengruppe, Heimatabende, Alpenhornbläser in Schruns und Tschagguns. – Kirchenkonzerte. Farblichtbildervorträge, Kino, Aufführungen des Theaters für Vorarlberg. Diskothek.

Minigolfanlage mit intern. Meisterschaftsaustragungen. – 11 Tennisplätze, 3 Hallenplätze. – Reitmöglichkeit. Jährlich im Sommer Intern. Pferdesporttage. Dampfsonderzugfahrten. – Tanzcafe's usw.

Ärzte und Zahnärzte; Gemeindekrankenhaus St. Josef. 2 Medizinaldrogerien, Geschäfte aller Art, Sportartikel, Foto, Buchhandlung, Bekleidung, Blumen usw.

Kunsthandwerk (Tischlerei, Glasmalerei Hanni Borger, Wachszieherei Huber). – Autobusexkursionen nach drei Ländern; Pässerundfahrten. Autodienst: Fa. Lins, Mercedes- und VW-Werkstätte; Leihwagen, Tel. 25 40 und 20 12. – Taxiunternehmen: Filzmaier, Tel. 24 19; Reisebüro Tschofen, Tel. 33 44; H. Wachter, Tel. 22 69.

Montafoner Gästekarte: Jeder Gast erhält durch den Vermieter kostenlos eine Gästekarte; sie berechtigt zu verschiedenen Vergünstigungen und Ermäßigungen im ganzen Tal.

■ **371 Gaststätten:** Schruns hat **3800 Gästebetten** in mehreren Hotels der Kat. A und B (mit Hallenbad, Sauna usw.), in Gasthöfen, Pensionen, Fremdenheimen, Privatquartieren, Appartements, Ferienwohnungen, Chalets und Maisäßhäuschen, z. T. in Höhenlage. Liste durch Verkehrsamt. – Zimmerreservierungszentrale im „Haus des Gastes“ in Schruns.

Unterhaltungslokale: Löwengrube, Alpina-Keller, Taverne im Kurhotel, „Sasella-Alpe“, „Alpenrose“, Auhof.

Campingplatz: „Camping Thöny“, Besitzer Familie Thöny. Zentral gelegen, 1 ha Fläche mit Lebensmittelkiosk, Aufenthaltsraum, Duschen usw. – Zufahrt: Battloggstraße-Flurstraße. – Wintercamping. Eine Umfrage des Deutschen Camping-Clubs hat bei einer Auswahl von 6500 Anlagen diesen Campingplatz in Schruns unter die 20 schönsten Ferienplätze Europas an 4. Stelle eingereiht!

Berghäuser: Alpengasthaus Kropfen bei der Mittelstation der Hochjochbahn, 1350 m; Großrestaurant der Bergstation Hochjochbahn auf 1900 m; Wormser Hütte des DAV auf 2306 m (26 B, 36 TL).

Winter in Schruns: Internationales Skizentrum mit Höhenskicenter im Gebiet der Hochjoch- und Zamangbahn bis auf 2400 m: 2

Gondelbahnen, 8 Sessellifte, 5 Skilifte (über 60 Aufstiegshilfen im Ort und nähere Umgebung); Höhenrestaurant; 3 Skiwanderloipen; Skipaß, Skischule (Tel. 0 55 56/21 30); Kunsteisbahn, Tennishalle, Tennisschule, öffentl. Hallenbad, Sauna. Kinderskigarten; Lesehalle, Fitneßcenter, Tanzabende. Wintercamping. Heimatmuseum.

■ **372 Marktgemeinde Schruns, Hauptort und Mittelpunkt des Tales,** heilklimatischer Luftkurort und internat. Wintersportzentrum. Sitz des Bezirksgerichtes Montafon (seit 1775 unter Kaiserin Maria Theresia; das Gerichtsgebäude stammt aus dieser Zeit). Sitz des „Standes Montafon" (s. R 146); Sitz des Bezirkes Montafon der Sektion Vorarlberg des Österr. Alpenvereins. Seit 1928 Marktgemeinde. – Nach Lage und Verkehr bildet Schruns eine Einheit mit dem nahen Tschagguns (1/4 Std.) jenseits der Ill, beide zusammen bilden auch die Verkehrsmitte des äußeren Tales.

Lage und Landschaft von Schruns. In dem großartigen, über eineinhalbtausend Meter hohen Amphitheater einer Talbuchtung der Außerfratte (s. R 484!) mit subalpinem Klima liegt an der Litz die Marktgemeinde Schruns, der Hauptort des Tales. Er schmiegt sich freundlich in den geschützten Winkel zu Füßen des Bartholomäberges im N und des Kapelljoches im O; beide Bergmassive sind getrennt durch das Silbertal, das die hellen Wasser der Litz aus dem über 100 km² weiten Einzugsgebiet der einsamsten Montafoner Landschaft entsendet. An beiden Ufern dieses Wildwassers liegt der schmucke Kurort, „eher ein kokettes ländliches Städtchen als ein Dorf, der erste Ort Vorarlbergs, der zur Sommerfrische größeren Stils geworden ist, überhaupt die besuchteste Fremdenstation des Landes" – so schrieb schon vor rd. 100 Jahren der berühmte schweizerische Schriftsteller I. C. Heer. Auch andere rühmten Schruns schon zu jener Zeit, denn es fand sich bereits damals jährlich eine illustre Tafelrunde von Freunden des Montafons in Schruns in der „Taube", im „Löwen" und auf der Montjola zusammen. 1926 weilte als Gast und früher Skitourist der berühmte amerikanische Schriftsteller und Nobelpreisträger

Ernest Hemingway 3 Monate in Schruns im Hotel Taube. – Um 1200 hieß der Ort Schrunis, später Scharuns (noch 1781) und Scheruns. Die Herkunft des Namens wird aus acerina (=Ahorn) gedeutet. Kurz nach 1400 war es schon ein stattliches Dorf, denn der rege Saumverkehr und Bergbau am Kristberg und im Silbertal (s. R 133) brachte ihm Zuzug; aber es gehörte bis gegen 1597 zur Pfarre Bartholomäberg, wohin die Leute zur Kirche mußten und wo sie auch ihre Toten begruben. Ein dichtes Netz rätoromanischer Flurnamen bis hoch an den Hängen empor ist Zeuge der frühen Besiedlung dieser sonnigen Lehnen.

Aus Anlaß des Schrunser 600-Jahr-Jubiläums (1981) erschien von A. Salzgeber der Band „Montafon" seiner Alpenländischen Chronik des Salzgeber-Geschlechts (s. Lit.-Verz. R 735). Schruns und der „Schrunserberg" Gamplaschg ist darin der Mittelpunkt mit reichem Inhalt an Siedlungsgeschichte usw. sowie einer Schrunser Zeittafel.

Großen Ruf hatten die Schrunser Viehmärkte; es wurden dabei bis zum Ersten Weltkrieg jeweils um 2000 Stück Rinder der berühmten Montafoner Braunviehrasse aufgetrieben und nach Schwaben und bis nach Ungarn, an den Balkan, nach Italien und sonst weitum gehandelt; s. R 155. Auf seine berühmte Viehzucht nimmt auch das Wappen der Marktgemeinde Bezug: der aufspringende Stier im gold-blauen Schild, darunter die gekreuzten Schlüssel des alten Talschaftswappens, s. R 119.
Schruns ist 1804,47 ha groß mit rund 3800 Einwohnern; davon sind 672 ha Wald und 231 ha Weiden. War es noch vor dem Zweiten Weltkrieg ein ländlicher Kurort und ein früh bekanntes Bergsteigerzentrum, so hat es – zusammen mit seinem Schwesterdorf Tschagguns – seit 1947 einen enormen Aufschwung genommen, durch den Bau der Kuranstalt Montafon (1950) und des Kurhotels, den Bau der Hochjochbahn (1951) und ihres Umbaues 1966/67 zur Großkabinenbahn, durch die Entstehung des Sanatoriums Gauenstein mit Röntgeninstitut usw., durch den Neubau und die Modernisierung vieler Gaststätten, darunter mehrere der Kategorie A, durch große Sportanlagen, öffentliche Hallenbäder, das große Freizeitzentrum im Alpenbad Montafon, die Einrichtungen im Haus des Gastes usw., Entstehung der

Gargellner Madrisa, ihre Nordabstürze mit Firnfeld und mit dem Gandasee, 1960 m.
Bei R 550 *Foto: H. Häusle*

Liftanlagen im Bereich der Hochjochbahn, seit 1980 mit der Zamangbahn groß ausgebaut und erweitert, s. R 375. Besondere Beachtung wurde auch dem Wanderwegenetz geschenkt, um dem Gast alle Voraussetzungen für einen Aktivurlaub zu bieten.

■ **373 „Kurhaus Montafon" und „Kurhotel Montafon".** Es ist das Verdienst des berühmten Physiologen Hofrat Prof. Dr. Arnold *Durig* (1872 bis 1961), einem alten Montafoner Geschlecht auf Latschau ob Tschagguns entstammend, auf die einzigartigen natürlichen Heilfaktoren des Montafons und seiner bekannten Kurorte hingewiesen zu haben; zugleich aber erkannte er in dem hervorragenden Internisten Univ.-Prof. Dr. med. Edwin *Albrich* die geeignete Persönlichkeit, die dazu berufen war, aus dieser reichen alpinen Natur jene Heilwerte zu schöpfen, dank deren Schruns dann als „Heilklimatischer Luftkurort" großen Ruf erhielt. Dozent Dr. Albrich (gest. 1976) war ein Sohn der Schrunser Heimat, ihr Ehrenbürger, seinerzeit Schüler des weltbekannten Wiener Internisten Dr. Eppinger, in dessen Auftrag Dr. Albrich auch verschiedentlich als Arzt an orientalische Fürstenhöfe gerufen wurde. Dank des hohen ärztlichen Rufes von Dr. Albrich, dank seiner Unternehmungsfreude und Organisationskunst entstand 1950 die Kuranstalt Montafon und 1951 das Kurhotel, das 1953/54 und 1961 erweitert wurde und bald Gäste mit großen Namen anzog.

■ **374 Kurhaus Montafon.** Einrichtungen: Klinische Diagnostik, Hydrotherapie, moderne Sauna- und Kneippanlagen, Thermotherapie, Balneotherapie, Phototherapie, Ultraschalltherapie, Heilgymnastik, Massage, Darmbad, Durchführung von Diät- und Terrainkuren.
Indikationen: Erkrankungen des Herzens und des Kreislaufs, Herzmuskelschädigungen, Erkrankungen der Herzgefäße, erhöhter und zu niedriger Blutdruck, Frühsklerosen. – Erkrankungen der Drüsen mit innerer Sekretion, insbes. zwischenhirnbedingte Störungen. Erkrankungen der Leber, der Nieren, Anämie von sekundärem und perniziösem Typ, rheumatische Erkrankungen der Gelenke, Muskeln und Nerven, Ischias-Neuritis, Trigeminusneu-

ralgien. – Stoffwechselstörungen wie Gicht, Fettsucht, Diabetes. – Nachbehandlung von Verletzungen der Bewegungsorgane, Rekonvaleszenz insbes. nach Operationen, Berufsneurasthenie, Erschöpfungszustände, Schonungs- und Erholungsbedürftige. (Informationen durch Verkehrsamt Schruns, Haus des Gastes, Tel. (0 55 56) 21 66; Vorwahl aus Deutschland und der Schweiz 00 43, FS.)

■ **374 a Das Sanatorium „Maria Rast",** Krankenhaus für innere Medizin, liegt 10 Min. westl. außerhalb Schruns am grünen Berghang unterhalb des reizvoll gelegenen Kapuzinerklösterleins Gauenstein. „Maria Rast", früher „Schlössle" genannt, ist ein ehemaliger Edelsitz, erbaut 1637, heute Eigentum des Klosters Ilanz (Graubünden). Das Sanatorium unter Leitung von Primarius Dr. Walch genießt großen Ruf; gegründet nach dem Zweiten Weltkrieg durch Dozent Dr. Albrich, wurde es 1950 zu einem Röntgeninstitut erweitert und 1960 wurde ein medizinisch-chemisches Institut angegliedert. Als es zu klein wurde, entstand die Kuranstalt Montafon, von der es heute getrennt geführt wird. Als Schwestern wirken die Dominikanerinnen von Ilanz.

■ **375 Montafoner Hochjochbahn am Kapell.** Tel. (0 55 56) 21 26. Die ursprüngliche Sesselbahn Schruns-Kapellalpe wurde 1966/67 in eine Gondelbahn umgebaut. Ein anschließender Sessellift von der Kapellalpe auf den Sennigrat wurde bereits Ende 1965 eröffnet. Die Montafoner Hochjochbahn besteht aus folgenden Anlagen: Großkabinenpendelseilbahn mit Talstation in Schruns, 700 m, Bergstation auf der Kapellalpe, 1860 m, mit Mittelstation auf dem Kropfen, 1350 m. Fahrzeit bis Bergstation 10 Min. Beförderungsleistung rd. 600 Pers./h. Bei der Bergstation modernes **Großrestaurant** mit 500 Plätzen und 1200 m² Sonnenterrasse, Selbstbedienung. – Von der Bergstation, 1860 m, führt ein Sessellift auf den Sennigrat auf 2300 m (von dort 15 Min. ebener Gratweg zur Wormser Hütte). Im **Winter** kommen folgende Schlepplifte dazu: Sessellift Kropfen von 1356 m auf 1855 m; Skilift Seebliga I und II von 1725 m auf 2035 m; Skilift Kapellalpe (Übungslift) von 1830 m auf 1920 m.

Seit 1978/81 wurde außerdem das großartige Kreuzjoch-Zamanggebiet erschlossen mit folgenden Anlagen:

Zamangbahn (Einseilumlaufbahn mit 4-Personen-Kabinen) mit Talstation in Schruns-Gamprätz zur Kapellalpe **(nur Winterbetrieb),** 2800 m Länge, 1160 m Höhenunterschied, 1000 Pers./h, 12 Min. Fahrt; sie dient als Zubringerbahn für 3 Doppelsesselbahnen und 1 Schlepplift im Grasjoch-Zamanggebiet; bevorzugt für gemütliche Fahrer!

Kreuzjoch-Bahn: Länge 1000 m, 1440 Pers./h, **Grasjochbahn:** Länge 1800 m, 1440 Pers./h, **Freda-Bahn:** Länge 1000 m, 1440 Pers./h, **Platina-Doppelschlepplift:** Länge 900 m, 2400 Pers./h. **Zamang-Restaurant** mit 400 Sitzplätzen und Terrasse.
Als Zubringer dient außerdem die Silbertaler Kapellbahn (nur Winterbetrieb!) mit einer Länge von 1900 m, Höhenunterschied 1100 m (Doppelsesselbahn mit Klappverdecksesseln), Frequenz 600 Pers./h.

„Kapell" nennen die Einheimischen den Gebirgsstock der Hochjochgruppe östl. über Schruns, der Verwallgruppe zugehörig. Er erhebt sich rd. 1700 m hoch über Schruns bis auf 2400 m, aus Kristallingestein gebaut. S- und W-Hänge tragen Buchenwälder und sind hoch hinauf mit Siedlungen besät, die N-Hänge stehen tief in riesigen Nadelforsten bis auf 1800 m Höhe. Von der Bergstation auf dem Sennigrat, aber auch schon vom Bergbalkon der Kapellalpe genießt man ein ungewöhnlich großartiges Panorama und schöne Tiefblicke. Mächtig baut sich gegenüber im SW die Rätikonkette auf, im SO die Gletscherwelt der Silvretta, im N- und O-Halbkreis die Lechtaler Alpen und das Verwallgebirge (s. „Panorama der Hochjochbahn", R 422).

Spazier- und Wanderwege um Schruns

Das gesamte Netz der Spazier- und Wanderwege um Schruns ist vorbildlich markiert und betafelt. Die anschließenden Wege jenseits der Ill findet man unter Tschagguns, weitere unter Bartholomäberg und Silbertal, s. dort.

■ **378 Montjola** (d. i. „Kleiner Berg") heißt die nahe, aussichtsreiche Anhöhe nördl. über Schruns, früher mit „Café Montjola", in Versen viel gepriesen. – **Zugang:** Litzbrücke, nach Westen – Außerlitzstraße; nach 2 Min. bei der Litzkapelle rechts empor; gleich nachher Wegteilung (Wegtafel): links auf der Montjolastraße empor (nach 5 Min. zweigt der Weg nach Brox linkshin ab). Oder rechts auf dem steilen Bergknappenweg empor, der in die Montjolastraße nach Innerberg einmündet.

Rundblick von der Montjola: Hinter uns im N der z. T. bewaldete Hang der oberen Montjola und des Bartholomäberges. Über der Hangmitte schaut die Bergschulter von Monteneu vor; weiter rechts ein Stück des Alpilagrates (Verwallausläufer). Links im W hinter dem abfallenden Hang des Bartholomäberges die mächtige Vandanser Steinwand mit dem kühnen Horn der **Zimba,** dem Wahrzeichen von Schruns. Links dahinter der Saulakopf, an seinem Fuß Lage der Heinrich-Hueter-Hütte. Weiter links, durch das Rellstal von der Zimbagruppe getrennt, im SW die breite Masse des Golms groß im Blickfeld aufgeschlagen, mit den Maisäßen und Gasthöfen von Matschwitz-Golm, der Hochstufe von Latschau darunter (Stausee) und Trasse der Golmerbahn bis Bergstation. Rechts von Latschau der bewaldete Kristakopf. Links von Golm-Latschau im SSW das Gauertal. An seiner Mündung Tschagguns; in seinem Hintergrund rechts der Wilde Mann, in der Mitte die breite Geißspitze, links hinter ihr die Drusenfluh und die Drei Türme (Drusentürme); Lage der Lindauer Hütte. Links von Tschagguns zieht sich der breite Ziegerberg mit vielen Berghöfen empor und geht über die Parzelle Grabs in die Mittagspitze über, Trasse, Tal- und Bergstation des Grabser Lifts sind gut zu sehen! Links von Ziegerberg und Mittagspitze im S das Gampadelstal, scheinbar vom Trapez des Seehorns völlig abgeriegelt. Zwischen Seehorn und Mittagspitze (Lage der Tilisunahütte und des Tilisunasees) schaut die Weißplatte vor. Die breite Bergmasse östl. vom Gampadelstal ist die Gruppe der Hora (1970 m) mit den deutlichen Querstufen von Bitschweil (Stausee) unten und Mansaura oben. Links unterhalb Bitschweil auf der Bergschulter des dunkel bewaldeten Kopfes der Berghof Bödmenstein, dahinter die Talenge gegen das innere Montafon, „Fratte“ geheißen, Grenze zwischen äußerem und innerem Montafon. Durch diese Talenge Blick auf die Silvrettagruppe (Valiseragruppe). Zwischen dem Illtal (Fratte) rechts und dem links nach NO einschneidenden Silbertal (Litz) erhebt sich die gewaltige Masse der Kapelljoch-Hochjoch-Gruppe (Westverwall). Die ganze Trasse der Hochjochbahn ist gut einzusehen: Mittelstation Kropfen, Bergstation auf Alpe Kapell (Waldgrenze) und Kopfstation auf dem Sennigrat, 2280 m. Im Gratsattel die Wormser Hütte. An den breiten Hängen des Kapells ziehen sich die vielen Maisäße und Berghöfe, Waldstücke und Wiesen bis nach Schruns herab.

■ **379 Montjola – Brox – Gauenstein.** Wie bei R 378 auf der Montjolastraße empor. Bei Wegtafel nach links auf dem Broxweg (rot-weiß) eben durch Wiesen und schönen Wald zum Kloster Gauenstein. Das Kloster ist Meditationszentrum und Pilgerstätte. Von dort nach SO abwärts am Hang hinter dem Sanatorium „Maria Rast“ und an der Landwirtschaftsschule vorbei. Das Sanatorium, früher „Schlössle“ genannt, ist ein alter Edelsitz aus dem 17. Jh. Nun nach rechts, die Hauptstraße querend, zum Ortsteil „Auf der Litz“ und auf dem Promenadeweg nach Schruns.

■ **380 Rundweg Gauenstein – Landschrofen – Kaltenbrunnen – Illweg.** Wie bei R 379 zum Kloster Gauenstein, daran vorbei nach W und auf dem Gaueserwaldweg durch den schönen Tannenwald zum Landschrofen mit prächtigem Ausblick. Weiter nach W, immer auf schönen Waldpfaden, hinab nach Kaltenbrunnen (1,9 km). Dort kurz der Straße nach talaus, dann nach links zur Haltestelle Kaltenbrunnen hinüber. Ihr gegenüber trifft man auf den Illweg (Wegtafel); flußentlang durch die Wiesen talein. Sehr beliebter Rundweg.

■ **381 Montjola – Batschief – Bartholomäberg,** 1½ Std.
a) Wie bei R 379 zum Kloster Gauenstein. Weiter nach W leicht ansteigend, einer rot-gelben Markierung folgend, durch bewaldetes altes, mächtiges Bergsturzgebiet in 20 Min. zu den Höfen von Batschief. Von hier nach rechts nordwestl. empor auf Bartholomäberg.

b) Am Weg nach Batschief gibt es auch, einige Minuten oberhalb des Weges zum Landschrofen vom Hauptweg nach links abzweigend, später fallend und wieder eben, den besonders romantischen „Waldweg". Er führt als kleiner Fußpfad quer durch die wie verwunschen wirkende Landschaft eines riesigen moosüberwachsenen Blockfeldes. Dieser rot markierte Weg mündet in die Straße nach Obergantschier; dort Wegtafeln; der eine der Weiterwege führt nach Außergantschier–Vandans, der andere bergauf nach Bartholomäberg (weiß-blaue Route).
c) Ein weiterer Weg auf Bartholomäberg beginnt beim Kloster Gauenstein, rechts empor, rot mark., ca. 45 Min. Von der Kirche Bartholomäberg prächtiger Weiterweg, s. R 452.

■ **382 Gauenstein – Jetzmunt – St. Anton,** 1½ bis 2 Std. Wie bei R 381 a zu den Höfen von Batschief. Dort nicht rechts empor (nach Bartholomäberg), sondern weiter nach W, zuerst durch Wiesen, dann Wald, zu den Höfen von Jetzmunt (Jetzmunt = Mietzmunt = Mittelberg); der Weg mündet in die Autostraße Bartholomäberg–St. Anton ein.

■ **383 Montjola – Galierm – Bartholomäberg.** Wie bei R 378 auf Montjola. Man folgt der Montjolastraße nach **rechts** und gelangt in ca. 20 Min. zur dreifachen Wegteilung auf Galierm (Wegkapelle, Ruhebank); der Weiterweg nach rechts empor führt sehr schön nach Innerberg und zum herrlich gelegenen G-Fernblick; von Galierm nach rechts abwärts gelangt man zur „Hölle" an der Silbertaler Straße und von dort talein nach Silbertal, talaus nach Schruns; von Galierm nach links empor kommt man zur Kirche und Autostraße Bartholomäberg. Weiterweg zum Hotel Fernblick (20 Min.) und auf dem Innerberger Weg wieder über Galierm–Montjola zurück. – Ein besonders idyllischer Weg führt von Galierm über die Parzelle Plank durch Wiesen nach Unterinnerberg–Fall und weiter zur Kirche Innerberg (blau-weiß mark.). Ab dort bes. zu empfehlen der Höhenweg nach Bartholomäberg (s. R 452, in umgekehrter Richtung). Ein weiterer aussichtsreicher Höhenweg führt vom Autohalt Daneu an der

Berger Straße nach Westen (Wegtafel) über Friga – Sagenegg zur Montjola zurück.

■ **384 Nach Tschagguns, Litzpromenade,** entlang dem „rauschenden Kleinod von Schruns“, 15 Min. Über die Litzbrücke gegenüber Hotel Krone und auf dem Litzdamm bis Bahnhof Tschagguns, dort nach linkshin zur Illbrücke und ins Dorf hinauf. Oder vom Kirchplatz Schruns geradeaus nach S auf dem „Wagenweg“ zum Schwimmbad und Freizeitzentrum.
An der Schwimmbadbrücke führt bei Wegtafel diesseits, rechtsufrig, der völlig ebene schattige „Illweg“ mit vielen Ruhebänken talaus bis zur Straßenbrücke nach Tschagguns. Seine Fortsetzung s. R 386.

■ **385 Auweg – Schrunser Feld.** Vom Kirchplatz auf dem „Wagenweg“ ins Schrunser Feld hinab; der weiß-blauen Markierung folgend durch Wiesen talein, bis der Weg nach links zur Hauptstraße führt und zum Gasthaus Linde. Dort kurz am Hang hinauf und durch Buchenwald nach Schruns-Mitte zurück.

■ **386 Illweg – Rodund,** ca. 30 bis 40 Min. Auf dem Litzdamm zum Bahnhof Tschagguns; dort linkshin über die Straßenbrücke, wo gleich links (Wegtafel) dieser besonders hübsche Wiesenweg beginnt und entlang des Flusses völlig eben parkartig talaus führt bis Haltestelle Kaltenbrunnen. Empfehlenswert der Rückweg (Wegtafel) über Landschrofen–Gaueserwald, s. R 380. Oder weiter auf dem „Illuferweg“ nach Vandans, mit vielen Ruhebänken, und mit der Bahn zurück nach Schruns.

■ **387 Am Kapellhang.** Die lieblichen Bergwiesen und Buchenwälder am Kapellhang (s. R 375) mit den vielen Berghöfen und neuen Häusern bieten sehr schöne Spaziergänge, rasch zu erreichen, besonders auch mit Hilfe der Hochjochbahn (Sekt. I), sehr beliebt auch als „Bergwanderungen abwärts“. Wege und Pfade ziehen um den Berg bis weit talein nach SO und NO, zwischen 700 m und 1500 m Höhe, die der Spaziergänger und Wanderer beliebig auswählen und kombinieren kann. **Zugang** für diese Wege: Kirchplatz – Schule – Jakob-Stemer-Straße – Briferweg zu besonders schönem Ruheplatz mit Bänken.

■ **388 Armenhausbühel,** 1/4 Std. So heißt seit alters der Wiesenhügel unmittelbar über dem neuen Hauptschulgebäude und der Kirche. Schöner Rundblick, ähnlich wie von Montjola. Viele Ruhebänke. Zugang über Briferweg, s. R 387.

■ **389 Hofweg – Kapiescha – Dörfli.** Wie bei R 387 auf dem Briferweg empor und durch Buchenwald zum Rest. Berghof. Das asphaltierte Sträßchen führt mit wenig Steigung hangentlang durch Wiesen weiter bis zur Häusergruppe „Dörfli" (mit Jausenstation), 30 Min. ab „Berghof". **Rundblick:** talein Versettla–Heimspitzgruppe, gegenüber Hora–Mittagspitze–Schwarzhorn, Golm, Zimba, Vandanser Steinwand; Tiefblick auf Schruns–Tschagguns–Vandans. – Beim Haus Nr. 263 führt ein Weg nach Gamplaschg (Wegtafel) und von dort weiter nach Limat und Kropfen. Ein Fußpfad führt nahe der Häuser Nr. 263, Wegtafel, abwärts nach Gampretz–Fratteweg zum Gasthaus Linde; von dort auf dem Buchwaldweg nach Schruns. Auch umgekehrt ist dieser Spaziergang sehr schön: Auweg – Fratteweg – Hofweg – Briferweg – Schruns; ca. 2 Std.

■ **390 Gamplaschg – Kropfen,** 1350 m, 2 Std. Auf dem Briferweg (R 387) 15 bis 20 Min. empor; am Schießstand vorbei und hinauf zur Wegtafel „Gamplaschg–Kropfen" (rot-gelb mark.). Nach rechtshin bequem zu den schönen Berghalden von Gamplaschg; Überblick über den ganzen Schrunser Talkessel. Auf dem Bergsträßchen weiter empor, bis man in ca. 1 Std. Gasthaus und Mittelstation Kropfen der Hochjochbahn erreicht.

■ **391 Oberbrif – Lutza – Silbertal,** ca. 2 Std. Auf dem Briferweg (s. R 387) empor zu den stillen Berghöfen von Oberbrif–Lutza. Weiter bei Wegtafel schatthalb am Kapellhang zur Parzelle Ganlätsch und zur Kirche Silbertal. Rote Markierung. Nicht bei Nässe!

■ **392 Zu den Maisäßen von Plattes und Lifinar.** Wie bei R 390 zur Wegteilung auf Gamplaschg. Weiter nach rechtshin auf gutem Weg auf den Maisäß Platta, 1445 m, dann auf dem

Gaschurn gegen Vallüla; rechts das Tschambreutal, davor die Mauer des Staubeckens Rifa; dahinter das Untervermunttal, begleitet vom Kamm der Zaferna. Durch den Wald links im Bild geht es nach Tafamunt (Alpe und Bergstation der Tafamuntbahn).
Bei R 570 *Foto: G. Flaig*

Plattesweg immer östl. hangentlang zu den Hütten von Theus. (Hier zweigt ein Weg ab nach links aufwärts zu dem wunderschönen Rieder-Maisäß; von dort nach links zur Mittelstation mit Gasthaus Kropfen.) Wir gehen von Theus weiter nach rechts über ein großes Tobel nach Galzig und weiter über das Bergustobel zum Maisäß **Lifinar,** 1300 m. Hier führt ein Weg über Lifinar nach links, westl. zum Kapieschaweg und über Hof nach Schruns hinab. Ein weiterer Weg führt von Lifinar steil durch Wald zur Talparzelle Stiefen hinab und auf dem Bargusweg durch Wiesen, abseits des Verkehrs nach Gamprätz–Schruns. – Eine leichte Tageswanderung, die uns echtes bergbäuerliches Montafon nahebringt.

■ **393 Kropfen – Seebliga – Innerkapellalpe – Silbertal.** Interessante, besonders lohnende Wanderung, nur bei Trockenheit ratsam. – Von der Mittelstation Kropfen, 1335 m, neu ausgebauter Wanderpfad durch herrlichen Bergwald. Beginn kurz oberhalb Restaurant „Kropfen"; zuerst kurz auf dem Weg Richtung Ried. Bei Wegtafel nach links abbiegen. Nach 10 Min. Felsblock mit rotem Pfeil und Aufschrift „Kapell". Im dichten Kirchwald ansteigend, später quer über das Vermolatobel mit mehreren „Zügen"; Vermola = vermala = böses Tobel; Grenze gegen Gemeinde Silbertal. Nach 1¼ Std. erreicht man die Talstation des Seebliga-lifts, 1740 m. Hier führt ein breiter Weg nach rechts empor zur Alpe Vorderkapell und Bergstation Hochjochbahn, 1860 m, 35 bis 45 Min. Geht man von der Liftstation Seebliga geradeaus östl. weiter, kommt man auf alpenrosengesäumtem Weg in 30 Min. zur Alpe Innerkapell, 1662 m. Ein steiler Abstieg führt von der Alpe über das Hirtenegg nordwestl. mit roter Markierung ins Silbertal hinab, zu den Höfen von Ganlätsch, ab dort auf Fahrstraße ins Dorf und zum Postbus, 1½ bis 2 Std.

■ **394 Kapellalpe – Seebliga – Kropfen – Schruns,** ca. 3 Std. Ein sehr lohnender Bergabwanderweg, neu ausgebaut. Man gewinnt ihn, indem man von der Bergstation der Hochjochbahn aus nach linkshin (östl.) zur Talstation des Seebligalifts geht. Von dort in südwestl. Richtung auf der Standardabfahrt (St. Hubertus) über Vermola–Egg zur Mittelstation Kropfen. Wegtafeln. Jetzt in nördl. Richtung über die Berghöfe von Hoha und Brif nach Schruns hinab.

■ **395 Kapellalpe – Lifinar – Schruns,** 3 bis 3½ Std. Prächtiger Bergabweg; Beginn dicht südseits des Bergstationgebäudes, Wegtafel, gelbe Markierung. Der Pfad führt quer am Kapellhang entlang (Alpenrosen!), dann hinab gegen Maisäß Lifinar und bis Galzigg. Wegteilung; links über Theus–Plattes–Gamplaschg, rechts mit gelber Markierung (bequemer) über Maisäß Rieder zur Mittelstation Kropfen.

396–420 Offene Randzahlen für Nachträge

Wanderungen und Bergtouren von Schruns

■ **421 Wormser Hütte,** 2306 m, im Kapelljochsattel. Die Wormser Hütte (DAV, Sektion Worms a/Rh., 26 B, 36 ML) liegt außergewöhnlich schön. Einzigartiger Tiefblick ins äußere Montafon und den Walgau, umfassender Fernblick nach S und W. Durch die Hochjochbahn und den Sessellift auf den Sennigrat ist der einst fünfstündige Hüttenaufstieg (1600 m Höhenunterschied) auf einen viertelstündigen ebenen Zugang verringert. Sehr beliebt ist aber heute noch der Aufstieg von der Bergstation Kapellalpe auf dem „Gratweg“ zur Hütte (1½ Std.) und Abstieg auf dem „Seeweg“ mit Herzsee, 2216 m, und Schwarzsee, 2085 m, und über die Flachstufe von Sauerbleis zurück zur Bergstation. Durch den Ausbau der Skipisten 1971 ist das Gelände im gesamten Bereich von Sennigrat und Sennikopf stark verändert worden.
Zur Beachtung: Im einheimischen Brauch werden hier in dieser Gruppe die Bergspitzen mit „Joch“ bezeichnet, nicht, wie sonst üblich, nur der Übergang zwischen den Gipfeln. Die Hütte ist beliebter Start der Gleitschirmflieger.

■ **422 Von der Wormser Hütte aufs Kreuzjoch,** 2395 m, ca. 20 bis 25 Min. Einer der meistbesuchten und schönsten Aussichtsgipfel des Montafons. Wegtafel bei der Hütte: der roten Markierung folgend abwärts nach Süden auf harmlosem Felsensteig am Nordgrat entlang bis auf die Spitze mit Gipfelkreuz, 2395 m.

Rundblick auf Silvretta, Verwall, Rätikon, die hier zusammenstoßen. Die Besucher werden besonders auf das schöne, mehrfarbige **„Panorama vom Kapelljoch–Kreuzjoch“** von Kunstmaler Oberbacher aufmerksam gemacht, herausgegeben von der Hochjochbahn.

■ **423 Panoramagipfel,** 2466 m (= Kapelljoch) – **Hochjoch,** 2520 m. – Vom Kreuzjoch (s. R 422), nach links (Osten) auf den breiten begrünten Gratrücken und auf Steig weiter empor, zuletzt im Fels auf den Hochjoch-Vorgipfel. Der in der Fortsetzung nun schmale und steile Grat ist Kletterei, nur für Geübte; er führt in ca. 30 Min. auf den Gipfel des **Hochjochs,** 2520 m. Ein Grataufschwung wird rechts durch eine plattige Rinne umgangen. Großartige Aussicht über vier Gebirgsgruppen; besonders interessant ist der Einblick in das hinterste Silbertal und seine einsame Bergwelt.

■ **424 Wormser Hütte – Seeweg – Bergstation Kapellalpe,** 1½ bis 2 Std. Von der Hütte auf bez. Weg nach Osten hinab zum Herzsee, 2216 m. Weiter durch das Hochkar zwischen Sennigrat und Hochjoch am schönen Bach links nach Norden hinab zum Schwarzsee. An der Karschwelle biegt der Weg nach NW links hinab und führt an Felsabstürzen entlang auf die flachen Weidestufen von Sauerbleis hinunter. Von hier hat man einen besonders interessanten Ausblick auf den gesamten Bartholomäberg–Innerberg–Kristberg gerade gegenüber, ein Beispiel typischer Montafoner Hangsiedlungen. Der Weg folgt der genannten Weidestufe nach Westen quer über die Skipisten und führt an den Schleppliftanlagen vorbei, zuletzt links hinab zur Bergstation Kapellalpe (Groß-Restaurant).

■ **425 Wormser Hütte – Silbertal,** 2½ bis 3 Std. Wie bei R 424 an Herzsee und Schwarzsee vorbei und weiter auf dem Weg zur Bergstation. Halbwegs dorthin zweigt bei einer Wegtafel ein steiler Weg mit roter Markierung ab nach Nordosten zu den Hütten der Hinteren Kapellalpe, 1662 m, hinab. Von dort weiter durch dichten Bannwald steil und tief hinab in die Dorfmitte von Silbertal, 1400 m Abstieg. Nur für Geübte: Siehe auch R 393.

■ **426 Bergstation Kapellalpe: Fußabstieg über Kropfen – Lutza nach Schruns,** 2 bis 2½ Std. Man geht in 1 Std. durch Wald mit schönen Ausblicken hinab zur Mittelstation Kropfen, 1350 m (Gasthaus); von dort entweder links nach Süden, rot-gelb markiert über Latang–Gamplaschg 3,8 km, guter Weg, oder rechts nach Norden über die Höfe von Lutza zuletzt wieder links nach Westen, auf dem Briferweg nach Schruns hinab.

■ **427 Wormser Hütte – Grasjoch (Furka) – St. Gallenkirch,** ca. 4 Std. Von der Hütte auf das Kreuzjoch (R 422) und jenseits rot markiert durch das sanfte Sportal mit seinen Skiliftanlagen hinab zum Grasjoch (Wegtafel).
Achtung: Hier führte früher ein Weg nach N hinab zur Alpe Giesla im hinteren Silbertal. Dieser Weg existiert seit einem großen Murbruch nicht mehr! – Vom Grasjoch führt ein alter Hirtenpfad (blau-weiß markiert) am westlichen Berghang des Scheimersch hoch über dem Tramosatobel meist durch Wald steil hinab zum Hof Schoder und zuletzt auf der Straße an den Tramosaverbauungen entlang nach St. Gallenkirch. Nur für Geübte.

■ **428 Zamangspitze,** 2386 m, 1 Std. – Abstieg nach St. Gallenkirch 3 Std. Besonders lohnender Gipfel, den kein Geübter versäumen sollte. Von der Wormser Hütte wie bei R 422 auf das Kreuzjoch. Nach 2 Min. Abstieg gegen Sportal, bei Wegweiser nach rechts, Süden, und über den breiten Gratrücken. Am Ende desselben, wo der Pfad nach links, SO, umbiegt, ist einer der schönsten Punkte des Montafons. Bezaubernder Tief- und Rundblick! Der Weg führt weiter nach Süden in die Westflanke des Grates hinab und durch eine Blockmulde auf den Südgratrücken der Zamangspitze hinaus.
Wegteilung (2323 m): Nach links (Norden) steil empor am Gratrükken zum aussichtsreichen Gipfel, 2386 m. Tiefblick ins ganze innere Montafon, Verwall-, Silvretta- und Rätikonpanorama.
Abstieg: Entweder auf dem gleichen Weg zurück zur Wormser Hütte oder zurück hinab bis zur Wegteilung und jetzt links auf gut bez. Steig hinab zur **Zamangalpe,** 1860 m (Milch in der Sennhütte!). Weiterabstieg auf dem zum Autosträßchen ausgebauten

Alpweg (Fahrgenehmigung nur für Alppersonal); über die Maisäße Tanafreida und Blenischau mit 1500 m Höhenunterschied nach St. Gallenkirch-Dorfmitte (s. R 485). Landschaftlich hervorragend schön!
Von der Zamangalpe führt außerdem ein Verbindungsweg der Wildbachverbauung entlang den sehr steilen Grashalden in 30 Min. zum **Grasjoch,** 1975 m; von dort durch das Sportal aufwärts aufs Kreuzjoch und zurück zur Wormser Hütte (schöne Rundtour!).

■ **429 Scheimersch** (auch Geisterspitze), 2420 m. Sagenumwobener Aussichtsgipfel östl. überm Grasjoch am Wormser Höhenweg. (Name aus Schember, Pinus cember = Zirbenspitze.) Für Geübte, Gipfelkreuz auf dem Vorgipfel. Von der Wormser Hütte wie bei R 427 durch das Sportal zum Grasjoch. Wegtafel. Man folgt weiter der roten Markierung des Wormser Höhenweges nach SO, zuerst leicht ansteigend, dann in der Westflanke des Scheimersch nach S querend (Blick in den wilden Tramosatobel!), später steil in Zickzacks aufwärts auf eine Bergschulter, und weiter bis zu den Lawinenverbauungen. Hier verläßt man den Wormser Weg und steigt nach links (NO) über Schrofen auf den Grat und über ihn zum Gipfelkreuz. An der steilen Südwestrippe des Berges umfangreiche Verbauungen im Anbruchsgebiet der Scheimersch-Rüfi (Rüfi = Murbruch).

■ **430 Wormser Höhenweg:** Wormser Hütte – Heilbronner Hütte; 8 bis 9 Std. und mehr, Hochleistungsmarsch, nur für ausdauernde und berggewohnte Touristen, Bergschuhe, Wetterschutz, Proviant mitnehmen! Großartiger, aussichtsreicher Höhenweg, fast durchgehend über 2000 m, mit viel Auf und Ab. In beiden Richtungen prächtig. Der Wormser Weg ist ein Teilstück des Verwallhöhenweges, der die ganze Gruppe bis zum Hohen Riffler durchquert. Notabstiege unterwegs. **Verlauf:** Wormser Hütte – Kreuzjoch – Sportal – Grasjoch, 1 Std. Weiter in östl. Richtung quer durch den W-Hang des Scheimersch und steil in Kehren hinauf zu den Lawinenverbauungen. Jetzt in das große Bergsturzkar der Pizzeguter Ganda, dann in Kehren empor zum

Nördl. Roßbergjoch (1¼ Std.; hier ein bez. Abstieg nach Norden über Alpgues ins Silbertal); jenseits in 10 Min. zum Östl. Roßbergjoch, 2305 m. Kurz steil hinab in das Kar unter dem Dürrekopf (in Sicht auffallender Steinmann, Beginn des Abstiegs zur Alpe Netza–Gortipohl). Um den Schermsteberg herum und unter dem Luterseeberg in das Netzenkar. In Kehren über den Trennungsrücken nach O hinauf, jenseits wieder hinab (1¾ Std.); südl. unter dem Tälispitz zum flachen Sattel des Madererjöchli, 2214 m (bis hierher ab Wormser Hütte 4½ bis 5 Std.), und nach O unter den Südhängen des Maderers (hier ein bez. Abstieg zur Bizulalpe – Valschaviel nach Gaschurn). Über die ausgedehnten Weiden der Roßbergalpen, unter der Giampspitze und unter der Schwarzen Wand durch, dann steil zum Valschavieler Jöchli, 2439 m (3 Std.), und nach SO hinab zum Valschavieler See, 2330 m, am Gaschurner Winterjöchli. Östl. um den Strittkopf herum zum Scheidsee, 2270 m, am Verbellner Winterjöchli und zur nahen Heilbronner Hütte, 2308 m. Notunterkunft: Unterstandshütte am Luterseeberg auf 2200 m: offene Hirtenhütte mit Feuerstelle, Doppelliegestatt mit Heu.

■ **431 Wormser Hütte – Alpgues – Silbertal.** Die zwei schönen kleinen Alpguesseen nordseits des Pizzagutergrates lohnen einen Besuch! Man folgt dem Wormser Höhenweg (R 430) bis auf das Nördl. Roßbergjoch, 2½ bis 3 Std., ab Wormser Hütte. Hier, dicht unter dem Joch, beginnt eine rote Markierung, die am Oberen und Unteren See vorbei (bes. romantische Landschaft!) in 1½ Std. zu den 6 Hütten von **Alpgues,** 1796 m, hinabführt. Nur guten Gehern anzuraten, nur mit Bergschuhen. Von Alpgues führt ein mark. Weg durch steilen Bergwald zur Alpe Rona im Silbertal hinab (50 Min.). Ein 1987/88 erbauter Forstweg geht zur Alpe Käfera und weiter zur Oberen und Unteren Dürrwaldalpe hinab bzw. zur Straße nach Silbertal-Dorfmitte. Wanderzeit insgesamt 6 bis 7 Std.

432–439 Offene Randzahlen für Nachträge

BARTHOLOMÄBERG (Kirche 1085 m ü. d. M.)

Ankunft: Verkehrsamt, A-6780 Bartholomäberg im Gemeindeamt. Tel. (0 55 56) 31 01. Montag bis Freitag von 8 bis 12 Uhr und 14 bis 17 Uhr. Samstag 8 bis 12 Uhr.

■ **440 Bartholomäberg,** 660 m bis 2100 m ü. d. M. (s. Bild), mit den Fraktionen Innerberg, Gantschier und Jetzmunt, 2000 Einw. Mit der Talfraktion *Gantschier* reicht die Gemeinde bis an den Illfluß hinab. Es stehen daher dem Erholungsuchenden und Ruhebedürftigen im Tale (Nähe Montafoner Bahn und Straße) ebenso Quartiere zur Verfügung wie am weithin ziehenden sonnigen Berghang in verschiedensten Höhenlagen mit umfassender Aussicht auf die gegenüberliegenden Gebirgsketten.

Verkehr: Ganzjährig Postauto Schruns – Bartholomäberg – Innerberg bis Gasthof „Mühle" auf 1160 m.
Weitere Straßen verbinden die weitzerstreuten Ansiedlungen vom westlichsten „Außerberg" (Parzelle Marentes und Lutt) bis nach „Innerberg" und von dort 4 km nach Silbertal, sowie bis zu den obersten Höfen und Maisäßen. Eine aussichtsreiche Höhenstraße führt von der Kirche (1085 m) bis zur „Oberen Wiese" auf 1850 m (mautpflichtig); ein weiteres Bergsträßchen (ebenfalls mautpflichtig) führt nach Rellseck, 1500 m; von Rellseck weiter (Fahrerlaubnis nur für Alp- und Forstpersonal) über Alplegi (1802 m) zur Alpe Latons und weiter auf der Nordseite über Falle–Ganzaleita (1½ Std.) zum Kristberg; sehr beliebt als Wanderweg mit Ia-Aussicht! Zur ersten Information: siehe die schöne Karte von Bartholomäberg am Kirchplatz beim Altersheim.

Einrichtungen: Posthilfsstelle, Tankstelle, Taxi Bitschnau (Tel. 0 55 56/31 10); Ladengeschäft, Tennisplatz (Hotel Fernblick); „Fischerstöbli" mit Angeln und Imbißstube, Wildgehege mit Schwarz- und Rotwild. – Harmoniemusik in Montafoner Tracht, ebenso in der Talsiedlung **Gantschier.**
Veranstaltungen von Volks- und Alpinmärschen. – Dazu kommen die Kur-, Sport- und Unterhaltungseinrichtungen des nahen Schruns; dort auch das Montafoner Heimatmuseum. Das „ganz

Besondere" von Bartholomäberg ist der Geologische Lehrwanderweg mit Korallenriff, einzigartig im Land (s. R 442).
Gaststätten: 1300 B in Hotels (mehrere davon Kat. A und B), Gasthöfen, Pensionen, Ferienwohnungen, Privatzimmern, Maisäße.
Camping Rätikon in der Talparzelle *Gantschier* Nr. 528; Sommer und Winter in Betrieb. Weiters gibt es in Gantschier 300 Gästebetten in mehreren Gasthöfen und Privat (Liste durch Verkehrsamt Bartholomäberg). Die aufstrebende Talsiedlung (600 Einw.) erlangte Berühmtheit durch den Olympischen Sieg der Skiläuferin Anita Wachter (Goldmedaille Calgary 1988).
Im Winter: Skilift Fernblick, Skischule, auch für Kinder, Rodelbahn, Skiwanderloipe. Dazu kommen die Superskigebiete von Schruns-Tschagguns, in wenigen Minuten erreichbar (Hotel-Skibus), ebenso alle weiteren Wintersportgebiete des Tales mit über 70 Anlagen.
■ **441 Die Gemeinde Bartholomäberg** hat 2728 ha Fläche, die Hälfte davon Kulturland, mit 2000 Einwohnern. Es war noch vor kurzen Jahren reinstes Bergbauernland und stockmontafonerisch, alle Frauen trugen die Tracht, heute sieht man sie noch zu jedem festlichen Anlaß.
Die durch ihre **Streulage** charakteristische und weithin sichtbare Gemeinde (Kirche 1085 m ü. d. M.), die sonnigste Siedlung des Tales, liegt auf der Südflanke eines riesigen grünen Bergrückens, der sich in die umgebenden Hochgebirgszüge einschiebt. Die Wanderungen auf diesen Höhen sind ungewöhnlich schön, da der Blick immer wieder auf die gewaltigen Felsen der Bergmassive des Rätikons gegenüber und der Silvretta gelenkt wird. Das erzhaltige Gestein führte schon im Mittelalter und bis ins 18. Jh. herauf zu zeitweise bedeutendem **Bergbau** auf Kupfer, Silber usw., wie unter R 133–135 beschrieben. Der Bergbau, seine Stollen und Gruben gaben nicht nur dem Silbertal seinen Namen, sondern auch dem Montafon; s. R 128. Näheres darüber im Montafoner Heimatbuch (R 735). Einige dieser „Knappenlöcher" sind noch zu sehen.
Bartholomäberg gilt als die älteste Gemeinde im Montafon, schon

Der Wiegensee oberhalb Partenen zu Füßen der Versalspitze.
Bei R 619 *Foto: V. A. Gaschurn*

zur Zeit der Karolinger bestehend und seit rund 1000 Jahren eigene Pfarrei, die älteste des Montafons. Historisch ist dies die wichtigste Siedlung des Tales, war es doch der frühe Ausstrahlungspunkt des Deutschtums in einer damals rätoromanischen Umgebung und ein Hort der Walserfreiheit (s. R 133, 136). Die Flurnamen sind zu gut drei Viertel rein rätoromanisch. Dr. Zurkirchen (Barth.-Berg) hat eine 72bändige Höfegeschichte von Bartholomäberg gesammelt und angelegt, zurückgehend bis ins 14. Jh. (Archiv des Montafoner Heimatmuseums, Schruns.)
Bartholomäberg-Innerberg bilden zusammen **eine** Gemeinde. Kristberg zählt zur Gemeinde Silbertal. Diese drei Bergsiedlungen, ohne scharfe Grenze untereinander, mit je einer entzückenden Bergkirche, liegen ganz ungewöhnlich schön und sonnig in voller Südlage, besät von kleinen Bauernhöfen, wie Symbole alemannisch-walserischen Unabhängigkeitswillens. Im tiefsten Winter 6 Stunden Sonnenscheindauer, im Hochsommer 14 Stunden! Getreide und Obst gedeihen bis 1200 m; bis 1300 m Höhe sind die Anwesen dauernd bewohnt.
Die **Kirche** Außer-Bartholomäberg ist ein Musterbeispiel für das landschaftliche Einfühlungs- und Eingliederungsvermögen des Barocks. Im Inneren (1968/69 erneuert!) überrascht ein durch seine Fülle und Güte ansprechender, einheitlicher Barockeindruck. An der rechten Seitenwand erinnert ein spätgotischer Flügelaltar aus dem Jahre 1525 an die Zeit der Bergknappen und an den frühen Kirchenbau. Von hoher künstlerischer Qualität ist die im Jahre 1792 erbaute Barockorgel. Das hervorragende Werk gilt heute als eines der klangschönsten Orgelwerke von ganz Österreich (gelegentlich **Orgelkonzerte).** In einer eigenen Truhe mit kunstvollen Schlössern befindet sich das älteste und kostbarste Kunstwerk der Kirche, das romanische Vortragekreuz; es stammt aus den Werkstätten von Limoges/Frankreich, um die Mitte des 12. Jh. entstanden. Das leuchtende Rot, die funkelnden Steine, das Schwarz, Rot und Blau des Schmelzes vertiefen den Eindruck uralter Kostbarkeit. Den ganzen „Berg" überziehen viele schöne Bauernhäuser im Montafoner Stil. Im einstigen Gasthof Adler ist eine wertvolle Ratsstube aus der Zeit der Bergknappen.

Besonders schön auch das 1985 rest. Pfarrhaus, erbaut 1701 im rätorom. „Knappenstil“.

Wanderungen am Bartholomäberg

Die Höhenstraße, welche die Vorarlberger Wildbach- und Lawinenverbauung 6,5 km lang auf Monteneu gebaut hat, Mautstraße (10 bis 12 Prozent Steigung, Hauptsteigung im ersten Teil), sowie die Bergstraße („Güterweg“ = Fahrstraße) auf Rellseck–Alplegi–Alpe Latons, beide bei der Kirche Bartholomäberg beginnend, dazu die Silbertal–Kristbergbahn (s. R 456) machen das ausgedehnte Wandergebiet „am Berg“ leicht erreichbar und erschließen viele Landschaften, die zu den schönsten des Tales zählen. Zahlreiche staubfrei gemachte Güterwege vermitteln weitere Spazier- und Wanderwege, auf denen man an den Hängen hin vielfach fast ohne Steigungen gehen kann. (Karten für Mautgebühr erhältlich im Verkehrsamt oder im Hotel Bergerhof.)
Dazu gehören auch die Güterwege der Talfraktion Gantschier und Obergantschier bis zum westlichsten Außerberg und weit hinein nach Innerberg. Sie bieten viele reizvolle Möglichkeiten. Wegtafeln sind allerorts behilflich. – Die Wanderungen am Kristberg sind unter R 472–478 beschrieben.

■ **442 Geologischer Lehrwanderweg Bartholomäberg.** Dieser auf Anregung von Dr. h. c. J. Zurkirchen 1978 angelegte Lehrpfad in einer der geologisch interessantesten Landschaften der Alpen bietet dem Naturfreund Einzigartiges. Der vom Schrunser Geologen DDr. Heiner Bertle geplante, gestaltete und mit allgemein verständlichen Tafeln versehene geologische Lehrwanderweg ist in beiden Richtungen geologisch gleichwertig begehbar – auch Teilbegehungen sind leicht möglich – und erfordert ca. 8 bis 9 Std. Er führt von der Kirche Bartholomäberg über Gasthof Linde – Rellseck – Monteneu – Wannenköpfe – Alpilakopf (2100 m) – Obere Wies – Falle – Torasee – Fulasee – Knappagruaba – Worms zurück zur Kirche Bartholomäberg. Von den 24 Tafeln geben 19 Tafeln Gesteinsbeschreibungen mit Angabe des Alters, der Gesteinsausbildung, des Fossilinhalts und der Entstehungsbedingungen und 5 Panoramatafeln Einblick in den geologischen Bau des Rätikons (beim Haus „Linde“, Tafel 2), des Walgaus (Rellseck, Tafel 7), der Bergzerreißung im Grat Wannaköpfe – Itonskopf – Alpilakopf (Alpilakopf, Tafel 12), des Klostertales (Obere Wies, Tafel 13) und des Bergbaugebietes (Knappagruaba, Tafel 23). Die Gesteinsbeschreibungen führen beim Aufstieg (Tafel 1 bis 14) vom ältesten zum jüngsten Gestein durch 100 Millionen Jahre Ablagerungszeit (Oberkarbon bis Ende der Trias), während am Rückweg die Tafeln 14 bis 24 durch die gleiche Schichtfolge vom jüngsten hinab zum ältesten Gestein leiten. Diese Wanderung durch die geologische Geschichte des Tales führt über verschiedenste Gesteine wie kristalline Gesteine, Sandsteine, Kalke, Dolomite, Mergel und Tonschiefer. Diese Gesteine berichten durch die Tafeln – auch dem Nichtfachmann verständlich – vom Werden und Vergehen der Gebirge, von Meeresüberflutungen, Vulkanausbrüchen, Wüsten, tropischen Küsten und Lagunen, reicher Lebensentfaltung und Vernichtung ganzer Lebensräume. (Nach DDr. Bertle.) Führer mit 26 Seiten und Karte im Verkehrsamt erhältlich.

■ **443 Nach Rellseck,** 1483 m. Von der Kirche kurz gerade aufwärts, an Pfarrhof und Schule vorbei; bei der Wegtafel auf dem Sträßchen links aufwärts (Geologischer Lehrpfad, s. R 442) bis „Linde“, weiter auf gutem Weg über Wiesen und durch Wald, rotweiß mark., auf die freien Bergmatten von Maiensäß Rellseck mit Kapelle und Gasthaus und herrlichem Rund- und Tiefblick. Der **Autofahrer** gelangt nach Rellseck auf dem Bergsträßchen. Beginn gegenüber der Kirche, nach Norden kurz hinauf; gleich hinter dem Schulhaus (Wegtafel) nicht links sondern rechts empor (Mautstraße) über den Hof „am Hennenkopf“ und weiter bis zur Straßenteilung auf dem „Rofer“ (Wegtafel); hier links bis zur 2. Straßenteilung im Wald. Nach Rellseck links nach W durch Wald hinauf. (Parkplatz Nähe Gasthaus.)

■ **444 Rellseck – Latonsalpe,** ca. 1½ Std. Wie bei R 443 nach Rellseck. Von Rellseck beim Alpkreuz rechts nach N umbiegend auf dem Sträßchen (Fahrgenehmigung nur für Anrainer!) zur

Alplegi (Jochhöhe 1802 m). Jenseits hinab zu der am Nordfuß der Wannenköpfe und des Itonskopfes auf der Klostertaler Seite in schönen Matten gelegenen Alpe Latons (oder Itons), 1638 m, wo ca. 80 Rinder sömmern. Tiefblick ins Klostertal. Ein schöner markierter Weg führt nordseits der Itonskopfgruppe östlich weiter bis auf den Kristberg. (Siehe R 479, in umgekehrter Richtung.)

■ **445 Auf Monteneu,** 1883 m, ca. 2½ Std. a) Über Rellseck. Wie bei R 443 auf Rellseck. Dicht oberhalb des Gasthauses, beim Alpkreuz, beginnt der rot-weiß markierte Weg, der nach NO zuerst durch Wald, dann über die schönen Mattenlichtungen von Mottabella (Wegtafel) in 1½ Std. auf die freie Gipfelkuppe des Monteneu (Gipfelkreuz) führt. Besonders schöner Tiefblick auf Schruns, weite Aussicht auf Rätikon und Silvretta und auf das Lechquellengebirge nordseits!
b) Zu den Wildbachverbauungen Monteneu, auf der Straße ca. 2½ Std. – Wie bei R 443 bis zur zweiten Straßenteilung im Wald; hier rechts (Wegtafel, links geht es nach Rellseck) bis man das Verbauungsgebiet erreicht und von W auf den Gipfel kommt.

■ **446 Über Fritzenlegi auf Monteneu,** 3 Std. Von der Kirche wie bei R 443 auf dem Sträßchen empor bis zur Wegteilung „Goritschang“ im Wald (Wegtafel); hier nach rechtshin zur Fritzenlegi (Wegtafel) und zum Fritzensee. In 15 Min. zum Lippaloch (Wegtafel) und östl., rechts, weiter empor nach Raschibella (Wegtafel) und auf den Gipfel.
Oder: Bei der ersten Straßenteilung auf dem Rofer nach rechtshin aufwärts zu den zahlreichen Hütten auf Sassella in schönster Lage. Mit blau-weißer Markierung nach Lippaloch und weiter wie oben.

■ **447 Über den Faulen See auf Ganzaleita – Kristberg,** 2 bis 2½ Std. Wie bei R 446 zur Fritzenlegi (blau-weiß mark.). Dort auf Wiesenweg nach rechtshin, rot-gelb mark., an etlichen Hütten und am kleinen Toraseelein vorbei, fast eben und sehr schön in nordöstl. Richtung, später im Wald bis Aussichtspunkt Ganzaleita, s. R 471, und hinab zum Kristberg; zurück über Innerberg – Hotel Fernblick.

■ **448 Itonskopf,** 2089 m, ca. 3 Std. Aufstieg, nur für Geübte. Höchste Erhebung der Gruppe. Wie bei R 445 a oder 446 auf den Monteneu, 1883 m. Von dort führt ein rot-weiß mark. Pfad weiter nach O über das ausgedehnte Gelände der Wannenköpfe, 2032 m, an den Fuß des Itonskopfes, 2089 m. Zwischen Latschen und Felsen auf drahtseilgesichertem Steig auf dessen Gipfel (Gipfelkreuz und Vermessungszeichen). Herrlicher Rund- und Tiefblick ins Montafon und Klostertal! Abstieg wie Aufstieg bis an den Fuß des Itonskopfes. Von dort der blau-weißen Markierung nach in östl. Richtung bis auf den breiten Gipfel des Schwarzhorns, 1891 m. Abstieg an den Ostfuß des Gipfels bis zur Wegteilung: (Zum Korallenriff s. R 450). Dort erreicht man den Wiesenpfad, der in südwestl. Richtung über den Torasee und Faulen See zur Straße hinabführt und zur Kirche. Oder von der genannten Wegteilung nach O hin, bald durch Wald auf die Falla, Ganzaleita und Kristberg, Kirchlein und Gasthaus, die man in ca. 35 bis 45 Min. erreicht. Ein weiterer blau-weiß mark. Aufstieg auf den Itonskopf beginnt in Innerberg gegenüber der Kirche (Wegtafel).

■ **449 Rundwanderung:** Eine sehr lohnende Tageswanderung ergibt sich auf folgendem Rundweg: Bartholomäberg-Kirche – Rellseck (s. R 443, 1½ Std.) – Alpe Latons (1½ Std.) – Alpweg nach Ganzaleita, 1607 m – Kristbergsattel (ca. 1¼ bis 1½ Std.) – Innerberg (¾ Std.) = 5 bis 5½ Std. Viele besonders schöne Aussichtspunkte!

■ **450 Höhenweg zur Oberen Wies am Schwarzhorn.** Dem Autotouristen sei besonders folgende genußreiche Wanderung empfohlen: Von der Kirche in Bartholomäberg mit Pkw am Schulhaus vorbei und **rechts** auf der Mautstraße aufwärts bis an deren Ende auf 1800 m Höhe inmitten von Latschenfeldern über der Baumgrenze. Auf der ganzen Fahrt wechselvolle und großartige Aussichten. Dort am Ende der Höhenstraße beginnt ein blau-weiß mark. Pfad durch das Latschenkrummholz, der in ca. 1 Std. immer auf etwa 1800 m Höhe über die „Obere Wies" der Bartholomäberger Alp, nach Osten hinführt gegen das Schwarzhorn zu. Auf dem gleichen Weg zurück zum Parkplatz.

Nahe des weithin sichtbaren hölzernen Alpkreuzes auf der „Oberen Wies", etwa 100 m nordwestl., findet der naturkundlich interessierte Wanderer ein geologisches Naturdenkmal:
Das Korallenriff auf der „Oberen Wies". Erst 1971 wurde das in Gestalt eines kleinen Kalksteintrümmerfeldes auf einer begrünten Schulter am Bergkamm zwischen Itonskopf und Schwarzhorn versteinerte Korallenriff von Dr. h. c. Josef Zurkirchen (Schruns) bekanntgemacht. Die den Kössener Schichten zugehörige, rund 200 Millionen Jahre alte Riffknospe ist im Alpenmeer (Tethys) am Ende der Triaszeit (Rhät) von Korallen, Muscheln, Schnecken, Schwämmen und anderen Organismen inmitten Ton- und Kalkschlammablagerungen – sie bilden als Ton- und Mergelschiefer den Untergrund der grünen Wiese – aufgebaut worden. Bei der Gebirgswerdung der Alpen ist dieses Kleinriff mit den anderen Gesteinsserien des Dawenna-Itonskopf-Stockes vom ca. 100 km in Südost gelegenen Entstehungsgebiet (Ablagerungsraum) her verfrachtet und in seine heutige Hochlage gebracht worden. Durch die Einbettung in die umgebenden weichen Mergel- und Tonschiefer hat es diesen Transport fast unversehrt überstanden. Es wurde als „Naturdenkmal" geschützt und in den internationalen Atlas für bemerkenswerte Naturdenkmale der UNESCO aufgenommen (Text DDr. H. Bertle). Siehe Geologischer Lehrwanderweg, R 442)

■ **451 Nach Kristberg,** 1430 m, 1½ Std. Die Panoramastraße des Montafons! Sehr lohnend, besonders auch wegen der dortigen Knappenkirche, s. R 457. Von Bartholomäberg auf der Straße nach Innerberg (besonders schön in früher Morgenstunde, Sonnenaufgang über dem Kapelljoch!). Weiter auf gutem Weg mit geringer Steigung am Berghang entlang nach O bis Kristberg (Gasthof „Kristberg"). An der Straße nahe „Fernblick" ein Wildgehege mit Schwarz- und Rotwild.

■ **452 Höhenweg Bartholomäberg – Innerberg,** 1 Std. Ein reizvoller kleiner Weg, der oberhalb und parallel zur Autostraße führt. Besonders zu empfehlen, auch für eine Fußwanderung Bartholomäberg – Kristberg, weil er die Autostraße nicht berührt. – Wie bei R 443 b bis zum Hof „Hennenkopf". Dort (Wegtafel!) nicht

weiter aufwärts auf der Straße, sondern nach rechtshin und mit rotgelber Markierung durch die Wiesen fast eben am Hang hin. Nach ca. 30 Min. führt rechts ein Abstiegsweglein zum Ferienhotel Fernblick (Autohalt!). Kurz nachher zweigt auf Badavó (Wegtafel) ein anderer Fußweg durch die Wiesen nach links aufwärts „Auf die Falle – Kristberg über Ganzaleita".
Auf unserem Höhenweg weiterwandernd, gelangt man direkt zum Kirchlein Innerberg. Ebenso schön ist diese Wanderung in umgekehrter Richtung: mit Postauto bis Endstation Innerberg = Gasthof Mühle, dann von der Kirche auf dem Höhenweg zum Postautohalt Fernblick oder bis Bartholomäberg.

■ **453 Valleu.** Dies ist eine verlassene Hochsiedlung, früher ständig bewohnt; bis zu 9 Bergbauernfamilien lebten an diesem steilen Sonnenhang, im Winter oft völlig abgeschnitten. Diese arme Bergparzelle ist der Geburtsort des Kirchenmusikers Joh. Anton Battlogg, der später als Priester in Gaschrun einen berühmten Chor dirigierte (s. R 572).
Zugang: Von der Kirche Bartholomäberg zum nahen Hotel Bergerhof und auf asphaltierter Bergstraße rechts aufwärts, dann flach zur Parzelle Lutt (Wegtafel). Weggabelung; wir bleiben rechts auf dem eben weiterführenden Weg und erreichen über die schönen Bergwiesen, an alten Höfen vorbei, die Parzelle Forggla, ca. 4 km (Wegtafel). Leicht ansteigend durch den Hochwald, dann ca. 300 m abwärts nach Graves = Haus am Weißen Bach. Jetzt am Gegenhang links ansteigend zur kleinen Kapelle und weiter zu den Hütten von Valleu samt einem Wochenendhäuschen. Schöner Ausblick! – **Abstieg** ebenso oder am Weißen Bach entlang durch das Gravestobel zur Parzelle Marentes; von dort entweder abwärts über die Häuser und Kirchlein von Marentes nach St. Anton oder aufwärts über Lutt zurück.

■ **454 Zwölferkopf und Dawennaspitze,** 1881 m. (Für Geübte.) Die Dawenna ist die westlichste Erhebung der Verwallgruppe, einsamer Gipfel mit Gipfelkreuz und -buch; im Schnittpunkt der drei Täler Montafon, Klostertal und Walgau; interessante Aussicht! Ausgangspunkt Bartholomäberg-Kirche; wie bei R

444 nach Rellseck und zur Alplegi; hier auf dem Güterweg 15 Min. abwärts bis zur Straßenkehre vor der Alpe Latons. Links aufwärts auf Pfadspuren durch Latschen. Nach 45 Min. kommt ein kleiner Sattel; hier Abzweigung nach rechtshin, rot mark., in 40 Min., mit kleiner Kletterei zum Gipfelkreuz des **Zwölferkopfes;** das ist ein vorgeschobener Grat mit überraschendem Tiefblick ins Klostertal. Zurück zum genannten Sattel, weiter auf Fußpfad nach Westen (rechts), in 40 Min. auf den Gipfel. Rückweg ebenso. Der Zwölferkopf lohnt allein schon eine Besteigung! Prächtiger Nahblick auf die Klostertaler Gipfel.

Gipfelblick von der Versalspitze in das Tal Untervermunt. In der Mitte der Vermunt-Stausee mit Litzner und Seehorn; vor dem Seehorn Lage der Saarbrücker Hütte, links die Sonntagspitze; rechts hinter dem Großen das Kleine Seehorn, davor der Kromergletscher, rechts Schweizer Gletscher; ganz rechts Plattenspitzen und Hochmaderer, der mit breiten Flanken ins Vermunt abfällt.

Bei R 623 *Foto: H. Häusle*

SILBERTAL (Kirche 890 m ü. d. M.)

Auskunft: Verkehrsamt A-6780 Silbertal; Tel. (0 55 56) 41 12.

■ **455** Siehe Bild. **Verkehr:** Ganzjähriger Postautoverkehr Schruns – Silbertal (5 km). Die seit 1975 vollendete Straße Schruns – Silbertal-Dorf bzw. deren 1,5 km lange Felsenstrecke durch die „Hölle" ist mit ihrer 800 m langen Hängebrücke (6,60 m Fahrbahnbreite und 1,75 m Gehsteigbreite) eine technische Sehenswürdigkeit. Eine weitere Zufahrt nach Silbertal führt über Schruns – Montjola – Galierm und eine über Bartholomäberg-Innerberg (diese landschaftlich besonders schön!). – **Seilbahn** auf den Kristberg, s. R 456. – **Bergstraßen** im Gemeindegebiet: Im Kirchdorf beginnend, hinter dem Gasthof „Hirschen" geht eine Bergstraße bis Koppen, d. i. die halbe Wegstrecke nach Kristberg, und eine in die Parzelle Buchen; je eine Bergstraße führt ab Parzelle Hofstatt und ab Parzelle Sand im Außertal, von der Talstraße abzweigend, 4 km bis Kirche **Innerberg.** – Ferner führt von Silbertal-Kirchdorf eine Forststraße ins hinterste Tal über Alpe Gafluna bis Alpe Fresch nahe der Tiroler Grenze (**nur** für Forst und Alpen!). Parallel zu dieser Forststraße führt jetzt ein Fußwanderweg bis zur Jausenstation „Fellimännle", s. R 463.
Im Interesse der Erhaltung des unberührten Wandergebietes werden Autofahrer eindringlich gebeten, das **Fahrverbot ausnahmslos zu beachten.** Sondergenehmigungen werden nicht erteilt! Die Landschaft des hintersten Tales ist eine der schönsten und romantischsten des Landes! 1976 wurden dort 9 Stück Steinwild wieder eingebürgert.
Befahrbare Güterwege führen außerdem von der Pfarrkirche Silbertal linksseitig zur Parzelle Ganlätsch und von Außertal zu den Parzellen Höfle und Schöffel.
Gaststätten: 900 Betten in Tal- und Höhenlagen bis 1450 m, 1 Hotel (24 B), 4 Gasthöfe, 2 Pensionen, 3 Ferienheime, Ferienwohnungen, Privatzimmer, Maisäßhäuschen, Cafés. Auskunft, Prospekte, Lageplan durch Verkehrsamt.
In Höhenlage: Berggasthaus Kristberg (20 B); Jausenstation „Knappenstube". – Reutlinger Hütte, DAV, auf 2400 m (Selbstver-

sorgerhütte mit 20 TL, AV-Schloß, s. R 468); Wormser Hütte, 2306 m (26 B und 36 TL), s. R 421.

Einrichtungen im Ort: Postablage des Postamtes Schruns; Geldwechsel im Verkehrsamt; Konsumladen in Ortsmitte; öffentliches Hallenbad, Sauna, Billard, Aufenthaltsräume für Gäste, Sportplatz, Kinderspielplatz, Taxi und Ausflugsfahrten Tel. 33 44. – Neue Kabinenbahn auf Kristberg, s. R 456. Dazu die mit Postauto rasch erreichbaren Kureinrichtungen von Schruns-Tschagguns (siehe dort), Heimatmuseum in Schruns.

Im Winter: Sonnenreiches Skigebiet auf dem Kristberg mit Seilbahn und 2 Skilifte, Skibob, 12 km Langlaufhöhenloipe; Sesselbahn Silbertal–Kapelljoch (nur Winterbetrieb). – Im Ort: Skischule, 4 km Langlaufloipe, Skikindergarten. Dazu rasch erreichbar die weiteren 70 Anlagen der Montafoner Skigebiete (mit Montafoner Skipaß).

Erholungsdorf Silbertal

Tal und Dorf haben den gleichen Namen, sie sind eingebettet in den Schoß der einsamen Verwallberge. Das Silbertal ist das größte Seitental der Ill, das einzige rechtsseitige im äußeren Montafon, durchflossen von der Litz, die am Silbertaler Winterjöchli, 1946 m ü. d. M., an der Tiroler Grenze entspringt. Lauflänge fast 20 km. Der Name leitet sich vom ehemaligen bedeutenden Silberbergbau her, s. R 133/35. 1319 wird der Ort urkundl. als „Silberberg“ genannt, später als „Sankt Nikolaus Kirchspiel“, erst ab ca. 1600 meist nur als „Silbertal“. Die Gemeinde ist, wie Bartholomäberg, weitzerstreute typische Walsersiedlung echt montafonerischer Art, bis auf 1400 m ü. d. M. reichend. Um die sehenswert schöne Kirche (schon seit 1332 nachgewiesen) ist im Talgrund beidseits der Litz der Dorfkern mit Gemeindeamt, Verkehrsamt, Schule, Laden und Gastbetrieben, alles andere strebt an den sonnigen Hängen des Kristberges empor.
Das Gemeindegebiet mit den Parzellen Ganlätsch (dieses linksseitig), Buchen und Kristberg ist 8863 ha groß mit 11 Alpen (Innerkapell, Rona, Gafluna, Fresch, Gritsch, Wasserstuben, Pla-

tina, Mutt, Gieslen, Käfera, Dürrwald); es bildet so eine Großraumsiedlung: 850 Einwohner, nur 6 auf den km². Prächtige Spaziergänge, Tal- und Bergwanderungen aller Art, große Bergwälder und Alpenmatten, der prachtvolle Wildfluß der Litz, Wasserfälle, viel Bergwild machen die besondere romantische Schönheit des Tales aus. Als eine Oase der Ruhe ist es für Erholungsuchende hervorragend geeignet. Es darf daher die Bezeichnung **„Erholungsdorf“** führen. Oberbuchen, noch vor 40 Jahren dauernd bewohnt, ist entsiedelt und dient jetzt, im Eigentum der Landwirtschaftskammer von Vorarlberg, als Stieralpe. Früher besaß Silbertal auch Heilquellen (Schwefelbäder), einst viel besucht. 1687 erschien darüber eine Schrift. – Haupterwerb des Tales ist der Wald, das Holz, damit zusammenhängend auch holzverarbeitendes Gewerbe. Montafoner Tische. – Forellenfischerei, Gebirgsenzianbrennerei. Wichtig war früher die Holzflößerei mit der Litz. Ahnlich wie Bartholomäberg besitzt Silbertal eine wertvolle Dokumentensammlung von Dr. h. c. Zurkirchen; erfaßt sind sämtliche alten Höfe (195 Hausnummern) samt den Ahnentafeln der Hofbesitzer, ferner Dokumente über den Silberbergbau usw. im Archiv des Heimatmuseums in Schruns.

■ **456 Kristbergbahn.** Die bisherige Gondelbahn mit 2 Kabinen à 6 Pers., Länge 1500 m, HU 540 m, wurde 1988 zur **Kabinenbahn** umgebaut mit 250 Pers./h Förderleistung. Sie ist Zubringer für ein weites und herrliches Wander- und Skigebiet. Talstation in der Ortsmitte (Endstation des Postautoverkehrs), Bergstation auf dem Kristberg auf 1490 m, gj. Verkehr.

■ **457 Kristberg** (Kirche 1430 m). (Von rätorom. Cresta = Grat, also Berggrat.) Sattel 1484 m. Oberste Parzelle von Silbertal in großartiger Lage, Matten und Hochwald in einer Fülle von Ruhe und Bergesfrieden. Bergstation der Kristbergbahn (s. R 456); GP „Kristberg“ (20 B), Tel. (0 55 56) 22 90; auch an Ruhetagen Getränke und Imbiß erhältlich. Ferner: Jausenstation „Knappenstube“. Zahlreiche Ferienhäuschen.
Besondere Anziehung bietet das kunsthistorisch bedeutsame **gotische Kirchlein** in Nähe der Paßhöhe, von verschütteten

Bergknappen 1504 erbaut zum Dank für ihre Rettung und der Knappenpatronin St. Agatha geweiht. Sehr sehenswert! Ein in Rom von 12 Kardinälen gezeichnetes Pergament aus dem Jahr 1500 gewährt dieser Kirche einen Ablaß. Der Kristbergsattel ist seit alters ein vielbenützter Übergang ins Klostertal. Vom Sattel Forststraße hinab nach Dalaas an der Arlbergstraße und Arlbergbahn. Fußabstieg 1¼ bis 1½ Std., s. R 472.

458–460 Offene Randzahlen für Nachträge

Spaziergänge und Wanderungen von Silbertal aus

Es gibt rund 99 Wanderungen vom Ort aus! Hier eine kleine Auswahl:

■ **461 Litz-Rundwanderweg,** 2,5 km abseits der Fahrstraße. Dieser hübsche Weg beginnt in der Dorfmitte bei der Litzbrücke und führt am linken Ufer der Litz talein am Sportplatz vorbei bis zur Wührebrücke; dann ans rechte Litzufer, am Gasthaus Teich vorbei; er mündet beim Konsum wieder in die Fahrstraße.

■ **462 Über Oberbrif nach Schruns,** ca. 2 Std., hübscher Fußweg (5,1 km) abseits des Autoverkehrs. Wegbeginn bei der Kirche, links ab (Wegtafel, rote Mark.). Die Wanderung führt über die Parzelle Ganlätsch, dann durch schattige Tobel und Wälder über die Berghöfe Lutza–Oberbrif nach Schruns.

■ **463 Zum Gasthaus Fellimännle,** 1200 m, 1 Std. Den Namen trägt dieses beliebte Gasthaus nach dem Gipfel gleichen Namens, 2209 m, der es fast genaue 1000 m überragt (s. R 476). Von der Ortsmitte Silbertal an der Talstation der Kristbergbahn vorbei bis zum Parkplatz (Wegtafel). Hier über die Litzbrücke und auf dem markierten Fußweg abseits des Autoverkehrs linksufrig talein, immer an dem herrlichen Wildwasser der Litz entlang, durch Wald und Wiesen. In 45 Gehminuten zum Berggasthaus **„Hubertusstube"** und in einer weiteren ¼ Std. zum Berggasthof **„Fellimännle".** Beide Gaststätten sind vom Mai bis Oktober geöffnet.

■ **464 Buchen.** Hinter (oberhalb) dem Gasthof „Hirschen“ zur Wegteilung der zwei Bergstraßen, die am Kristberghang emporführen (Wegtafeln): die eine nach rechts zu den Höfen von Buchen, die andere nach links auf Koppen. Beide bieten schöne Spaziergänge, sanft ansteigend, teils durch Wald. Unterbuchen ist ganzjährig bewohnte Parzelle. Ab Straßenende rot mark. Fußweg nach Oberbuchen und Kristberg, s. R 466 b.

■ **465 Hofstatt – Innerberg,** 1½ bis 2 Std. Mit Postauto bis Halt „Hofstatt“ im Außertal. Dort beginnt die neue Bergstraße, die sich an vielen Bergbauernhöfen vorbei sanft und aussichtsreich emporzieht bis zur Kirche von Innerberg bzw. zum Weg nach Kristberg. Ca. 10 Min. unterhalb der Kirche führt (bei Wegtafel) ein Weg in ca. 45 Min. nach rechtshin auf den Kristberg.

■ **466 Auf den Kristberg,** 1½ bis 2 Std. Mehrere Anstiege:
a) Über Koppen. Bei der Straßenteilung hinter dem Gasthof „Hirschen“ auf dem Sträßchen links empor. Es endet nach 30 bis 40 Min. und führt als Fußweg weiter und steiler empor. Bei Wegteilung rechts hinauf über die Wiesen direkt zum Kristberg (Gasthof); der nach linkshin ausholende Pfad mündet in das Sträßchen Innerberg–Kirstberg, dem man rechtshin folgt.
b) Über Buchen. Wie bei R 464 nach Buchen; dort ab Straßenende auf rot mark. Fußweg nach Oberbuchen und schattig durch Wald auf den Kristberg, 1430 m. – c) Auf der Bergstraße Hofstatt–Innerberg, s. R 465. – d) Nach Dalaas, s. R 472.
Über Wanderungen von Kristberg aus s. R 471–478.

■ **467 Silbertal – Alpe Hinterkapell** (1662 m) – **Hochjochbahn.** Ca. 3½ Std. Wegbeginn beim Gemeindeamt (Wegtafel, rote Mark.). Der Pfad führt mit nicht ganz 800 m Höhenunterschied steil durch den dichten Schattwald empor bis zu den Weiden der Alpe Hinterkapell. Dort führt der Pfad waagrecht nach rechts, W, im und am Wald, auf rd. 1700 m Höhe; nach 20 bis 25 Min. zweigt am Waldrand bei P 1734 der Karte ein Weg ab nach links empor über Weiden zur Alpe Vorderkapell, 1855 m, und zur Bergstation der Hochjochbahn. (Weiter zur Wormser Hütte s. R 421.)

■ **468 Durch das ganze obere Silbertal** zum Silbertaler Winterjöchli, 1946 m. Den Freunden romantischer Berglandschaft sei nachdrücklich eine Wanderung bis ins hinterste Silbertal ans Herz gelegt. Es ist „das Tal der silbernen Wasser", die brausend, stäubend und stürzend hier das Wort haben und deren Herrlichkeit kaum zu schildern ist, besonders im Frühsommer während der Schneeschmelze. Das Tal ist 5 bis 6 Wanderstunden (14 km) lang ab Dorf Silbertal. Forststräßchen (erstellt für die Holzabfuhr aus den riesigen Waldungen des hinteren Tales) bis Alpe Fresch – ab dort fast wie vor tausend Jahren: alte hochnordische Glaziallandschaft, gletschergeschliffene Rundhöcker, Zwergföhrenwald, Alpenrosen, das Quellgebiet der Litz. Unterkünfte hat das hintere Tal zur Zeit nicht. Nächtigung notfalls bei Bauern in den Maisäßhütten oder Alpen. Wanderkarte Paznaun 1:50.000.

Wegverlauf ins hintere Silbertal: Wie bei R 463 bis zur Litzbrücke beim Ghf. Fellimännle, 1 Std. Geradeaus weiter talauf und bald steiler auf die Rüfe, d. h. den Schuttstrom des großen Murbruchs von 1965 (ca. 7 ha Rutschung). Quer über die Rüfe und weiter auf dem Fahrweg vorbei an den Alpen Giesla und Rona, später flach durch Wald talein (im Vorblick nun fast stets die Prachtgestalt des Patteriol überm Talschluß!) bis zur Unt. Gafluna-Alpe und Jagdhütte, ¾ bis 1 Std. Milch erhältlich. – Kurz nachher zweigt nach NO das Gaflunatal ab (Wegtafel). Weiter sanft ansteigend, zeitweise an der Litz entlang, über die Unt. Dürrwaldalpe (1437 m, ½ Std.) zur Unt. Freschhütte (1572 m, ½ Std.). Durch den herrlichen Wald zum Schwarzen See, dann über die steinigen Weiden zur Ob. Fresch-Alpe, 1890 m, Alpkreuz, über dem runden Pfannensee. Nur Galtalpe, daher keine Milch. Nahe und wuchtig der Patteriol!

Zur Freschlücke: Von der Alphütte mit Wegspur (rot mark.) genau nach Osten in 20 Min. zum **Langen See** in der Freschlücke, um 1960 m. (Die rote Mark. führt bis zur Brücke über die Rosanna.)

Zum Silbertaler Winterjöchli, 500 m südl. der Freschlücke, geht man von der Alphütte Oberfresch auf bezeichnetem Pfad (zahlreiche Pflöcke, auch bei Nebel gut zu finden) nach SO am Seekopf entlang (Zirbenbestände!). Das Joch bildet den Übergang ins Schönverwalltal (Wasserfassungen der Vorarlberger Illwerke) und zur Heilbronner Hütte bzw. talaus nach St. Anton am Arlberg. Freschlücke und Silbertaler Winterjöchli sind Landesgrenze gegen Tirol (Gemeinde St. Anton a. A.) und Quellgebiet der Litz. – Von der Freschlücke gelangt man auf heute selten begangenem Pfad (Emil-Roth-Weg) nach N am Drosberg entlang ins Pfluntal (Verbindung Reutlinger Hütte – Heilbronner Hütte und Konstanzer Hütte.)

■ **469 Zur Reutlinger Hütte** auf der Wildebene, 2400 m, 5 Std. Von Silbertal auf der Fahrstraße wie bei R 468 zur Unt. Alpe Gafluna, 1360 m. Über die Litzbrücke und bald (Wegtafel) nach links steil durch Wald am Bach entlang im Gaflunatal empor zur Putzkammeralpe. Weiter über Weiden nordöstl. talein, zuletzt steil zur Wildebene hinauf. Kleine Selbstversorgerhütte, nur mit AV-Schloß zugänglich. 20 Lager, Decken, Kochgerät; s. auch R 721. Besonders beliebtes Nahziel ist die Östl. Eisentalerspitze, 2753 m (Gipfelkreuz), markierter Weg, 1¼ Std.

■ **469a** Auf die **Lobspitze, 2605 m,** 7 Std. von Silbertal. Leichter, aber weiter als bei R 476 erreicht man diesen Berg mit seiner prächtigen Rundsicht von Silbertal-Dorf aus. Man geht durch das hintere Silbertal wie bei R 468 zur Unteren Alpe Gafluna. Dort bei Wegtafel nach links empor in 1 Std. auf die Obere Alpe Gafluna und immer mit der blau-weißen Markierung über das weite Gafluner Alpgebiet aufwärts. Bitte das hier oft zu sichtende Wild nicht stören! Später linkshin auf dem breiten Südostgrat empor, für Geübte ohne Schwierigkeit, und über Felsen zur Spitze.

■ **470 Zu den Alpgues-Bergseen.** Ab Silbertal-Dorf 4½ bis 5 Std. Wie bei R 468 bis zur Alpe Rona. Kurz innerhalb zweigt an der Talstraße bei Wegtafel ein Weg ab, rot markiert, und führt steil zu den Hütten von Alpgues, 1796 m empor (Jagdhütte). Immer der Markierung folgend über freies Gelände nach S empor, zuerst zum Unt. Alpgues-See zu Füßen der Nordabstürze des Pizzagut, dann zu den beiden schönen oberen Seen auf ca. 2200 m. Bald erreicht man (Wegtafel) den Grat und damit den Wormser Höhenweg. Die Tour ist nur bei gutem Wetter ratsam; Bergschuhe erforderlich. Nach Alpgues kann man jetzt auch den neuen Forstweg benützen; er beginnt bei der Unt. Dürrwald-Alpe, s. auch R 431.

Wanderungen am Kristberg

■ **471** Besonders zu empfehlen ein Gang nach **Ganzaleita,** 1607 m, prächtiger Aussichtspunkt westl. oberhalb Kristbergsattel, 20 Min., mark. Weg. Überraschend der Blick auf die nur 4 km Luftlinie entfernt steil aufgebauten Kalkberge der Klostertaler Alpen zwischen Formarin- und Spullersee (Lechquellengebirge). Weiterwege siehe R 478/79 und 450. Ganzaleita zählt zu den schönsten Punkten des Montafons!

■ **472 Kristberg – Dalaas,** 1 Std. Von der Bergstation oder vom Ghf. in wenigen Minuten zum Kristbergsattel empor, 1484 m. Jenseits auf der Forststraße durch Wald hinab ins Klostertal nach Dalaas an der Arlbergstraße, 844 m. Zur Bahnstation, 916 m, auf der Straße nach links empor, ca. 15 Min.

■ **473 Kristberg – Oberbuchen – Silbertal,** 1 bis 1¼ Std. Von der Bergstation wie bei R 474 auf dem Sträßchen Richtung Innerkristberg, bis bei Wegtafel ein rot mark. Pfad durch dichten Wald rechts abwärts führt nach Oberbuchen. Die dortige Stieralpe ist eingezäunt, Betreten verboten; der Wanderweg führt rechts davon vorbei zu den Höfen von Oberbuchen hinab, wo man das Sträßchen erreicht, das in ½ Std. nach Silbertal-Kirchdorf führt.

■ **474 Kristberg – Wasserstubental** (1 Std.). Zu den Wasserstubenalpen 2 Std. Von der Bergstation nach rechts (Osten) auf dem kaum merklich ansteigenden Höhenweg mit vielen schönen Aussichtspunkten (Ruhebänke) talein; zuerst an der Säge vorbei, dann durch den prächtigen Muttwald, vorbei an einer kl. Kapelle zur sagenumwobenen Waldblöße des Wildriedes (Moortümpel). Nun abwärts ins Wasserstubental und bald links talein und talauf an einer Jagdhütte vorbei zu den Hütten der Unt. Wasserstubenalpe, 1500 m (1½ bis 2 Std.). Der Weg führt an dem schönen Bach entlang noch 1 Std. weiter talein, später nach Osten ansteigend zur Oberen Wasserstubenalpe, 1743 m. Ab hier führt (ohne die Alpe zu berühren) am Hang, jetzt nach Westen steiler empor, ein mark. Weg hinauf zu den sumpfigen „Riedböden“ (Flora: Wollgras und Alpenrosen!) und nach N gegen den aussichtsreichen Sattelkopf. Der weitgezogene Sattel, 1841 m, ist seit 1976 Bergstation der **Sonnenkopfbahn** (Talstation Klösterle im Klostertal), großes Skigebiet mit mehreren Liftanlagen, in herrlicher Landschaft, auch Sommerbetrieb mit neuem Restaurant. – Fußabstieg über Bettleralpe nach Klösterle.

■ 475 Kristberg – Wasserstubental – Gasthaus „Fellimännle“ – Silbertal-Dorf 3½ bis 4 Std. Romantische Wanderung, nur für Geübte, nur bei trockenem Wetter! Man geht wie bei R 474 auf dem Höhenweg bis zur Jagdhütte nahe der Unt. Wasserstubenalpe. Kurz vorher gabelt sich der Weg (Wegweiser) und führt rechts hinab zum nahen Talbach (Purtschabach). Man folgt ihm (rot mark.) wenige Minuten talab und überquert dann auf Brücke den Bach ans linke Ufer; dort 10 Min. im Wald steil bergauf, dann auf schmalem Waldpfad talaus abwärts, über zwei Seitenbäche (Achtung, links oben schöner Wasserfall des Gritschbaches!) zu den Maisäßhütten am „Starken Eck“; zuletzt steil und rauh hinab zum Maisäß „Stöcken“ nahe beim Gasthaus „Fellimännle“ im Talgrund. Ab hier auf dem Wanderweg in 1 Std. talaus nach Silbertal-Dorf.

■ 476 Kristberg – Alpe Gritsch – Fellimännle-Gipfel, 2209 m, 3½ bis 4 Std. Wie bei R 475 ins Wasserstubental, bis in den Bachgrund hinunter. Dort am Purtschabach nach Überschreiten der Brücke zwei Wegtafeln. Hier ist der Ausgangspunkt für den Gipfel des Fellimännle (2 Std.) und auf die Lobspitze, 2605 m, 4 Std. Der Markierung folgend nach Osten empor zur Jagdhütte bei der Alpe Gritsch, 1804 m, 1 Std. (schöner Blick ins Silbertal). – Weiter über steinige Wiesen in südl. Richtung gegen den Fuß des Fellimännle, zuletzt steil über den begrünten Gipfelgrat zum Steinmann und Vermessungszeichen. Als Eckpunkt über drei

Tälern bietet dieser bescheidene Gipfel überraschend schöne Einblicke. Eine herrliche Matte schmückt sein Gipfeldach.
Auf die **Lobspitze,** 2605 m: Nur für geübte Bergsteiger. Bei den Alphütten von Gritsch beginnt mit blauer Markierung der Anstieg. Am kleinen Gritscher See linkshin vorbei (gut auf die Markierung achten!). Am Gipfelaufbau durch eine steile, felsdurchsetzte Grasschneise hinauf und über Felsen zum Gipfelkreuz. – Abstieg – für Geübte leicht – mit blau-weißer Markierung nach Osten, dann Süden durch ausgedehnte Weidereviere zur Oberen Alpe Gafluna, dann zur Unteren Alpe und auf der Straße talaus nach Silbertal (siehe auch R 469a, leichter und empfehlenswerter!).

■ **477 Kristberg – Muttjöchli** (2 Std.) – **Mittagstein – Wasserstubental** (weitere 2½ Std.; zus. 4½ bis 5 Std.). Vom Berggasthof Kristberg in 10 Min. zum Kristbergsattel empor. Dort bei Wegkreuz Beginn der blau-weißen Markierung. Sie führt nach rechts Osten hin, am rechten Rand der Skipiste entlang aufwärts, später durch dichten Bergwald schattig empor. Über der Baumgrenze folgt man dem breiten begrünten Gratrücken bis auf den Gipfel des Muttjöchli, 2094 m, mit weiter Rundsicht. Entweder auf demselben Weg zum Kristberg zurück oder – sehr lohnend – als große Rundtour weiter nach NO zum Mittagstein, 2035 m (großer Steinmann). Weiter nach NO zum ausgedehnten sumpfigen Riedboden hinab und zur Bergstation der Sonnenkopfbahn, siehe R 474. Weiterweg: Über die sumpfigen Riedböden nach Süden hinab zur Schäferhütte und jetzt steiler auf Alpweg nach SO gegen die Obere Wasserstubenalpe hinab. Mit dem schönen Bach zur Unteren Wasserstubenalpe. Weiterweg s. R 474, in umgekehrter Richtung.

■ **478 Kristberg – Ganzaleita – Innerberg,** 2½ bis 3 Std. Wie bei R 471 zum Aussichtspunkt Ganzaleita. Wegtafel. Von dort führt ein bez. Weg in westl. Richtung gegen das Schwarzhorn hin. Man folgt ihm bis zur „Falle“, wo er sich gabelt und ein Weg rechts nach NW auf die Nordseite, der andere links nach SW auf die Südseite hinabführt. Man folgt letzterem links hinunter durch schütteren Wald und über Wiesen sanft bergab, überschreitet bei der Kopfstation einer Materialseilbahn den Alpzaun und geht so lange über Wiesen und durch Wald in gleicher Richtung abwärts, bis sich der Weg scharf links, zuerst nach Süden, dann nach Osten, in Kehren zur Kirche von Innerberg hinabsenkt.

■ **479 Kristberg – Alpe Latons – Rellseck – Bartholomäberg,** 3½ bis 4 Std. Sehr schöne und sehr lohnende Alpwanderung! Wie bei R 478 bis zur Weggabelung am Schwarzhorn. Man geht rechts auf die Nordseite und gelangt unter dem Schwarzhorn und dem Sonntagskopf durch fast eben auf Fahrweg in ca. 1 Std. zur Alpe Latons, 1638 m. Von hier auf dem Sträßchen über Alplegi nach Rellseck und weiter nach Bartholomäberg hinab.

■ **480 Kristberg – Falle – Obere Wiese.** Wie bei R 478 mit roter Markierung über Ganzaleita zum Aussichtspunkt „Falle“ über der Großen Rüfe, 1 Std. Nach 10 Min. bei der Wegteilung (Wegtafel „Itonskopf oder Innerberg“) geht man links ab mit blau-weißer Markierung über einen Weidehang in Kehren empor bis auf den Sattel; von dort nach rechtshin zum nahen Alpkreuz auf der „Oberen Wiese“. Nicht versäumen, die nahe Kuppe oberhalb zu besteigen: herrlicher Ausblick ins Klostertal und Montafon! (Dicht bei der Oberen Wiese das **Korallenriff,** s. R 450.) Weiterweg (Wegtafeln) nach Westen; kurz nachher entweder mit rot-weißer Markierung steil gegen den Itonskopf hinauf, oder mit blau-weißer Bezeichnung linkshin abwärts und wieder eben durch Krummholz in ¼ Std. zum Beginn der Monteneuer Straße beim Weißen Kopf. Auf ihr in ca. 2½ Std. zur Kirche Bartholomäberg. Oder vom Alpkreuz blau-weiß markiert direkt nach Innerberg hinab.

481–483 Offene Randzahlen für Nachträge.

■ 484 „Hochmontafon“

Innerfratte oder Inneres Montafon. 5 km südöstlich von Schruns talein beim Frattner Tobel, das ist dort, wo die Straße vom orogr. linken ans rechte Ufer der Ill wechselt, ist der enge Talknick der sogenannten „Fratte“ (s. R 50). Er trennt das Tal in die Außerfratte (mit Schruns usw.) und in die Innerfratte. Von links und rechts treffen hier, in der sogenannten „Mura“ (oder Mauren) zwei große und bösartige Tobelgräben zusammen, von Westen das Murnertobel, von Nordost das Frattetobel. Seit 1987 wurde hier durch den Bau von zwei großen Straßentunnels und Brücke die **wintersichere Zufahrt** ins innere Tal geschaffen.

Talein öffnet sich dann nach den Weilern Gortniel und Badmunt (Postautohalt „Montafoner Hüsli“ mit Abzweigung der Straße nach Gargellen, 9 km) bald die freundliche, reichbesiedelte Talweite der Innerfratte mit den Dörfern St. Gallenkirch (mit Gargellen in einem Seitental), Gortipohl, Gaschurn und Partenen – zusammen 4600 Einwohner und 6700 Gästebetten.

Bedeutende, vielfach in sich noch verzweigte Seitentäler des Haupttales zählen zu dem Begriff Innerfratte oder Inneres Montafon (auch „Hochmontafon“), so das Gargellental, Novatal, Garneratal, Valschaviel, Ganifer, Vallüla und zuoberst das Quellgebiet der Ill, die Täler von Vermunt im Herzen der Silvretta.

Von den drei talbildenden **Gebirgsgruppen** ist der **Rätikon** nur mehr mit seinem Ostrand bis ans Gargellental beteiligt. Die nördliche, rechte Talseite der Innerfratte gehört der **Verwallgruppe** an, die linke südseitige von St. Gallenkirch talein bildet die mächtige vergletscherte Montafoner **Silvretta** bis hinauf ins Vermunt zu Füßen des Piz Buin, 3312 m. Auf dem Zeinisjoch, an der Westgrenze Tirols, schließen sich Verwall und Silvretta zusammen als schützender Bergwall rings um den Alpenpark Montafon.

Im Winter: Die besondere Attraktion des Inneren Montafons ist die Ski-Arena Silvretta-Nova auf Garfrescha-Versettla (St. Gallenkirch – Gaschurn). Sie umfaßt ein großzügig ausgebautes Skigebiet bis auf 2300 m; dazu kommen die Skigebiete von Gargellen, Bieler Höhe, Zeinisjoch, Heilbronner Hütte usw. Das Skigebiet Innermontafon besitzt insgesamt 33 Liftanlagen: 4 Sektionen Gondelbahnen, 1 Standseilbahn, 7 Sessellifte und 21 Schlepplifte – Förderleistung insgesamt 40000 Pers./h.

Dazu kommen 100 km präparierte Abfahrtspisten, 30 km Langlaufloipen, die 15 km „Loipe 2000“ auf der Bieler Höhe; hochalpiner Skilauf in der Silvretta bis 3100 m, Skischulen, Gratis-Skibus-Service, 6 Bergrestaurants und sonstige Einrichtungen vom Hallenbad bis Eisschießen.

ST. GALLENKIRCH, 884 m

Auskunft: Verkehrsamt A-6791 St. Gallenkirch, Tel. (05557) 6600.

■ **485** 9 km von Schruns. Postautohalt der Linie Schruns – Gaschurn – Partenen – Bielerhöhe (Silvretta-Hochalpenstraße). 11 Kurse täglich ab Bahnhof Schruns; in der Saison auch Kurse direkt ab D-Zugstation Bludenz (Bhf.). Fahrzeit mit Privatwagen ab Bludenz 20 Minuten. Postamt, Sparkasse, Raiffeisenkasse (Geldwechsel). Arzt.
Seilbahn nach Garfrescha, 1500 m, s. R 485a. Geheiztes Schwimmbad. Sportplatz, Squash, Tennisplätze (2 km entfernt), Saunas und Solarien; Fischen, Reiten, Drachenfliegen. – Geführte Wanderungen und Bergtouren s. R 24; verschiedene Wander- und Leistungsabzeichen. Seniorenwanderungen. Bergrettungsdienst. – Heimatabende der Trachtengruppe, Platzkonzerte, Tanz- und Unterhaltungsabende. Haus des Gastes mit Fernsehraum, Lesehalle (internationale Zeitungen) und Vortragsraum; Lichtbilder- und Filmvorträge. Leihbücherei. Besuch des Montafoner Heimatmuseums in Schruns, R 22. Kirchenkonzerte. Alt-Montafoner Handwerk, Tischlereien, Frisiersalon.
Taxi-Autoreisen W. Stocker, HNr. 272, Tel. 6236; Tankstelle. – Mehrere Ladengeschäfte, Konsum-Markt, Radwanderweg. Ausflugsfahrten im Land und außer Landes.

Gaststätten: Zusammen mit Gortipohl 2500 Betten, 3 Hotels und 10 Pensionen mit ca. 400 Betten, Privatzimmer mit ca. 1000 Betten, Ferienwohnungen und Chalets mit ca. 300 Betten. – Erholungsheim „Maria hilf" mit 50 Betten. Ferienhäuser für Schulen, Jugendgruppen. Originelle Restaurants, Dorfhock.

In Höhenlage: Berggasthaus Garfrescha, 1500 m (105 Betten), mit öffentlichem Hallenbad, Sauna und SB-Restaurant. Dazu im Winter Restaurant „Valisera-Hüsli" auf 2100 m.

Camping: „Waldcamping" in Badmunt mit 40 bis 50 Stellplätzen.

Karte: s. R 737.

■ **485 a) Garfreschabahn.** Doppelsessellift in 2 Sektionen, Sekt. I Talstation, 850 m an der Ill in der Parzelle Gant (je 15 Min. Gehzeit von Ortsmitte St. Gallenkirch und Gortipohl), Postautohalt, großer Parkplatz; Bergstation 1498 m, Länge 1400 m, Fahrzeit 12 Min. Beförd. 900 Pers./h. – Sektion II auf auf 1850 m, dzt. nur Winterbetrieb. – Über Unterkünfte siehe R 515.
Die Garfreschabahn erschließt ein großartiges Wandergebiet, das mit jenem der Gaschurner Versettlabahn (s. R 595 ff.) eine Einheit bildet und bestens markiert ist.

b) Valiserabahn siehe unten (Winter) 1981 in Betrieb genommen.

Im Winter: Das seit den 70er Jahren erschlossene Skigebiet Silvretta Nova hat 28 Anlagen bis auf 2300 m mit Gesamtförderleistung von 35000 Pers./h. Sie bestehen aus einer 2-Sektionen-Einseil-Umlaufbahn, 1 Dreiersesselbahn, 4 Doppelsesselbahnen, 2-Sektionen-Einsesselbahn, 18 Schlepplifte. – Dazu 6 Bergrestaurants, 1 Restaurant an der Talstation der Valiserabahn. Außerdem: Skischule, 20 km Langlaufpiste, Naturrodelbahn, Schlittschuhlauf, Skikindergarten, Hallenbad, Tennis.

Valiserabahn (nur Winter)
1. Sektion von 815 m bis auf 1634 m, 2. Sektion von 1634 m bis 2099 m, Förderleistung je Sektion 1860 Pers./h. Die Valiserabahn gilt als größte Kabinenumlaufbahn der Welt. Kapazität: pro Stunde 1500 Personen.

St. Gallenkirch (rd. 1500 Einwohner) ist eine große Streusiedlung rechts- und linksufrig der Ill in einem Teppich grüner Matten, ringsum von den schützenden Waldhängen seiner Gebirge umgeben. Trotz seines regen Fremdenverkehrs im Sommer und Winter konnte der Ort seinen ursprünglichen echt montafonerischen Dorfcharakter gut bewahren. Zum Gemeindegebiet gehört auch der Weiler Gortipohl, s. R 486, und der Kurort Gargellen („Fraktion Gargellen") auf 1500 m, s. R 525. In dieser Talweite münden die drei (einstigen) Wildbäche in die Ill: vom S der Suggadin (Gargellental) und der Vermiel (aus dem Vermiel-Novatal), von N die Tramosa. Im N ist das Dorf vom Scheimersch, im NO vom

Grappeskopf überragt, im N von Zamang; im SO, im Talhintergrund, steht die herrliche Pyramide der Vallüla, im W sind die dunklen Berge der Gweilgruppe mit dem Reutehorn, im S über großen Tannenwäldern liegt das Gebiet von Garfrescha-Gampabing, heute weitbekannt als Skigebiet „Silvretta-Nova". Gweil und Garfrescha sind durch das nach S streichende Gargellental getrennt.

St. Gallenkirch ist schon seit 1307 eigene Pfarrei, war einst neben dem Bergbaugebiet von Bartholomäberg die wichtigste Talgemeinde; ein Zeugnis früher Kulturblüte sind die wertvollen Holzreliefs (um 1520) aus der alten Kirche und eine Holzplastik der frühesten Reformationszeit aus Gortipohl, die im Landesmuseum aufgestellt sind. Sehenswert ist die 1968 sehr schön erneuerte Kirche, die zweitälteste des Tales aus dem Jahre 1474. Interessant ist auch, daß der wortgewaltige Vorarlberger Heinrich Spreiter, der Kaplan von St. Gallenkirch gewesen war, die Reformation um 1517 ins benachbarte Prättigau trug und sein Halbbruder Jakob Spreiter (gest. 1526) in die Landschaft Davos.

Neben Gargellen seien vor allem das hochgelegene Garfrescha mit dem Novatal und der Heimspitzgruppe und das zum Naturschutzgebiet vorgeschlagene Valisera genannt. Die Autolinien nach drei Seiten ermöglichen die größte Auswahl. Die Seilbahn auf Garfrescha erschließt ein weitläufiges Wandergebiet und das größte Skigebiet des Tales. – Der nahe Kurort Schruns mit Kuranstalt Montafon, Hochjochbahn usw., Tschagguns mit Golmerbahn und Grabser Lift sind nur 25 Min. Postautofahrt entfernt, Gaschurn mit der Versettlabahn nur ¼ Std., die Vermuntbahn in die Hochsilvretta nur 25 Min., die Schafbergbahn Gargellen ½ Std., die Bieler Höhe (Silvretta Hochalpenstraße) 1½ Std. – Das Dorf besitzt zahlreiche sehr schöne Bauernhäuser, trachtentragende Frauen, viele alte Bräuche. Sehr viele fremdklingende Flurnamen (Sasarscha, Montiel, Tanafreida, Grandau, Valsott usw.) erinnern an die rätoromanische Vergangenheit des Dorfes. Der gelehrte Engadiner Ulrich Campell nennt St. Gallenkirch 1572 noch mit dem Namen „Baseglia d'Saing Gialg".

Partenen, Blick talaus mit Versettlagruppe, davor das Garneratal. Hinter ihren Gipfeln liegt das berühmte Silvretta-Nova-Skigebiet.
Bei R 635 *Foto: V. A. Gaschurn-Partenen*

Flächenmäßig ist St. Gallenkirch die zweitgrößte Gemeinde des Landes Vorarlberg mit 12.783 ha Fläche, d. i. fast 23 Prozent der Fläche des ganzen Montafons! 60 Prozent davon sind Alpweiden, 20 Prozent sind Wald. Fast 1000 ha sind Maisäße, und rund 7500 ha (75 km^2) sind Hochalpen, aufgeteilt auf 14 einzelne Alpen! 11 davon liegen im S des Gemeindegebietes von St. Gallenkirch und grenzen an die Schweiz, drei liegen nördlich in den Verwallbergen.

So liegt das Alpendorf St. Gallenkirch–Gortipohl mitten in einem riesigen Wander- und Tourengebiet am Schnittpunkt dreier Gebirgsgruppen, inmitten von Osträtikon, Westsilvretta und Westverwall, ist also Mitte eines unerschöpflichen Alpenparkes.

Lit.: 1988 erschien das reich illustrierte „Heimatbuch St. Gallenkirch“ von Dr. J. Zurkirchen.

Gortipohl, 910 m

Auskunft: Verkehrsamt A-6791 Gortipohl – St. Gallenkirch, Tel. 05557/6711.

■ **486** 3 km talein von St. Gallenkirch, Postautohalt, Verkehrsamt, Posthilfsstelle, Tankstelle, Geschäfte, Touristenproviant; Sportplatz, Tennisanlage. Garfreschabahn s. R 485a.

Gaststätten: rd. 720 Betten, davon 230 gewerbliche (1 Gasthof mit 36 Betten, Pensionen, Jugendunterkünfte), rd. 500 Privatunterkünfte, alle mit Autozufahrt. Auch Maisäßhütten in Höhenlage gibt es zu mieten.

2 Campingplätze: Camping Rudigier mit ca. 50 Stellplätzen, Sommer und Winter; und Camping Klehenz ca. 100 Stellplätze, nur Winter.
Die Parzelle Gortipohl mit 550 Einwohnern liegt idyllisch in Wiesen und Matten zu Füßen des Grappeskopfes, 2206 m, mit prächtigem Wasserfall, mit hübschem Kirchlein samt klangschöner Orgel und mit rassigen Montafoner Häusern. Altes Brauchtum ist noch lebendig, z. B. der Funkensonntag s. R 156. Gortipohl ist der Geburtsort des berühmten Salzburger Dompredigers Fr. A. Sander (1789–1856). Lit.: siehe R 736.

Spaziergänge von St. Gallenkirch und Gortipohl

Nur zwanzig Gehminuten von einander entfernt, haben St. Gallenkirch und Gortipohl dieselben Spaziergänge und Wanderungen, sämtliche bestens markiert und betafelt bis in große Höhen.

■ **487 a) Wiesenweg zum Balbier-Wasserfall** in Gortipohl, 40 Min. Vom Dorfplatz St. Gallenkirch auf dem Ziggam- oder auf dem Montielweg (Markierung blau-weiß) kurz nördl. empor. Dann immer durch die schönen Wiesen abseits vom Verkehr hangentlang talein bis zum Wasserfall. (Balbier, rätorom., bedeutet Wildbach). b) **„Frohe Aussicht“**, 20 Min., sehr lohnender Spaziergang mit Ruhebänken. Vom Gasthaus Traube in Gortipohl zum Balbier-Wasserfall, dort rechts abzweigend und später den Weg überquerend, der zu den höher gelegenen Maisäßen führt, durch schönen Tannenwald zum Aussichtspunkt „Frohe Aussicht".

■ **488** Nach **Maisäß Manigg** (richtig Monigg), 1387 m, und **Sasarscha,** je 1 Std. Wie vorstehend bis zur Wegquerung, wo man zur „Frohen Aussicht" abzweigt. Dort bei Wegzeiger nach links empor, später steil durch Hochwald. Bei einer Wegteilung (Wegzeiger) führt der eine Weg zum Maisäß Manigg empor, der andere weiter nach rechtshin aufwärts auf Sasarscha (Gepäckaufzug von Gortipohl!); die beiden Maisäße liegen in Mattenlichtungen an den steilen waldigen Hängen des 2206 m hohen Grappeskopfes, beide in schöner Aussichtslage.
Neu (seit 1977) besteht ein *Güterweg* der Wildbach- und Lawinenverbauung; Beginn in Gortipohl, weiter ins Hüttnertobel, durch den Wald hinauf bis zu den Lawinenverbauungen am Grappeskopf auf ca. 2000 m, 8 km. Autoverbot! Als Wanderweg sehr zu empfehlen.

■ **489 Nach Montiel,** 1370 m, 1 bis 1½ Std. Entweder auf dem Zamangweg (wie bei R 494) zum Beginn des Schoderweges; oder kurz talein und bei Hinweistafel links aufwärts auf dem Montielweg, der nach ca. ½ Std. in den Schoderweg einmündet. Durch Wald empor zum Aussichtspunkt „Schrofenblick" und in einer weiteren ¼ Std. zu den Maisäßhütten von Montiel in herrlicher Lage – ein Stück unverfälschtes Montafon! – Vom Oberende des Dorfteils Gant (Wegtafel) führt ebenfalls ein Zugang auf Montiel, der Hüttnerweg (1 Std.), jetzt auch Fahrweg, wie R 488. Ausblick prächtig: Silvrettaberge von der Vallüla links bis Heimspitzgruppe, Rätikon mit dem mächtigen Reutehorn, Zimba, Vandanser Steilwand, Tiefblick ins Tal. – Von Montiel führt ein mark. Pfad weiter aufwärts, quert das Hüttnertobel nach rechts und erreicht in ¾ Std. die Alpe Netza, s. R 500. Montiel ist der *schönste Maisäß des Montafons!*

■ **490 Auf den Neuberg.** Man zweigt kurz außerhalb der Kirche beim Konsum von der Talstraße nach rechts SW ab, hinab zur Parzelle Boden (Talstation der Valiserabahn mit Restaurant „Bodastoba"). Auf dem Suggadinweg mit Blau-weiß-Markierung

bis zum Waldrand und über Wiesenhänge aufwärts zu den still und schön gelegenen Höfen von Neuberg bis zum Gasthaus. Schöner Ausblick! Dem Pfad auf einer Hochstufe weiter folgend, erreicht man in ca. 40 Min. über Planetsch absteigend die Autostraße nach Gargellen und kurz talein den Autohalt Hotel Reutehorn. Ab hier auf der alten Landstraße bergab in den Weiler Galgenuel und zurück in die Ortsmitte St. Gallenkirch; 2 bis 2½ Std.
Wanderweg nach Gargellen abseits der Autostraße s. R 523.

■ **491 Illweg nach Gortipohl.** Den Beginn dieses reizvollen Uferweges erreicht man von der Ortsmitte aus auf dem Widumsweg (Wegtafel nahe Kirche), einige Minuten absteigend zur Ill hinab oder vom Schwimmbad aus (Wegtafel). Er führt immer entlang dem Ufer, schattig, romantisch, fast ganz eben talein. Einige gut bezeichnete Abzweigungen führen u. a. zur „Schönen Aussicht", eine andere zur Wegtafel „Grandau-Garfrescha". Eine Anzahl alte Geißenställe erinnern an die Zeit, als es noch die „Geißhut" gab, wenn der „Geißler" sommers täglich die Ziegen auf die Hochweide auftrieb und abends wieder zurückbrachte. Nach ca. ¾ Std. kommt man zur Talstation der Garfreschabahn. Der Illweg führt aber weiter bis nach Gaschurn. Rückweg beliebig auf dem Illuferweg oder auf dem Bahnweg.

■ **491a Bahnweg.** Dies ist ein verkehrsabseitiger Wanderpfad, der kurz talein vom Autohalt „Montafoner Hüsli" nach rechtsab beginnt und immer nahe dem Illufer ohne Steigung talein führt, bis nach Partenen. Den Namen hat er von der seinerzeitigen Illwerke-Bahn, die einst als Werksbahn Tschagguns – Partenen hier verkehrte. Mehrere **Zugänge:** Von St. Gallenkirch – Konsum – Straße nach Parzelle Boden, vor der Illbrücke nach links talein. Von Gortipohl: Richtung Tennisanlagen – Sägewerk, hier links nach Gaschurn, rechts talaus nach St. Gallenkirch. Der Bahnweg ist als Radweg geplant.

■ **491b Fischerweg.** Neuangelegter Weg, blau-weiß markiert. Beginn bei der Talstation der Valiserabahn; vor der Illbrücke linksseitig talaus durch die Erlenauen bis zur nächsten Illbrücke beim „Montafoner Hüsli"; auf der andern Seite wieder zurück.

■ **492 Grandau,** 40 Min. Wie bei R 491 zur Wegtafel „Grandau – Garfrescha" links der Ill und im romantischen Bergwald zum lieblichen Maisäß Grandau empor. Rückweg: nach Osten abwärts und auf Brücke über die Ill nach Gortipohl. Nach Garfrescha s. R 515.

■ **493 Blenischau – Tanafreida.** Ein 8 km langer Fahrweg führt bis zur Alpe Zamang empor (für öffentl. Verkehr gesperrt). Wegbeginn: beim Konsum in der Ortsmitte St. Gallenkirch auf dem Zamangweg (blau-gelb) nach N über Außer-Ziggam, an den großen Verbauungen des Tramosabaches entlang bergauf. Das Sträßchen wendet sich jetzt linkshin und steigt zum Maisäß Blenischau, 1200 m, hinauf, dann in weitausholenden Kehren zum Maisäß Tanafreida, 1350 m, 1½ Gehstd.; Kapelle und ORF-Sendestation (seit 1973); weiter zur Alpe Zamang, 1849 m. – Fußweg: Kurz außerhalb der Sparkasse St. Gallenkirch, oder über den Sponnaweg von der Hauptstraße nach rechts und bis zu den Häusern Nr. 53 und 55, wo oberhalb ein hübscher Fußweg nach links zum Aussichtspunkt „Abendblick" führt, und weiter in gleicher Richtung bis nach Tanafreida empor.

■ **494 Schoderweg,** 1½ Std. Auf dem Zamangweg ca. 15 Min. nach N empor. Bei der Wegtafel „Schoderweg" und Ruhebank über den Tramosabach, am Schoder (einzelner Bauernhof am Weg) vorbei, weiter über den Gufelbach zur Bödner Kapelle. Der Weg mündet in den Hüttnerweg und in den Bergpfad auf den Maisäß Montiel ein.

■ **495 Haldenblick.** Wie bei R 494 bis zur Hinweistafel „Haldenblick – Ziggamweg", über den Tramosabach und dann links den Hang empor bis zur Ruhebank (Markierung blau); prächtiger Ausblick!

Wanderungen und Bergtouren von St. Gallenkirch und Gortipohl

■ **500 Netzamaisäß – Netzaalp,** 1840 m (sprich Neeza), 4 Std. Von St. Gallenkirch über den Montiel- oder Hans-Wolfa-Weg und

Hüttnerweg, oder von Gortipohl aus zum Wasserfall (s. R 487b) und dort nach linkshin auf steilem Fußpfad nach Netza, 1239 m, 1¼ Std. Dies ist eine alte Walsersiedlung, einst dauerbewohnt. In einer weiteren Stunde zum besonders schön gelegenen Netza-Maisaß, 1634 m, empor und weiter auf gutem Weg nach rechtshin (östl.) in 50 bis 60 Min. auf die Netzaalpe, 1848 m, im eindrucksvollen Talschluß. Unmittelbar hinter den Hütten, auf rot markiertem Pfad ansteigend, erreicht man in ca. 1½ Std. über den begrünten Rücken empor den **Wormser Höhenweg.**

■ **501 Madererjöchle,** um 2250 m, 3½ Std. Wie bei R 500 zur Netza-Alpe, 1848 m, und weiter südöstl. talein in 1 Std. zum Wormser Höhenweg und auf ihm rechts empor auf das Madererjöchle, kurz „Grat" geheißen, 2214 m. Man kann den Wormser Höhenweg etwa 15 bis 20 Min. verfolgen und dann rechts hinunter nach S (mit Markierung, roter Kreis) über die Bizulalpe, 1822 m, ins Valschavieltal absteigen; talaus nach Gaschurn. (2 Std.) Vom Madererjöchli aufwärts führt die rote Kreismarkierung auf den Valschavieler Maderer, s. R. 504.

■ **502 Furkla oder Grasjoch,** 1975 m. Im N über St. Gallenkirch, zwischen Zamangspitze und Scheimersch, ein alter Übergang in die Alpengebiete des hinteren Silbertales. In neuester Zeit wurde das Joch durch mehrere Lifte für den Skisport erschlossen. Man erreicht das Joch am leichtesten von der Wormser Hütte aus in ¾ bis 1 Std., siehe R 427; oder von der Zamangalpe her durch die „Verstießʺ genannten steilen Grashänge auf dem von der Wildbachverbauung angelegten Weg zum Grasjoch (Furkla). Vom Joch mit blauweißer Markierung südlich abwärts, meist durch Bergwald, zum Gufel und Garnieser Eck nach St. Gallenkirch hinab. Als **Aufstieg direkt** von St. Gallenkirch benützt man den blau-weiß markierten Garnieser Weg: wie bei R 494 bis zum „Schoder", dann links durch den Bergwald über das Garnieser Eck empor zu den Beerböden und aufs Grasjoch, ca. 3 Std. Weiter auf den Scheimersch siehe R 503.

■ **503 Scheimersch oder Geisterspitze,** 2420 m. Name aus Pinus cembra = Zirbenspitze. Aussicht und Tiefblicke prächtig,

besonders in das gegenüberliegende offen aufgefaltete Gargellental. Sehr lohnende Tour, mit Gipfelkreuz auf dem Vorgipfel. An der Südostflanke unter dem Gipfel die großen Verbauungen der Gufellawine mit vielen Schneestützwerken; alles Baumaterial wurde mit Hubschraubern eingeflogen!
Anstieg auf einem der Wege wie bei R 502 aufs Grasjoch. Weiterweg zum Gipfel siehe unter R 429.

■ **504 Valschavieler Maderer,** 2771 m, 5½ Std. Weithin auffallendes Horn, Hauptgipfel in dem langen Madererkamm. Prächtige Aussicht, sehr lohnend, aber nur für ausdauernde und gute Bergsteiger oder mit Führer. Die Besteigung geschieht vom Madererjöchli, 2214 m aus (siehe R 501; hierher von der Wormser Hütte auf dem Höhenweg 3½ Std., siehe R 430). Vom Madererjöchli nun mit roter Kreismarkierung nordöstl. in 1½ Std. auf den Gipfel; Gipfelkreuz. Aussicht prächtig: Pflunspitzen, Patteriol, Silvretta, Piz d' Aela, Rätikon, Glarner und Berner Alpen.

■ **505 Zamangspitze,** 2390 m, 4 bis 5 Std. Sehr lohnend, wunderschöner Tiefblick ins innere Montafon und ins Gargellental und schönster Rundblick auf die ganze Silvrettagruppe im S, die Rätikongruppe im W, die Lechtaler Alpen und das Arlberggebiet im N und talauswärts bis ins Rheintal.
Wie bei R 493 nach Tanafreida und, immer dem Sträßlein (mit Abkürzungen) nach N empor folgend, zur prächtig gelegenen Zamangalpe und auf die Zamangspitze. Bequemer mit Hochjochbahn von Schruns zur Wormser Hütte und von dort auf die Zamangspitze (s. R 428); Abstieg über Zamangalpe – Tanafreida nach St. Gallenkirch ca. 3 Std.

■ **506 Grappeskopf,** 2206 m, 4½ bis 5 Std. – Östlich über St. Gallenkirch aufragender felsdurchsetzter Berg mit Lawinenverbauungen. Der rätoromanische Name crappes bedeutet Fels oder Stein. Sehr lohnender leichter Aussichtsgipfel mit hervorragend schönem Panorama. Besteigung entweder von St. Gallenkirch aus über Maisäß und Alpe Netza und weiter zum Madererjöchli, s. R 501. **Oder** von Gortipohl (4 Std.): Wie bei R 488 mit roter

Markierung auf Maisäß Manigg. Weiter mit der Markierung ca. 45 bis 60 Minuten talein durch Wald. Gegenüber der Alpe Netza weglos über alpenrosenbewachsenen Hang steil in 1¼ Std. nach S auf den schönen flachen Kamm und nach rechts W, zum Gipfel. Auch vom Ende der Fahrstraße hinter Sasarscha führt ein Bauweg bis zum Grappeskopf, er ist aber durch Stahlgerüste der Lawinenverbauung öfters gequert, doch gut begehbar. Nur für gute Geher! Ein weiterer Anstieg beginnt in Gaschurn-Außergosta: Kurz nach den Häusern Im Winkel von der Valschavielstraße nach links abzweigen und auf steilem Fußpfad durch Wald in 3½ bis 4 Std. auf den Gipfel. Herrliche Aussicht, besonders schöner Tiefblick!

■ **507 Zapfkopf,** 2288 m. Vom Grappeskopf her erreicht man über den breiten aussichtsreichen Kamm in östlicher Richtung unschwierig den felsigen Zapfkopf; ihn nach Osten überschreitend, gelangt man zum Madererjöchli (R 501) und damit zum Wormser Höhenweg. Auch umgekehrt zu empfehlen: Manigg – Alpe Netza – Madererjöchli – Zapfkopf; oder auch von der Wormser Hütte her zum Madererjöchli, 3½ Std. – Abstieg vom Zapfkopf entweder nach NO zur Alpe Netza hinab oder nach Osten auf dem Wormser Höhenweg zur Alpe Bizul – Valschaviel, ca. 5/4 Std.

508–514 Offene Randzahlen für Nachträge.

Garfrescha / Vermiel / Novatal / Gweilgruppe

■ **515 Garfrescha,** 1500 m. Aussichtsreich gelegene Maisäßsiedlung auf einer Bergschulter über St. Gallenkirch gelegen. – **Garfreschabahn** siehe R 485a. Unterkunft: Alpengasthof **Garfrescha,** ganzjährig bewirtschaftet, 85 B, Hallenbad, Sauna, Café, Selbstbedienungsrestaurant und SB-Rest. **„Brunella“.** – Güterweg von St. Gallenkirch-Gant über Grandau auf Garfrescha und bis Alpe Nova (Autos nur für Anrainer), auch Fußwege. Heim des Bergrettungsdienstes, Kapelle. Das gesamte Touren- und Wandergebiet Garfrescha ist im AV-Führer Bd. Silvretta und im „kleinen Silvretta- und Höhenwegführer“ eingehend beschrieben. Durch die großzügige Skierschließung seit 1969 wurde Garfrescha, das frühere idyllische Maisäßdörflein zum Mittel- bzw. Ausgangspunkt der weitberühmten Skiregion „Silvretta Nova".

■ **516 Gantekopf,** 1958 m – **Gantegrat.** Grat und Gipfel sind durch ihre einzigartig schöne Aussicht und besonders durch ihren Tiefblick ausgezeichnet und bieten daher eine sehr beliebte leichte Wanderung, welche die Bergstationen der Garfrescha- und der Versettlabahn verbindet. – Von der Bergstation der Garfreschabahn, 1500 m (Wegtafeln) geht man auf der Straße durch das Maisäßdorf zum Alpengasthof Garfrescha. Dort bei Wegtafeln nach links mit gelb-roter Markierung über Wiesen auf den Grat hinauf, dem man auf ausgetretenem Pfad über die Weißplatte weg bis zum Höchstpunkt Gantekopf (mit Vermessungszeichen) folgt. Weiter gratentlang bis zum Gaschurner Sattel, 1939 m, und in ½ Std. zur Versettlabahn-Bergstation hinauf, 2010 m und zum Großrestaurant „Nova Stoba" s. R 570. – Abstieg: Vom Gaschurner Sattel auf dem Schmalzbergweg, blau-gelb markiert, zum Teil auf der Skitrasse zur Alpe Nova; weiter auf markiertem Fußpfad entlang dem Vermielbach talaus nach Garfrescha. Gesamte Gehzeit 3½ bis 4 Std.

■ **517 Garfrescha – Matschuner Joch,** 2390 m, 3 Std. Wie bei R 516 zur Alpe Nova; weiter auf markiertem Pfad nach Süden talein, am kleinen Seres-Seelein, 1934 m, vorbei; im Talschluß auf Zickzack-Weglein durch das Novatäli steiler und rauher empor aufs Matschuner Joch. Wegtafeln. Hier gehen die Bergpfade nach mehreren Richtungen auseinander, siehe R 599.

■ **518 Heimspitze,** 2685 m, von Garfrescha 4 bis 4½ Std. Herrlicher Aussichtsberg mit großem Wildreichtum (Gemsen, Adlerhorst und Steinwild!) und reichhaltiger Alpenflora. Wie bei R 517, über Alpe Nova auf das Matschuner Joch, 2390 m. Weiter mit rot-weißer Markierung auf dem breiten Grat am Langen Bergle empor zu dem in einer Karmulde gebetteten Heimbühl-Seeli und weiter unter den kecken Heimbühltürmen durch ins Heimbühljöchli. Jenseits kurz abwärts, bis der „Verbindungsweg" (gelb-rot) rechts abzweigt und später in den Heimspitzweg einmündet, der mit blau-weißer Markierung von Gargellen – Vergalden heraufkommt. Man folgt ihm nach Norden bergauf wie bei R 557.

■ **519 Versettla,** 2372 m, 3 bis 3½ Std. Besonders lohnender Gipfel. Die Versettla zählt zu den schönsten Aussichtsgipfeln des Montafons und des Landes! Man folgt der rot-weißen Markierung nach Südosten empor, an der „Burg", 2265 m, vorbei in leichtem Anstieg in 1¼ Std. auf das große begrünte Gipfeldach der Versettla. Glanzvolle Aussicht in die Gipfelwelt von Silvretta, Verwall, Samnaun.
Weiterweg nach Süden auf dem einzigartigen Matschuner Gratweg (rot-weiß markiert) zum Matschuner Joch, s. R 517. Bei einer Wegteilung unter der Madrisella kann man auch der blau-weißen Markierung folgen, die als „Seeweg", etwas länger, auf der Garneraseite (ostseitig) an einer Kette kleiner Hochseen entlang führt und dann – mit einigem Höhenverlust – ebenfalls aufs Matschuner Joch mündet. – Beliebte Rundtour für gute Geher von Garfrescha aus: Alpe Nova – Bergstation Versettlabahn – Versettla – Matschuner Joch – Novatal – Garfrescha, 6 bis 6½ Std. Über Versettla siehe auch R 597.

■ **520 Garfreschner Älpli – Gampabingerberg** heißt der breite begrünte Rücken zwischen Vermil – Novatal im NO und dem Valiseratal (Gargellner Tal) im W. Seit 1972 ist der Berg durch ein Netz von Liftanlagen und Seilbahn und große Pisten zu einem der größten Skigebiete des Landes erschlossen. Die früher als Alpweiden genützten Hänge ziehen sich sanft und aussichtsreich weit in Richtung Heimspitze empor über P. 2035 und P. 2370 (Schwarzkopf). Fußwegverbindung ins Gargellental s. R 524.

■ **521 Gweilgruppe** heißt die Gruppe im SW von St. Gallenkirch, westl. des Gargellentals über dem Weiler Galgenuel steil aufragend, mit dem stolzen Reutehorn, 2348 m, als Wahrzeichen. Einsames Gebiet, mit Gweiler Maiensäß, Außer- und Innergweilalpen, Gweiljoch usw. Ohne Stützpunkt (Hütten). Eine Anzahl Alpwege bietet dem berggewohnten Einsamkeitssucher in dem wildreichen Gebiet lohnende Wanderungen. Bitte, nicht durch Unruhe das Wild stören!
Ein markierter Weg in dieses schöne Gebiet beginnt in Galgenuel an der Gargellner Straße. Abzweigung beim Straßenspiegel nach

rechts empor beim Haus Mangruaz; Wegtafel „Tschenglaweg". Zum Aussichtspunkt **Tschengla** (20 Min.) und weiter zum **Gweiler Maisäß** (1457 m) hinauf, 1 Std. Dort (bei einem Brunnentrog) beginnt je ein markierter Weg nach rechts und nach links; rechtshin (rot-weiß) nach **Außergweil-Alpe** 1½ Std. Nach linkshin (blauweiß) zur Alpe **Innergweil,** 1743 m, 1½ Std. Von Innergweil weiter siehe R 522. Außerdem führt von der Alpe Innergweil auch eine Markierung auf den **Gweilspitz,** 2187 m. Nur für Geübte.
Achtung: Von Außergweil führt keine Markierung weiter. Ein Pfad führt weiter zur Alpe Hora.
Reutehorn, 2348 m. Der vorgeschobene Felsberg mit hervorragender Aussicht läßt sich von Süden, von der Alpe Platina her in ¾ Std. ersteigen, doch nur für Geübte. Man geht von der Alpe weglos, ohne Markierung, auf den plattigen Grat und auf die Spitze. – Zur Alpe **Platina,** 1844, geht man von der Gargellner Straße talein vom Maisäß Zuggawald nach rechts, W über Platina – Maissäß empor zur Alpe, ca. 2 Std., keine Markierung. – Große Alpenrosenbestände!

■ **522 Reute – Valsott – Gweiljoch – Tilisunahütte,** 4½ bis 5 Std. Mit Postauto bis zur Haltestelle „Reutehorn" (der Linie nach Gargellen); dort kurz talein auf der Straße und auf Fußweg (Wegtafel) nach rechts hinauf zu den Hütten von Maisäß Reute; im Reutetobel gut markiert empor, später aus dem Tobel nach rechts durch Wald zur Jagdhütte Valsott, 1681 m, ca. 1½ bis 2 Std. Mit geringer Steigung weiter zur Alpe Innergweil, 1743 m, und dort mit Markierung nach Westen, in ca. 1¼ bis 1½ Std. zum Gweiljoch, 2209 m, empor. Jenseits hinab gegen die Alpe Tilisuna, 1966 m; dort entweder talaus durchs Gampadelstal nach Tschagguns oder über den Bach und in 40 Min. zur Tilisunahütte empor. – Über den Weg von der Alpe Innergweil zur Hora (Tschagguns) s. R 364.

■ **523 Wanderweg über Maisäß Gampabing ins Gargellental,** abseits der Autostraße, 3 bis 3½ Std. Man geht wie bei R 490 auf den Neuberg bis nach Planetsch, steigt aber nicht zur Straße ab, sondern folgt dem Weg links bergan, über zwei Bachgräben, bis Außergampabing. Beim Austritt aus dem zweiten Bachgraben steigt man zum ersten Haus hinab. Weiter über herrliche Bergwiesen nach Innergampabing. Beim letzten Haus (Abzweigung zur Gargellner Straße) wieder links bergauf an Waldrand, der blauweißen Markierung folgend bis zum Maisäß Valisera. Jetzt auf der Forststraße, die zur Alpe Valisera führt, ein Stück talwärts, an einer Steinmauer entlang talein bis unterhalb von Häri und weiter durch lichten Wald zum Dorfbeginn von Gargellen.

■ **524 Garfrescha – Gargellental.** Eine Direktverbindung ist durch einen markierten Fußweg ermöglicht. Er führt vom Alpengasthof Garfrescha jenseits des Vermielbaches über die Waldlichtung „Brand“, 1579 m; steil durch Wald nach Planetsch hinab und von dort nach linkshin zur Gargellner Straße. Für Berggewohnte, nicht bei Nässe.

GARGELLEN, 1424–1600 m ü. d. M.

Auskunft: Verkehrsamt A-6787 Gargellen, Tel. (05557) 6303

■ **525** Höhenkurort und Wintersportplatz im Gargellental, 15 km von Schruns; die Autostraße nach Gargellen zweigt in der Ortsmitte St. Gallenkirch (beim Konsum) von der Talstraße nach Süden ab (eine andere Zufahrtsstraße beim Montafonerhüsli, Tankstelle, und auf holzgedeckter Brücke über die Ill), 9 km bis Gargellen – Vergalden auf 1600 m. Autopost ab Bahnhof Schruns. – Postamt. – Sesselbahn auf den Schafberg bis 2200 m Höhe, s. R 528. Geheiztes, filtriertes Schwimmbad und Kinderbecken samt Liegewiesen, 5 Minuten von Ortsmitte. Kinderspielplatz und Tennisplätze mit Trainer; Kegelbahn, Saunas, Hallenbäder. Platzkonzerte, Heimatabende, Diavorträge. Gargellner Wandertage. – Reitmöglichkeit: 6 Pferde im Hotel Feriengut Gargellenhof, Reitlehrer. – Geführte Bergwanderungen s. R 24, Bergführer. Firngleiterwochen im Juni. Raiffeisenkasse mit Geldwechsel, Lebensmittelgeschäft, Foto- und Sportartikel, Sportbekleidung, Reiseandenken, Sportartikelverleih, Hobbykurse, Friseur, Drogerie, Bank. Taxi- und Autoreisen: Edwin Berthold, Gargellen, Tel. 6387.

Karte: „Gargellen" 1:25.000.

Gaststätten: 1000 Gästebetten in 11 Hotels (9 der Kat. A u. B), in Gasthöfen, Pensionen und Appartementhäusern, Restaurants, dazu das Romantikhotel „Heimspitze". Prospekte mit Ortsplan durch das Verkehrsamt.

Berghäuser: Madrisahütte der Sektion Karlsruhe DAV, 1660 m, unbew., 22 TL, Schlüssel bei Helmut Bachmann, Haus Wulfenia. – Bergrestaurant Schafberghüsli auf 2100 m. Jausenstation Obwaldhütte, 1863 m, Berghaus Röbi, 1521 m.

■ **526 Gargellen,** der höchstgelegene Kurort des Montafons, liegt in dem bei St. Gallenkirch-Galgenuel nach S abzweigenden Seitental, vom Suggadin durchflossen (15 km Lauflänge). Dieser früher gefürchtete Wildbach, der öfters große Verheerungen brachte, wurde 1968 bis 1972 durch umfangreiche Eindämmungen im Dorfkern korrigiert und gesichert. Der Name Gargellen ist romanisch und kommt von gurges (= Bachstrudel). Das Tal und sein Fluß bildet die Grenze zwischen Rätikon im W und Silvretta im O und erstreckt sich als Hangtal mit ca. 1400 m Steigung 3 Gehstunden bis ans Schlappiner Joch an der Grenze zur Schweiz (Gemeinde Klosters, Graubünden). Der Ort Gargellen bildet die genaue Mitte; er liegt auf 46 Grad 58' nördl. Breite und 9 Grad 55' östl. Länge. Knapp südl. münden die beiden Alpentäler Valzifenz (= hinteres Tal) im S und Vergalda (= warmes Tal) im SO, deren Wasser, Valzifenzbach und Vergaldner Bach, zusammen den Suggadin bilden. Prachtvoll im Süden über dem Tal steht beherrschend das majestätische dunkle Bollwerk der Madrisa; im O über dem Dörflein der dunkle Schmalzberg, im SO die gezackten Ritzenspitzen, dazwischen zieht das lange Vergaldner Tal hinein. Im Südwesten die grüne Kuppe des Schafberges über dem Wäldermantel, zu dem die Seilbahn hinaufführt. – Gargellen, Fraktion der Gemeinde St. Gallenkirch,in seiner Besiedlungszeit einst dauerbewohnt, war noch um 1900 ein Maisäß (Sommerdorf), dessen gesamte Bevölkerung winters ins 500 m tiefer gelegene Haupttal hinunterzog; heute ist es die höchste Dauersiedlung des Montafons mit rd. 120 einheimischen (ständigen) Einwohnern. 1885 wurde als erstes das Hotel Madrisa erbaut, einst ein Säumerhaus. Ein bevorzugt günstiges, typisches Hochgebirgsklima hat aus der kleinen Sommersiedlung nomadisierender Montafoner Bergbauern einen weitbekannten Kurort gemacht: Gargellen ist windgeschützt, nebelfrei, lichtklimatisch bevorzugt, mit kräftiger Strahlungswärme (Hangtal!). Die mittlere Jahrestemperatur ist 3,9 Grad (in dem nur 18 km Luftlinie entfernten Davos in der Schweiz 2,3 Grad). Ein ganz hervorragendes Skigebiet und ein mildes Winterklima haben aus Gargellen außerdem einen bedeutenden Wintersportplatz geschaffen: auf 73 Prozent trüber Tage in Bregenz am Bodensee z. B. trifft es nur 27 Prozent in Gargellen! – Gargellen ist uraltes Durchzugsgebiet und Weideland, wohl schon von Kelten und Illyrern benützt, wie bronzezeitliche Funde beweisen (s. R122); über die weitere Geschichte von Gargellen s. R 149.

■ **527** Es ist ein „wald-, vieh-, alpen- und molkenreiches Tal" – wie es in alten Urkunden heißt; ein grünes, freundliches, romantisches Tal. Von den 14 Alpen des Gemeindegebietes St. Gallenkirch liegen 11 im Gargellental; In Vergalden erreichen die Weidepätze 2300 m Höhe; die höchste Hirtenhütte dieser Alpe liegt 2250 m hoch, wohl die höchste des alpenreichen Landes Vorarlberg. Die Alpen Valzifenz und Vergalden mit zusammen 3094 ha gehören zu den größten des Landes. – Über die geologische Merkwürdigkeit des „Gargellner Fensters" s. R 64, 540. Berühmt ist die Flora von Gargellen, die stundenweit sich erstreckenden Alpenrosenhänge. „Es weist kein Tal des Landes eine so schöne und reiche Flora auf wie Vergalden" (J. Schwimmer). Die Kalkinseln des „Gargellner Fensters" im Silvrettagneis haben ihre eigene kalkliebende Flora, darunter ein reiches Vorkommen von Maiglöckchen in 1600 bis 1700 m Höhe. Auf die schönen Zirben (Arven, Pinus cembra) am Gandasee sei besonders hingewiesen; hier wie im Vergalda und im Valisera gab es einst ganze Waldungen dieses in Sibirien beheimateten schönsten Baumes unserer Alpen; zum größten Teil fielen sie den mittelalterlichen Rodungen zum Opfer. Beliebt bei den Gästen sind auch die Älplerfeste der Einheimischen: Alpauftrieb Mitte Juni, Älplerkilbi (Kirchweihtanz) und Alpabtrieb im September und der uralte Frühlingsbrauch des „Funkensonntag" am Sonntag nach Fasnacht, R 156.

■ **528 Die Gargellner Schafberglifte,** Tel. (05557) 310. Die Anlage besteht aus einem Doppelsessellift auf die Gargellner Alpe (Sektion I); Talstation Gargellen 1424 m ü. d. M., Kopfstation auf 1732 m, 1050 m schräge Länge, 300 m Höhenunterschied, Förderleistung 1000 Pers. pro Stunde, und aus dem Schafberglift (Sektion II) auf das Schafbergplateau, Höhe 2100 m ü. M., 1100 m Länge, Förderleistung 450 Pers. pro Stunde, 12 Min. Fahrzeit. (Winters zusätzl. drei Schlepplifte auf dem Schafberggrat, 2250 m ü. M.) – Die Sektion II Gargellen – Schafberg erhielt 1975 zusätzlich zum Einsessellift parallel verlaufend einen Doppelsessellift mit Förderleistung 1200 Pers./h. Bei der Bergstation Restaurant „Schafberghüsli". Mit diesen Anlagen ist dem Gast das großartige

Gebiet des Schafberges erschlossen mit seinen überraschend weiten, freien, sanften und sonnigen Höhen. Auch die Landschaft am Gandasee zu Füßen der Madrisa-Nordabstürze ist damit leicht erreichbar, und die beliebten Wandertouren entlang dem Grenzkamm sind wesentlich verkürzt.
Im besonderen bietet die Bahn die Möglichkeit zu herrlichen „Bergwanderungen abwärts" und macht sogar einige der aussichtsberühmten Gipfel jenseits der nahen Schweizer Grenze zu begehrten Tagestouren, s. R 554, 565.

■ **529 Das Vergaldner Tal** (= val calda = warmes Tal). Dieses unbesiedelte Hochtal (nur Alpnutzung) öffnet sich bei den Maisäßen von Vergalden (mit Hotel) und zieht 4½ km lang nach SO zum Vergaldner Joch und Hinterberg hinein. Es gehört bereits zur Silvretta und bildet den westlichen Beginn des **Silvretta-Weitwanderweges** Nr. 302 Gargellen – Fimbertal, im „Gebietsführer Silvretta" von W. Flaig ausführlich beschrieben. Kennzeichnend für dieses Tal ist die Monotonie seiner gleichmäßigen steilen Weidehänge, die sich zum sanften Talschluß aufschwingen mit Übergängen ins Gebiet Garfrescha und Garnera/Tübinger Hütte mit großartigem Blick in die Gletscherwelt der Silvretta.

■ **530 Das Valzifenztal** ist die Fortsetzung des Gargellentals nach Süden. Es zieht vor dem gewaltigen Bau der Madrisa her, ein typisches Hochgebirgstal, unbesiedelt wie das Vergalda und ebenfalls nur der Alpnutzung dienstbar. Es stellt die Trennungsfurche dar zwischen Rätikon im W und Silvretta im O. Beim Oberstaffel der Valzifenzalpe biegt es nach O um als „Wintertal", s. R 562. Als Durchzugstal zum Schlappiner Joch und in die Schweiz (Davos – Unterengadin) hatte das Tal in früherer Zeit in Krieg und Frieden Bedeutung, denn hier gingen jahrhundertelang die Säumertrosse durch Graubünden ins Veltlin.

Winter in Gargellen: Großartiges Höhencenter auf dem Schafberg mit Doppelsessellift bis auf 2150 m und weiteren Schleppliften auf 2300 m samt Höhenrestaurant „Schafbergstübli". Übungslift im Ort und in Vergalden. Skischule, Skiführer, Gästeskirennen, Tou-

Die Saarbrücker Hütte auf 2538 m Seehöhe ist die höchstgelegene der Silvretta. Blick auf den Groß-Litzner, 3109 m. Die Hütte ist Stützpunkt am Silvretta-Weitwanderweg 302.
Bei R 660 *Foto: H. Häusle*

renführungen, 2 Dutzend erstklassige Skitouren, Madrisa-Rundtour, Langlaufloipe, Rodelbahn; Tennis, öffentl. Hallenbad, Sauna, Solarien. Dazu die Nähe von Silvretta Nova, s. R 485. – Montafoner Skipaß gültig für 73 Seilbahnen und Liftanlagen im Montafon; Firngleiterwochen.

531 bis 534 offene Randzahlen für Nachträge

Spaziergänge in Gargellen

Das ausgedehnte Netz der Spazier- und Wanderwege von Gargellen ist bestens markiert und einheitlich betafelt.

■ **535 Wasserfall Rongg – Alpe Rongg,** 1596 m. Dicht am Hotel Alpenrose vorbei durch die Wiesen nach N talaus, auf Brücke über den Ronggbach und jenseits durch Wald in Kehren zur Alpe empor, 30 Min.

■ **536 „Rongg-Weg": Fluhwald – Alpe Rongg,** 1569 m. Reizvoller Spazierweg. Beginn bei der Kirche (Wegtafel), über die Wiesen in den Flurwald empor und zur Alpe (Rongg von roncare, Rodung). Statt „Flurwald" heißt es richtig „Fluhwald" lt. Vorarlberger Flurnamenbuch; Fluh = Felswand; sie begleitet namengebend (als Teilstück des Gargellner Fensters, R 540 den „Fluhwald".

■ **537 Auf die Röbi.** Liebliche kleine Hochfläche um 1500 m mit schönen Ausblicken. Durch Zufahrtstraße erschlossen. Beginn bei den ersten Häusern von Gargellen, nach NW ca. 20 Min. hinauf zum Maisäß mit Berghaus Röbi. – Ein Fußpfad führt weiter zur Unteren Alpe Röbi, 1717 m, und auf die Obere Alpe, 1913 m; weiter sehr aussichtsreich zur Alpe Sarotla und zum Sarotlapaß, s. R 545.

■ **538 „Gargellner Höhenweg",** markierter Rundwanderweg mit Bezeichnung GH, 2 Std. – Beginn bei der Talstation der Schafbergbahn (oder beliebig) nach rechts talein bis Abzweigung Juliusruhe, durch das Vergaldner Wäldle nach rechts bis oberhalb Hotel Vergalden. Weiter bis Abzweigung Valzifenzweg, über den

Bach, dann beim langen Stall (Schneefluchtstall der Alpe Valzifenz) talaus, über das Schwefeltobel und Alptobel, dann ansteigend zum Haus Rüti, weiter links unter dem Gargellner Fenster abwärts zum Fluhwaldweg und auf diesem zur Rongg-Alpe, 1596 m, weiter über den Röbibach zum Maisäß Röbi und hinab auf dem Röbiweg zum Ortsbeginn Gargellen. Auf Brücke über den Suggadin, hinauf zum Haus Sursilva, weiter zum Haus Rätikon und auf dem Weg Juliusruhe hinab zur Lift-Talstation.

■ **538a Suggadinweg.** Dieser beliebte Wanderweg beginnt am Dorfeingang. Er führt abseits des Verkehrs **rechtsufrig** talaus über Häri zum Maisäß Valisera und weiter über die Wiesen von Inner- und Außergampabing mit ihren Maisäßhütten nach Planetsch und weiter über Neuberg bis nach St. Gallenkirch, 2½ Std.

■ **539 Gargellner Alpe,** 1783 m, nahe der Lift-Mittelstation. Zu Fuß: vom Hotel Madrisa (Wegtafel) über den Wiesenhang nach W hinauf auf die Rüti, 1550 m; von dort nach SW über Wiesen und schütteren Wald aufwärts, später über den Gargellner Bach und links nach S zur Alpe hinauf, ca. 1 Std. Ein anderer Fußweg auf die Gargellner Alpe beginnt gegenüber der Talstation der Schafbergbahn durch das Schwefeltobel. Beide Wege lassen sich zu einem hübschem Rundweg verbinden.

■ **540 Gargellener Fenster.** Ausführliches darüber s. R 64. „Der Liebling der Geologen!" Teile dieses „Fensters" sind beim Ronggwasserfall, in der Rongg- und Röbibachschlucht zu sehen sowie oberhalb vom Haus Rüti (20 Min. Gehzeit vom Kirchlein). Überall treten hier die hellgrauen Sulzfluhkalke aus der darübergelagerten Gneisdecke auffallend zutage mit typischer Kalkflora, z. B. Maiglöckchen (Convallaria majalis), Waldrebe usw.

■ **541 Juliusruhe – Vergaldner Wäldle – Vergalda,** ca. ¾ Std. Wegbeginn zwischen Hotel Bachmann und „Silvretta". In einigen Kehren im Bergwald empor, mit hübschen Ausblicken auf Gargellen und hangentlang talein bis zum Vergaldner Wäldle. Am Bach entlang, bis man auf Brücke zu den Matten von Vergalda gelangt, über denen herrlich die Prachtsgestalt der Madrisa steht.

■ **542 Zur Vergaldner Alpe,** 1820 m, 1½ Std. Wie bei R 541 nach Vergalda und, der Straße ins Vergaldner Tal folgend, mit wenig Steigung am schönen Bach entlang bis zur Alpe. Es ist der Weitwanderweg Silvretta 302.

■ **543 Ins Valzifenz und Madrisahütte,** 1660 m, 1 Std. Man geht von der Ortsmitte auf der Straße nach Vergalda und dort über die Wiesen nach rechts ins Valzifenztal hinein, bis man bei Wegtafel unterhalb der Valzifenzalpe über den Bach auf Steg die Hütte erreicht. (AV-Hütte d. Sekt. Karlsruhe, unbew., Schlüssel im Haus Wulfenia.) – Auch linksufrig führt ein Weg zur Madrisahütte: An der Seilbahn-Talstation vorbei auf der Straße talein; bei der Wegteilung am Valzifenzbach folgt man dem Fußweg, der rechts (westl. Ufer) durch den schönen Bergwald am Bach entlang ins Vazifenztal führt. Die Madrisahütte liegt gegenüber den Alphütten von Valzifenz im Wald, am Fuß der Madrisa. Von der Unteren Valzifenzalpe führt der Weg weiter ins Tal hinein und zum Schlappiner Joch. Kurz hinter der Alpe ist der Wegbeginn zum Gandasee (Wegtafel), 1 Std.

544 Offene Randzahl für Nachträge.

Wanderungen und Touren von Gargellen

Sämtliche Touren westl. des Suggadin (Rätikonseite) sind im Alpenvereinsführer, Bd. Rätikon, ausführlich beschrieben, die Touren östl. des Suggadin (Silvrettaseite) im Alpenvereinsführer, Bd. Silvretta; siehe Literaturverzeichnis, R 735. Beste Karte: „Wanderkarte Gargellen“ 1:25.000.

■ **545 Sarotlapaß** (2389 m) – **Plasseggenjoch** (2354 m) – Tilisunahütte (2208 m), 4½ bis 5 Std. Östl. Beginn des **Rätikon-Weitwanderweges Nr. 102,** rot-weiß-rote AV-Markierung. Wie bei R 537 auf die Obere Alpe Röbi. Weiter um den Borschtkopf herum an dessen Nordflanke und nach W zur Zollhütte und auf den Sarotlapaß, 2389 m, hinauf. Schweizer Grenze. Großartiger Rückblick auf Silvretta! Fast waagrecht weiter unter den Sarotlaspitzen zum nahen Plasseggenjoch (Grenze). Man überschreitet es nach Norden hinab auf das Hochplateau von Tilisuna, dicht nördl. am Grubenpaß und am Tilisunafürkele vorbei und über die schönen Weiden zur Tilisunahütte mit Bergsee; eindrucksvolle Landschaft!

■ **546 St. Antönier Joch,** 2388 m, 2 Std. mit, 3 Std. ohne Sesselliftbenützung. a) Zur Gargellner Alpe (Lift-Mittelstat.) und, der weiß-roten Markierung folgend, durch das Tal empor durch weiträumige Alpenrosenbestände, immer dem Weg folgend, bis zum Joch an der Schweizer Grenze. b) Ein weiterer (interessanterer) Weg zum St. Antönier Joch führt von der Bergstation der Schafbergbahn aus: Vom Restaurant Schafberghüsli mit gelbweißer Markierung nach Nordwesten auf die Ostschulter der Gargellner Köpfe. Mit fast 200 Meter Höhenverlust führt der Pfad von dort durch das Kar hinab und hinüber, bis er in den üblichen Weg zum Antönierjoch und dessen weiß-rote Markierung einmündet. Ihr nach in ca. 40 Min. aufs Joch, mit großer Fernsicht. – Der früher vielbenützte Paßweg (alter Schmugglerpfad) führt in 1½ Std. nach St. Antönien, Dorf (mit Hotels) und Seitental des Prättigaus (Kanton Graubünden) zu Füßen der Sulzfluh. Autokurs der Eidgenössischen Post nach Küblis (Bahnstation der RhätischenBahn Landquart – Klosters – Davos).

■ **547 Auf den Täscher** 1 bis 1½ Std. ab Mittelstation Gargellner Alpe. Täscher heißt die hohe, baumfreie Kuppe über dem Bannwald der westl. Talseite mit Lawinenverbauungen. Mit Sessellift bis Mittelstation der Schafbergbahn; dort rechtshin zu den Hütten der nahen Gargellner Alpe, 1733 m, und weiter im Gargellner Alptobel einwärts empor bis zur Weggabel (Wegtafel). Hier nicht aufwärts auf dem St.-Antönier-Jochweg, sondern scharf nach rechtshin. Bei der nächsten Wegtafel „Höhenweg über Täscher zum Riedkopf“ folgt man nach links aufwärts der blaugelben Markierung über den aussichtsreichen, mit Strauchheide und Alpenrosen überwachsenen Bergrücken empor. – Für den Abstieg führt am Täscherhang auf ca. 1900 m (Wegtafel) eine blaue Markierung ins Ronggbachtobel hinab zur Alpe Rongg und weiter auf dem Fluhwaldweg nach Gargellen-Ortsmitte. Schöne Rundwanderung, ca. 3 Std.

■ **548 Riedkopf,** 2550 m, 2½ Std., ohne Lift 4 Std. Aussichtsreicher, überaus lohnender Grenzgipfel. Der schönste Aufstieg führt über den Täscher:
Wie bei R 547 von der Mittelstation Gargellner Alpe (1733 m) auf den Höhenrücken des Täschers (um 2000 m) und mit blau-gelber Markierung über ihn nach Westen empor, später an einigen kleinen Seelein vorbei. Nach weiteren 25 Min. steht man auf einem breiten Joch, 2450 m (Wegtafel). Zum Riedkopf weiter nach rechts, Norden, aufwärts (½ Std.). Vom Joch in südl. Richtung abwärts erreicht man in ½ Std. das St. Antönier Joch, 2388 m. Sowohl auf dem Riedkopf wie am ganzen Grat großartige Fernsicht auf Rätikon, Silvretta und weit in die Schweiz hinein bis Bernina; bei sehr klarer Sicht bis Monte Rosa, 200 km Entfernung! – Abstieg: Vom Antönierjoch der rot-weißen Markierung folgend nach Osten hinab zurück zur Gargellner Alpe und zur Liftstation oder zu Fuß ins Dorf.

■ **549 Schafberg,** 2213 m – **Gargellner Köpfe,** Ostgipfel, 2482 m. Das weite, freie Schafberg-Hochplateau, vor die Prachtgestalt der Madrisa gelagert, 7 Monate des Jahres ideales Skigebiet, ist sommers ein herrliches Wander- und Tourenland, durch die Schafbergbahn hochgelegener Ausgangspunkt für viele interessante Ziele oder für „Bergfahrten abwärts". – Ein reizvoller alpiner Steig (nur für Trittsichere und Schwindelfreie) führt von der Bergstation auf den Ostgipfel der nahen Gargellner Köpfe, die nordwestlich das Schafbergplateau überragen. Der Weg beginnt beim Restaurant Schafbergstübli mit roter Markierung in südwestl. Richtung. Oberhalb der letzten Stützte des Skilifts „Gargellner Köpfe" gewinnt der Steig den hübschen Schrofengrat, der nach Westen gegen den Hauptkamm emporzieht (bitte die Flora zu schonen!). Nach knapp 1 Std. ist der Punkt 2370 m erreicht, ein prächtiger Panoramakopf (besonders auffallend im SO die wilden Fergenhörner, Litzner, Seehorn, Linard!). Nach etlichen Minuten Weiteraufstieg nach Norden eine Tafel „Nur für Geübte"; Weiterweg steil empor auf die Grathöhe und rechts nach Osten in leichter Kletterei auf den Felsengipfel, 2482 m. Abstieg wie Aufstieg oder leichter dem rot mark. Felsensteig folgend am Ostgrat hinab bis zum Gratende bei der Kopfstation des Schafberg-Schlepplifts. – Nicht Geübte gehen vom Panoramakopf auf gleichem Weg zurück. – Leichter als diese Überschreitung ist der Auf- und Abstieg über den Ostgrat.

■ **550 Gandasee,** 1966 m. Eine besonders zu empfehlende, mühelose, ungewöhnlich schöne Wanderung! Mit Lift entweder bis auf die Gargellner Alpe und auf mark. Weg über der Waldgrenze nach S, sanft ansteigend am ganzen Rücken des Schafberges entlang in ca. 1½ Std. zum See.
Oder zur oberen Bergstation, Schafbergplateau, und in südl. Richtung eben hin, zuletzt etwas absteigend, in ca. 35 bis 45 Min. zum See, der in einem alpenrosenbewachsenen Blockkar zu Füßen der Madrisa und ihrer gewaltigen Nordabstürze liegt. Abstieg nach Nordosten auf bez. Weg zur Obwaldhütte hinab, dann zur Valzifenzalpe und talaus nach Gargellen zurück.

■ **551 Zum Gandasee über Madrisahütte.** Wie bei R 543 zur Madrisahütte, 1 Std. Von dort auf mark. Weg (blau-weiß) steil durch den Bergwald empor, später über Alpenrosenhänge zum See. 30 Min. oberhalb der Madrisahütte kommt man zur Jausenstation Obwaldhütte auf 1863 m Höhe. An der Waldgrenze herrliche Arvenbäume. Rückweg: Auf dem Höhenweg am Schafberghang über Höhe 2015 m zur Gargellner Alpe und Liftbergstation, insges. ca. 3 Std.

■ **552 Gafierjoch,** 2415 m. Doppeljoch, Grenzjoch gegen die Schweiz, Grenzstein Nr. 1, markierte Pfadspur, für Geübte. Prächtige Aussicht auf die Fluhen: Rätschenfluh im W, Sulzfluh und Scheienfluh im NW, Schesaplana usw.

Wegverlauf: Von der Bergstation der Schafbergbahn nach SW gegen die Rinderhütte und weiter nach SW auf markierter Pfadspur zum Joch hinauf, 1 bis 1¼ Std. Tiefblick ins schweizerische Gafiertal. Ein markierter kurzer Steilabstieg vom Joch mündet in den markierten Weg vom Rätschenjoch nach St. Antönien im Prättigau. Außerdem führt vom Gafierjoch eine Steinmal-Markierung aufwärts zum Madrisajoch (Besteigung des Madrishorns = Klosterser Madrisa), 2826 m (für Geübte leicht), und nach SW zum Rätschenjoch, s. R 552a – Rätschenhorn s. R 554.

■ **552a Zum Rätschenjoch,** 2602 m. Vom Gafierjoch mit weiß-rot-weißer Markierung nach Süden aufwärts, dann unterhalb des Madrisajoches nach SW zum Rätschenjoch, ca. 1½ Std. Die ganze Gegend ist geologisch-botanisch hochinteressant. Vom Joch prächtige Fernschau. Ab hier führt ein markierter Abstieg zur Bergstation der **Madrisabahn** hinab, 1887 m, auf der Saaser Alp, 2 Std. Talfahrt oder Weiterweg nur für sehr ausdauernde Wanderer, auf Höhenweg zum Schlappiner Joch, 2203 m, s. R 561.

■ **553 Madrisa,** 2770 m, 5½ Std. Die prächtige Berggestalt, das Wahrzeichen Gargellens, steht beherrschend über dem Tal, ein faszinierender Klotz mit langem Dachfirst, ein Firndach nach Norden und steil abstürzende Wände, im Süden ebenfalls steile Wandabstürze in die Steinwüste des Gandatals; gegen Valzifenz der berühmte Nordostgrat. Nur für Bergsteiger oder mit Führer. Sehr lohnend, mit großartiger Aussicht. Der Normalanstieg ist der von Nordwesten, es ist der kürzeste und meistbegangene, 2½ Std. mit Benützung der Schafbergbahn. Von der Bergstation auf dem markierten Pfad gegen das Gafierjoch bis ins Blockkar unter den Madrisa-Nordabstürzen zu einem kleinen See, 2337 m, mit großem Felsblock, ¾ bis 1 Std. Jetzt nach links über die großblokkige Halde an den Fuß des Rinnensystems. Nicht durch die große Rinne, sondern bei Felssporn nach links aufwärts querend, dann über Felsrippen ansteigend bis zu den Firn- und Geröllfeldern des „Daches“ und geradeaus zu kleiner Gratscharte westlich des Gipfelkopfes. Über Blockstufe leicht auf den Gipfel. Weitere Anstiege sind im AV-Führer „Rätikon“ beschrieben.

■ **554 Rätschenhorn** (Rätschenfluh), 2703 m, 3½ bis 4 Std. von der Bergstation Schafbergplateau. Die südöstlichste der herrlichen Rätikon-Kalkfluhen, interessanter, für Geübte leicht zu besteigender Berg im schweizerischen Nachbargebiet.

Anstieg: Wie bei R 552a über das Gafierjoch zum Rätschenjoch. Von hier weiter mit Markierung über weite helle Karrenfelder von eigenartigster Schönheit; nach Norden zum Gipfel hinauf. Abstieg wie Aufstieg.

■ **555 Valiseratal.** Rechtes Seitental des Gargellentales, das beim Maisäß Valisera ausmündet, dort wo (ca. 20 bis 30 Min.) – talaus von Gargellen – die Talstraße aufs Ostufer wechselt. Dieses Tal gehört zu den einsamsten in Vorarlberg mit dem imposanten Talschluß der mächtigen Valisera-Heimspitzwände.
a) Von Gargellen auf dem Suggadinweg, s. R 538a bis zum Maisäß Valisera, wo die Forststraße beginnt, die bis zur Valisera-Alpe, 1588 m, führt (für allgemeinen Verkehr gesperrt!). Valisera bedeutet „verschlossenes Tal", also Sacktal. Hingegen führt von Valisera-Maisäß ein markierter Weg über das nahe Kohltobel weg und rechts durch Wald hinauf zur Gampabingalpe, 1904 m, ca. 2 Std.; von dort hinab nach Garfrescha.
b) Talaus von Valisera-Maisäß führt der (schon in Gargellen beginnende) weiß-blau markierte schöne Wanderweg Gargellen – Gampabing – Planetsch – Neuberg – St. Gallenkirch, s. R 538a.

■ **556 Schmalzberg,** 2345 m, 2½ Std. Steil und mühsam, zum Teil weglos, aber für geübte Geher (nur für solche!) lohnende Halbtagstour. Hervorragende Aussicht! – Vom Bildstöckle im Vergaldner Tal noch 10 Min. talein und bei den kleinen Hirtenhütten links hinunter zur Brücke. Über diese, auf der anderen Bachseite, dem Steig folgend, nach rechts, O, dann weglos die breite Grasrinne direkt empor, bis sie sich verengt und wieder ein Steig nach links, W, führt. Auf schmalem Steig gerade hinauf zur Hochfläche. Weglos über steile Hänge halbrechts, bis der Steig erreicht wird, der unter dem Grat nach links, W, unschwierig zum Gipfel führt.

■ **557 Heimspitze,** 2685 m, und Valisera, 2665 m. Die Heimspitze ist der beliebte Hausberg von Gargellen, ein Aussichtsgipfel ersten Ranges. Die Flora ist berühmt durch ihren Reichtum, z. B. die Habichtskräuter und den von den Wurzengräbern geschätzten gelben Enzian (Gentiana lutea). Die Gesteinsblöcke am Gipfel

enthalten Millionen kleiner Granaten (Schwimmer). – Bezeichneter Weg (weiß-blau) bis zur Spitze: Wie bei R 542 zur Vergaldner Alpe, 1820 m; ca. 100 m weiter talein von den Alphütten bei großem Stein links ab und jetzt in Kehren steil empor auf den oberen Vergaldner Schafberg. Dort zweigt rot-weiß markiert der „Heimbühlweg" und höher oben mit rot-gelber Markierung nach rechts der „Verbindungsweg" zum Heimbühljöchli – Matschuner Joch ab, s. R 518. Der Heimspitzweg führt, jetzt weniger steil, weiter nach N, später NW empor bis an den Fuß des Gipfels und unschwierig über Felsstufen auf die Spitze, 4 bis 4½ Std.
Die Valiseraspitze, 2716 m, ist schwieriger zu ersteigen. Bis auf den Grat wie bei der Heimspitze, aber dann weglos (nur für Geübte oder mit Führer) über und links unter dem Grat und Zwischenspitz durch nach W in die Scharte vor der Valiseraspitze und über ihren NO- und O-Grat zum Gipfel. Aussicht umfassend, vom Finsteraarhorn bis Ötztaler, bes. schön die zentrale Silvretta.

■ **558 Vergaldner Joch und Kuchenberg,** 4 bzw. 4½ Std. Wie bei R 542 ins Vergaldner Tal und der Markierung des Weitwanderweges 302 folgend durch dieses lange, bis zum Hintergrund fast flache Tal über Vergaldner Alpe nach Osten talein, an der Rotbühelhütte, 2103 m, vorbei, 2 bis 2½ Std. In Kehren in ca. 45 Min. aufs Vergaldner Joch empor, 2515 m, und auf dem markierten „Endriss-Höhenweg" nach N über Vorderberg auf den nahen flachen Kuchenberg, 2523 m; weiter auf dem Höhenweg zum Matschuner Joch nach Garfrescha s. R 599.

■ **559 Palmtaljoch,** 2498 m, 3½ Std. – **Ritzenspitze,** 2650 m – **Wintertal.** Vielgipfeliger Kamm zwischen Vergaldnertal und Valzifenz-Wintertal. Nur für geübte Wanderer zu empfehlen; einsames, interessantes Gebiet, aber vom Roßberg ab ohne Weg! Keine Markierung. Nur bei sicherem, gutem Wetter! – Knapp vor den Vergaldner Alphütten, 1820 m (s. R 542), rechts über einen Steg nach Süden auf die linke Bachseite und auf gutem Alpweg in Kehren empor auf die Hochfläche des Roßberges, um 2200. Weglos und ohne Markierung weiter durch das wasserreiche Hochtal nach Süden, zuletzt steiler empor auf eine Hochstufe mit

Bergsee. Auf der Stufe links nach SO zu zwei weiteren Seen. Jetzt steil rechts empor nach Süden (einige Pfadspuren) auf das langgezogene Palmtaljoch, 2498 m, das den Übergang aus dem Vergaldner ins Wintertal vermittelt. Zur Besteigung des Hauptgipfels der Ritzenspitzen (Südgipfel, 2650 m), folgt man vom Joch aus dem Grat nach NW empor (ca. ½ Std.). Sehr schöner Ausblick und Tiefblick auf Gargellen! – Der Abstieg vom Palmtaljoch (oben kurz sehr steil) in das einsame, seengeschmückte Wintertal – etwas taleinwärts halten! – ist weglos und unschwierig. Im Talgrund erreicht man den Weg zur Oberen Valzifenzalpe, 1838 m; ab hier heißt das Tal Valzifenztal. Am Bach entlang flach talaus zur Unteren Valzifenzalpe und über Vergalden nach Gargellen; zus. ca. 6 Std.

■ **560 Tübinger Hütte,** 2195 m, 5 Std. Wie bei R 558 auf dem Weiterwanderweg 302 zum Vergaldner Joch. Jenseits steil hinab und nach rechts südöstlich auf das Mittelbergjoch (im NO-Rücken des Mittelbergs); vom Joch nach Süden wieder steil hinab auf die Hochstufe in den Hintergrund des Garneratales. Auf dieser Hochstufe fast horizontal in weitem Bogen nach Osten und Nordosten, durch große Blockfelder, über den Bach zur Tübinger Hütte.

■ **561 Schlappiner Joch,** 2203 m, Grenze Österreich – Schweiz, 2½ bis 3 Std. Geschichtlich interessanter Paß durch jahrhundertelangen Saumverkehr und durch die Grenzkämpfe in den Religionskriegen um 1621 bis 1622 und in den Franzosenkriegen 1799, s. R 147. – Wie bei R 543 Richtung hintere (obere) Valzifenzalpe; schräg gegenüber (Wegtafel) zweigt rechts der Jochweg ab; auf Steg über den Bach und steil nach Süden, zwischen Alpenrosen und Erlen auf gutem Bergpfad empor bis aufs Joch, Grenze. Schöner Blick auf die Graubündener Alpen (Tinzenhorn!) und ins Davoser Hochtal. Jenseits (S) hinab ins Schlappintal nach Schlappin, 1658 m (zwei Gasthöfe, Stausee), und nach Klosters-Dorf und Klosters-Platz, 1200 m, 2 Std.
Vom Joch führt ein sehr schöner **Höhenweg** auf der Südseite (Schweizer Seite) des Joches mit weiß-rot-weißer Markierung hangentlang zur **Bergstation Albeina der Klosterser Madrisa-**

bahn: Vom Schlappiner Joch 4 bis 5 Min. auf der Schweizer Seite nach S hinab zur Wegtafel. Nun nach rechts, Südwest, über die Matten und Blockfelder unter den Gandataler Köpfen entlang mit herrlichem Fern- und Tiefblick in 1¾ bis 2 Std. zur Bergstation, 1865 m, mit Restaurant. Zurück auf gleichem Weg. Gesamtgehzeit ab Gargellen und zurück 7 Std.
Sehr gehtüchtige, geübte Bergsteiger gehen von der Bergstation Albeina (Restaurant) auf markiertem Steig durch das Weidetal „Chüecalanda" aufs Rätschenjoch, 2602 m, 2 Std. Von dort wie bei R 554 über das Gafierjoch zur Schafbergbahn und nach Gargellen. Große, ca. neunstündige Rundtour. Siehe besonders auch R 565.

■ **562 Valzifenztal – Valzifenzjoch – Vergalden.** Einsames, hochalpines Wandergebiet für Geübte. – Von Gargellen durch das Valzifenztal wie bei R 543 zur Oberen Valzifenzalpe, weiter in östl. Richtung ins Wintertal zur Zollwachhütte, 2212 m, auf dem Augstenberg mit mehreren kleinen Seen. Auf blau-weiß markiertem Pfad auf das Valzifenzjoch, 2485 m, mit dem markanten Valzifenzturm. 3½ Std. ab Gargellen. Jenseits des Joches hangentlang weglos nach NW auf die Böden des Roßberges und zur Roßberghütte, 2201 m. Auf Pfad nach Norden hinab zur Vergaldner Alpe und talaus nach Gargellen. Insgesamt 6 bis 7 Std. (Markierung geplant).

■ **563 Rotbühelspitze,** 2853 m, 4½ bis 5 Std. von Gargellen. Grenzgipfel mit gewaltiger Aussicht, Einblicke in die wilde Einsamkeit der hintersten Schlappinumrahmung. Großes Gipfelkreuz, 1987 durch die „Bergfreunde Bludesch" errichtet. Von Gargellen wie bei R 562 zur Oberen Valzifenzalpe, weiter ins Wintertal und auf den Augstenberg. Jetzt ostwärts, nicht markiert, bis unter den Rotbühel-SW-Grat, dann südöstl. über Steilhalden neben diesem Grat empor in einen Schuttsattel. Weiter über Schutthänge (Schnee) auf der Nordseite des Gipfelgrates empor, bis man leicht zum Gipfelgrat und über ihn zur Spitze aufsteigen kann.

■ **564 Weitwanderwege Rätikon und Silvretta.** In Gargellen, mit dem Talbach Suggadin als Grenze zwischen den Gebirgsgruppen Rätikon und Silvretta, beginnen (bzw. enden) die beiden vom Alpenverein rot-weiß-rot durchmarkierten und betafelten Weitwanderwege (WWW) Nr. 102 Rätikon und 302 Silvretta. Der WWW 102 führt nach Westen durch die ganze Gruppe über die Schesaplana bis Liechtenstein und Feldkirch. Verlauf siehe R 202. Der WWW 302 führt nach Osten durch das Vergaldnertal bis ins Tiroler Fimbertal. Verlauf siehe R 203.

■ **565 Madrisa-Rundtour.** Diese ungewöhnlich interessante **Dreitageswanderung** kann von den Gästen jederzeit individuell gebucht und begangen werden (Pauschalpreis). – Anmeldungen und Prospekt beim Verkehrsverband Montafon, A-6780 Schruns, Telefon 05556/2253, oder beim Verkehrsamt A-6787 Gargellen, Telefon 05557/6303, oder bei der Madrisabahn, CH-7252 Klosters-Dorf, Telefon 083/42333.
1. Tag: Gargellen – Schlappinerjoch – Saaser Alp (s. R 561) zur Bergstation der Madrisabahn, 1865 m; Talfahrt nach Klosters, bedeutender Kurort; Nächtigung.
2. Tag: Mit der Madrisabahn zur Bergstation. Durch das Hochtal Chüecalanda auf das Rätschenjoch, 2602 m, 2 Std. Abstieg ins Gafiental (botan.-geolog. interessant!) nach St. Antönien. Insgesamt 5 Std. Wanderzeit.
3. Tag: Von St. Antönien (typische Walsersiedlung!) auf das St.-Antönier-Joch – Schafberg (Mittelstation oder Bergstation) nach Gargellen. Beste Karte: Blatt „Gargellen“ 1:25.000.

Lit.: s. R 736

566–569 Offene Randzahlen für Nachträge

GASCHURN, 1000 m ü. d. M.

Auskunft: Verkehrsamt A-6793 Gaschurn, Tel. (05558) 8201

Die Fraktion Partenen der Gemeinde Gaschurn ist unter R 635 bis 658 als Ort und Tourengebiet für sich behandelt.

■ **570 Gaschurn,** 14 km von Schruns, 27 km von Bludenz, Postautostation (mehrere Halte) der ständigen Busverbindung Schruns-Partenen, direkte Postbusverbindung ab Schnellzugstation Bludenz, Autohalt der Postautokurse der Silvretta-Hochalpenstraße Schruns – Gaschurn – Partenen – Bielerhöhe – Zeinisjoch – Kops – Galtür – Landeck.
Gondelbahn Versettla auf 2010 m, s. R 571.
Vermuntbahn auf Trominier (Partenen) s. R 637.
Tafamuntbahn (Partenen) s. R 638.

Autostraße auf Gaschurner Berg bis Höhe 1300 m beim Hotel Versettla, 3,6 km. – Güterweg (Fahrverbot) auf Maisäß Ganeu, 1400 m, im Garneratal. – Rifabecken der Vorarlberger Illwerke im früheren bäuerlichen Ortsteil Rifa; Fassungsvermögen 800.000 m^3 Wasser.

Verkehrsamt mit Leihbücherei, Lese- und Fernsehraum; drei öffentlich zugängliche Hotelhallenbäder, geheiztes Freischwimmbad in Partenen, Tennishalle, Tennisfreiplätze, Tennisschule, Alpinschule Silvretta mit Klettergarten; Silvretta-Volksmarsch ca. 18 km, alljährlich. Geführte Bergwanderungen und Bergtouren s. R 24 (Wandernadel). – Fußball, Minigolf, Forellenfischerei. Markierte Wander- und Höhenwege. Bergrettungsdienst. Katholische und evangelische Gottesdienste. Dorfführungen usw.

Arzt, Apotheke, Postamt, Raiffeisenbank, Sparkasse, Hypobank, Geschäfte aller Art, Drogerie, Sportartikel usw.; Friseur. Platzkonzerte, Heimatabende, wöchentlich Gäste-Tennisturniere, Klavierkonzerte, Diskotheken, Cafés usw.; Alphornbläser.
Diät- und Kneippsanatorium Dr. Felbermayer, Kuranstalt (104 B). Akupunktur, Heilmassage, Ozonhallenbad, finnische Sauna, große Therapieanlage, Neuraltherapie; biol. Ganzheits-

behandlung; kulturelle Veranstaltungen; geöffnet Mitte Dezember bis Ende Oktober.

Gaststätten: 2600 Gästebetten in zwölf Hotels (Kat. A u. B), zahlreiche Gasthöfe, Pensionen, Appartements, Ferienwohnungen, Ferienhäuser, Selbstversorgerhäuser; Cafés; Restaurant Alt-Montafon; Panorama-Restaurant „Nova-Stoba" auf 2010 m, Sonnenterrasse mit über 1000 Sitzplätzen. – Ausführliche Listen mit Lageplan durch das Verkehrsamt.

Campingplatz „Nova", Gaschurn 138, mit Sauna und Gaststube, ganzjährig.

In Höhenlage: Heilbronner Hütte, DAV, im Verwall, 2308 m (40 B, 96 TL); Tübinger Hütte, DAV, in der Silvretta, 2191 m (40 B, 78 TL); Wiesbadner Hütte, Saarbrücker Hütte und Madlener-Haus siehe unter Partenen, R 635.

Alpinschule Silvretta. Leiter: Bergführer A. Bitschnau, Tel. 05556/3934 und Tel. 05558/8201 oder 8315.

Geführte Bergwanderungen und -touren, Tourenwochen, Skitourenwochen, Klettertouren, Ausbildungskurse in Fels und Eis, Grundkurse im Klettergarten, Privattouren.

■ **571 Versettlabahn,** Gondelbahn in zwei Sektionen, Talstation auf 978 m, 2 Min. von der Ortsmitte Gaschurn an der Umfahrungsstraße; große Parkplätze. Mittelstation Rehsee, 1438 m, Bergstation am Gantegrat auf 2014 m. Förderleistung 2000 Pers./h. Großrestaurant mit 1500 Sitzplätzen bei der Bergstation, Sonnenterrasse. – Berg- und Mittelstation sind Ausgangsort für markierte Wander- und Höhenwege in der westl. Silvretta; sie schließen an die weitläufigen Gebiete von Garfrescha, Garnera und Gargellen an (s. dort).

Winter in Gaschurn: Die 6-Personen-Komfortgondeln der Versettlabahn führen in die großzügigst ausgebaute Skiregion **Silvretta-Nova** mit 4-Sektionen-Einseilumlaufbahnen, 7 Sesselliften, 21 Schleppliften; Förderleistung: 40.000 Pers./h. 80 km gepflegte Abfahrten und Pisten zwischen 1000 und 2300 m. Gratisskibus für alle Skipaßinhaber. 60 Skilehrer.

Im Ort: Skischule Hochmontafon, Alpinschule, wöchentliches Gästeskirennen, geführte Skiwanderungen, 30 km Langlaufloipe, Schlepplift, 6 km Rodelbahn, Frühlingsskilauf, Curling, Tennis.

■ **572 Gaschurn** (Bild 13) ist flächenmäßig die größte Gemeinde von ganz Vorarlberg: 17.683 ha (176 km^2), d. i. wesentlich größer als das Fürstentum Liechtenstein (159 km^2) und größer als der Schweizer Kanton Appenzell-Innerrhoden (172 km^2), die Gemeinden Gaschurn und St. Gallenkirch sind zusammen auch größer als die Millionenstadt Wien! Aber Gaschurn hat nur 1100 Einwohner, d. i. 10,5 auf den km^2 – also eine raumgesättigte Großgemeinde im Herzen der Berge, in der Mitte zwischen Arlberg und Unterengadin. 62 Prozent der Fläche sind Alpweiden, 27,1 Prozent Ödland, denn diese Gemeinde greift bis in die Gletscherregion hinauf in über 3300 m Höhe. Ihre Grenzen liegen auf dem Silvrettahauptkamm gegen die Schweiz (Prättigau und Unterengadin) und gegen Tirol.
9 Maisäße und 12 Hochalpen liegen in diesen Gemeindegrenzen, die ihre eigene interessante Geschichte haben (s. R 138). Die frühe Besiedlung von Gaschurn zeigt sich auch in den Flurnamen, die zum überwiegenden Teil rätoromanisch sind, z. B. Frantscha, Valtuat, Trantrauas, Bleimuras, Gandadaura usw.
Gaschurn ist schon seit 1585 eigene Pfarrei. Aus der Historie ragt die halb sagenhafte Gestalt des Söldnerführers Lukas Tschofen hervor, der mit ungeheurer Beute aus dem Dreißigjährigen Krieg heimkam und dessen Bauten z. T. heute noch stehen; so auch das schöne Kirchlein „Maria Schnee", sehenswert erneuert durch den Schrunser Kunstmaler Honold. Das berühmte „Große Haus" ist leider vor etlichen Jahren abgebrannt. Die kunstreiche „Gaschurner Stube" im Vorarlberger Landesmuseum dürfte aus diesem Besitz stammen. Zeugnisse der bedeutenden Wohnkultur dieses Bergdorfes (von denen leider vieles abgewandert ist) sind auch die kostbaren zirbengeschnitzten Möbelstücke, die das Hotel Rößle hortet. Im Speisesaal des genannten Hotels sind als Täfel- und Türfüllungen schöne Schnitzereien, die vom Abbruch der

alten Gaschurner Kirche stammen, verwendet. Auch viele Häuser in Gaschurn in dem schönen einheimischen Stil zeigen liebevolles Volkskunstschaffen.
Aus Gaschurn ging weiters auch Franz Saler hervor, der Auswanderer, der die Stadt St. Louis am Mississippi mitbegründete. Eine besonders sympathische Gestalt ist jener Bergsteigerpfarrer Battlogg (1836–1900), der um 1880 als Pfarrer von Gaschurn einen weitberühmten A-cappella-Chor dirigierte, bestehend aus den heimischen Frauen in der Tracht, die Männer waren damals sommers über stets im Ausland in Arbeit. Vollendet schön wurden Werke von Palestrina, Orlando di Lasso, Dowland, altenglische Madrigale usw. aufgeführt. Die einheimischen Frauen gehen z. T. heute noch in der schönen Tracht; auch die Dorfmusik trägt sie – bei den kirchlichen Prozessionen ein sehenswertes Bild. Beherrschend über dem Dorf steht die Prachtgestalt der Vallüla (2815 m) im Südosten, im Süden Burg und Versettla und der Breitfielerberg mit den Lawinenverbauungen, im Osten das Massiv von Tafamunt-Versál (s. R 619).
Gaschurn war mit Schruns einer der frühesten Sommerfrischplätze Vorarlbergs – seit 1860 – dank der Tüchtigkeit der damaligen Rößle-Wirtin, Viktoria Keßler, die als Pionierin des Montafoner Fremdenverkehrs wirkte. Heute führt ihr Urenkel das moderne Posthotel Rößle, der die Tradition des Hauses hochhält. Die Fremdenbücher dieses Hotels reichen bis 1870 zurück. Unter den langjährigen Gästen von Gaschurn sei besonders der Kunstmaler Prof. Scholz (Scholzweg ins Valschaviel!) genannt, dessen Silvretta-Panorama, gesehen vom Gipfel der Versalspitze, noch den Saal im Hotel „Rößle“ schmückt.
Literatur: „Heimatbuch Gaschurn – Partenen“ von Dr. J. Zurkirchen, 1985 (durch Gemeinde Gaschurn).

Spaziergänge von Gaschurn

A) *Spaziergänge links, südlich der Ill:*

■ **573 Moldenhauerweg – Schattenort,** 1 Std. – Dicht hinter (östl.) der Kirche auf dem Sträßchen zur Ill hinab und über die

Motorschiff auf 2000 Meter, Silvrettasee gegen Piz Buin.
Bei R 675 *Foto: Vlbg. Illwerke/Vonbank*

Brücke zur Umfahrungsstraße. Dort gleich links die Talstation der Versettlabahn, rechts Beginn des Sträßchens auf den Gaschurner- oder Gundalatscherberg. Wegtafel. Nach Schattenort geht man auf der Bergerstraße ein Stück empor, dann von ihr nach rechts abzweigend (Wegtafel) nach Westen talaus bis in den Wald „im Plünggas“ (= Halde) und immer talaus durch Wald und Lichtungen, zuletzt leicht abwärts zu den Häusern von Schattenort, von dort zur Ill hinab und über die Brücke nach Gortipohl. Als Rundweg bis Gaschurn 2½ Std.

■ **574 Pfangeswäldchen,** ¾ Std. Wie bei R 573 zum Beginn der Bergerstraße. Kurz auf ihr empor; bei der 2. Kehre nach links abbiegend (Osten) zur Parzelle Pfanges und im Wald mit einigen sanften Serpentinen zum Ruheplatz; dann eben weiter am Hang talein (SO). Abstieg zum Garnerabach und ins Dorf zurück.

■ **575 Gundalatscherberg – Rehsee,** 1½ bis 2 Std. Auf der bequemen Bergerstraße bis an deren Ende beim Berghotel Versettla in herrlicher Aussichtslage. Von dort auf markiertem Fußweg weiter empor, teils durch Wald, später über die Wiesen von Puliditsch (rätorom., bedeutet kleiner Sumpf) hinauf. Bald nachher führt im Wald die Markierung vom Weg zum Gantekopf ab und seitlich nach W zum kleinen, idyllischen Rehsee hin. Bequemer als Bergab-Spaziergang mit Auffahrt auf der Versettlabahn bis zur Mittelstation Rehsee.

■ **576 Fenggatobel – Wasserfall** (Garneraschlucht), 1½ Std., die großartigste Schlucht des Montafons! Hinter der Kirche rechts ab und wie bei R 573 über die Illbrücke, dann nach links talein durch die Parzelle Pfanges bis über den Garnerabach und auf dem Ganeuerweg zu den Ziegenställen. Etwa 300 m hinter diesen verläßt man den Ganeuerweg (Wegtafel), wo die eigentliche Schlucht beginnt. In ¾ Std. zu dem schönen, majestätischen, tosenden Wasserfall und in einer weiteren ½ Std. durch die Schlucht über zahlreiche Steinstufen empor nach Maisäß Ganeu, „wo die ganze Innerfratte auf eine höchst anziehende Weise sich dem Auge darbietet“ (Pfarrer Battlogg).

■ 577 **Maisäß Lifinar,** 1625 m, 2 Std. Fußaufstieg. Wie bei R 575 zur Mittelstation Rehsee (oder hierher mit der Versettlabahn). An der Station beginnt (Wegtafel) nach links hin (SO) der Geißweg zuerst im Wald, dann über Weiden zum Maisäß Lifinar, 1600 m, dessen Hütten herrlich an einer Bergecke über dem Eingang ins Garneratal liegen, mit weitem Ausblick. Von Lifinar abwärts zum Garnerabach und auf Brücke nach rechts hin zum Maisäß Ganeu. Den Weiterabstieg nach Gaschurn nimmt man auf dem Ganeuer Fahrweg, zusammen 2½ bis 3 Std. Von Lifinar nach S empor führt als „Lifinarweg" (rot-gelb) ein Anstieg auf die Versettla, 2372 m, s. R 597.

■ 578 **Maisäß Ganeu,** 1400 m, 1½ Std. bis **Garneratal.** Wie bei R 576 bis zur Abzweigung Fenggatobel (Garneraschlucht), dort jedoch weiter links auf der Fahrstraße mit sanfter Steigung bis Ganeu und weiter talein der Straße nach im Talgrund über die untere Garnera-Alpe bis Straßenende im Talschluß; 1½ Std. von Ganeu. (Von hier in 1¼ Std. Aufstieg zur Tübinger Hütte, s. R 606.) Abstieg wie Aufstieg, oder durch die Garneraschlucht, s. R 576.

■ 579 **Wiesenweg nach Partenen,** 1¼ Std. Von der Kirche ca. 300 m auf der Straße talein, dann hinter der Kapelle „Maria Schnee" rechts über die Illbrücke zum Ortsteil Trantrauas (= Zwischenbäch); südufrig erhöht über dem Rifa-Stauseebecken zur Parzelle Außer- und Inner-Bofa. Der Tschambreubach trennt die beiden Parzellen und bildet die Grenze zwischen Gaschurn und Partenen. Jenseits des Tschambreubaches ein Stück ansteigend; später mündet der Fußpfad in das Sträßchen ein, das zum Kraftwerk und Dorf Partenen hinabführt.

580–585 Offene Randzahlen für Nachträge

B) *Spaziergänge rechts, nördlich der Ill:*

Die Namen der Spazierwege sind z. T. Erinnerungen an langjährige Gäste von Gaschurn.

■ **586 Richardsruhe,** 20 Min. Zwischen Posthotel Rößle und Gemeindeamt empor und nach ca. 1000 m bei Wegtafel nach rechts über Wiesen leicht ansteigend zur Richardsruhe.

■ **587 Zur Kanzel,** ½ Std. Zwischen Hotel Rößle und Gemeindeamt nördl. bis zur zweiten Wegkreuzung. Jetzt rechts über Wiesen leicht ansteigend, dann in Serpentinen in den Wald und links zum Aussichtspunkt „Känzle" oder Kanzel.

■ **588 Orthenburgweg,** ¾ Std. Wie bei R 587 nach Innergosta, dann aber, geradeaus ansteigend, bis zum Ausgang des Mottner Tobels. Von dort nach NW durch den Wald bis zur Einmündung des Orthenburgweges in den Scholzweg.

■ **589 Scholzweg,** 1½ Std., markiert. Vom Hotel „Rößle" nach N durch die Außergosta am Eingang ins Valschaviel. Von dort in kurzen Serpentinen nach rechts bis zur Einmündung des Orthenburgweges und weiter durch schattigen Wald ins Valschavieltal (s. R 616). Der Weg führt weiter bis auf die Alpe Gibau, 1863 m, siehe auch R 621.

■ **590 Rundweg Gaschurn.** Markiert; er führt als neue Anlage am Waldesrand an beiden Talseiten entlang.

591–594 Offene Randzahlen für Nachträge

Wanderungen und Bergtouren von Gaschurn

■ **595** Das Wander- und Tourengebiet von Gaschurn – Partenen ist von großer Vielfalt, Reichhaltigkeit und Schönheit. Die beiden Orte liegen im Zentrum der zwei mächtigen Gebirgsstöcke, im N Verwall, im S Silvretta mit den Gletschern und den Vermunt-Kraftwerken (s. R 180). Neun Täler strahlen hier aus: Valschaviel, Verbella, Ganifer, Zeinis, Vallüla, Vermunt, Kromertal, Tschambreu und Garnera. Ein Dutzend Berghäuser und Alpenvereinshütten bis auf 2540 m liegen in den weiten Bereichen. Ein sehr großes und sehr schönes Wandergebiet erschließt die Versettlabahn (s. R 595 ff.). Das Gebiet von Partenen ist unter R 635 ff. behandelt. Wir teilen zur Übersicht auf: a) Gaschurner Tourenge-

biet südl. der Ill: Gebiet zwischen Vermiel und Garneratal mit Gantekopf – Versettla – Matschun; Gebiet zwischen Garnera und Vermunt (Schafbodenberg, Breitfieler, Hochmaderer); Gebiet der Tübinger Hütte. Sämtliche Touren ausführlich beschrieben im Alpenvereinsführer, Band Silvretta, s. Lit.-Verz. R 735; außerdem im „Gebietsführer Silvretta" (1987).
Achtung! Die Touren R 596–600 lassen sich durch Auffahrt mit der Versettlabahn um 2 bis 3 Std. abkürzen!
Gaschurner Tourengebiet nördl. der Ill: Valschavieltal und Gebiet zwischen Valschaviel und Verbella mit Gibaualpe, Tafamunt, Versal, Verbellental; Gebiet der Heilbronner Hütte, Wormser Höhenweg. Sämtliche Touren beschrieben im Alpenvereinsführer, Band Verwall, s. Lit.-Verz. R 735.

■ **596 Gantekopf,** 1959 m, zu Fuß 3 Std., von der Mittelstation der Versettlabahn in 1½ Std., von der Bergstation in 20 Min. zu erreichen. Einer der schönsten ganz leichten Aussichtsberge des Tales, in dem langgezogenen breiten grünen Grat, der das Illtal im NO vom Novatal-Vermil im W trennt. Fußaufstieg: Wie bei R 575 zur Mittelstation Rehsee, 1480 m. Dort weiter auf dem Spatlaweg (blau-weiß) zur Bergstation und in nördl. Richtung auf dem Gantekopfweg (gelb-rote Raute), zuerst in den Gaschurner Sattel hinab, dann gratentlang wenig steigend auf den Gipfel. – Abstieg gleich oder dem Gantekopfweg weiter folgend nach Garfrescha hinab zur Bergstation der Garfreschabahn; s. R 485a und 516.

■ **597 Versettla,** 2372 m, und Burg, 2247 m. So heißen die beiden Gipfel, die den schönen, mit Bauernhöfen übersäten Gaschurner oder Gundalatscherberg südwestlich über Gaschurn krönen. Die Versettla, früher wegen ihres langen Aufstieges (5 Std.) nur selten besucht, ist seit Eröffnung der Versettlabahn der meistbestiegene Nahgipfel von Gaschurn, durch ihre prachtvolle Aussicht überaus lohnend und jedem auch nur einigermaßen Wandertüchtigen zu empfehlen! Das großartige Hochgebirgspanorama ist durch reizvolle Tiefblicke ergänzt. – Man fährt mit der Versettlabahn zur Bergstation auf 2010 m. Wegtafeln. Hier wendet man sich nach Süden und folgt der rot-weißen Markierung, die ohne alle Schwierigkeit in 1¼ Std. bis auf das große, begrünte Gipfeldach der Versettla führt. Halbwegs zwischen Bergstation und Gipfel führt ein rot-gelb markierter Pfad nach links abzweigend nach Lifinar – Gaschurn hinab, der heute hauptsächlich nur noch als Abstieg benützt wird. – Glanzstücke der **Gipfelaussicht:** im Ost- und Südhalbkreis die Silvretta mit zahlreichen Gipfeln aufgereiht: genau im SO das mächtige Fluchthorn, im O (links über dem Speicher Kops – Zeinisjoch) die Fädnerspitze, südl. davon Ballunspitze und Vallüla (hinter ihr Samnaungipfel), im SSW Litzner und Seehorn, im S die Schiltfluh mit Gletscher; nahe im W die Heimspitze. Nach W anschließend die Rätikonberge, bes. markant die Sulzfluh und Zimba. Im Norden sind die Verwallberge aufgereiht, von der Schrunser Hochjochgruppe im NNW bis weit nach rechts zum mächtigen Patteriol genau im NO und rechts davon Kuchen- und Küchelspitze. Über die Hochjochgruppe schaut die Rote Wand in den Lechtaler Alpen herein. Tiefblicke ins Montafon, mit Gaschurn – Rifa-Staubecken, Partenen – Kopsspeicher.

■ **598 Über den Versettla-Madrisella-Grat zum Matschuner Joch.** – Von der Versettla (s. R 597) führt nach Süden ein Grat zum Matschuner Joch (und weiter), der angesichts des großartig aufgerollten Silvretta-Panoramas einen der schönsten und bequemsten Höhenwege des Landes bietet und mit Hilfe der Versettlabahn leicht erreichbar ist. Wie oben bei R 597 auf die Versettla. Vom Gipfel folgt man zunächst dem rot-weiß bez. „Matschuner Gratweg" nach SW, abwärts über den breiten Höhenrücken. Den felsigen Bau der Madrisella läßt man rechts liegen und geht an ihrer Ostflanke auf einer Höhenstufe weiter nach Süden zur Wegteilung unterm Grat: der kürzere „Gratweg" (rot-weiß) führt rechts empor über den Grat und in der Westflanke der Matschuner Köpfe fast waagrecht hinüber in 1 bis 1¼ Std. zum Matschuner Joch, s. R 599. – Der längere „Seeweg" (blau-weiße Raute) führt links, ostseitig, an kleinen Seen vorbei unter den Matschuner Köpfen durch mit einigem Höhenverlust in ca 1½ Std. ebenfalls zum Matschuner Joch. Grat- und Seeweg kann man auch zu einer Rundtour verbinden. Vom Joch entweder auf gleichen Wegen zurück oder nach W hinab ins Novatal und nach Garfrescha, ca. 2 Std. Weitere Möglichkeiten s. R 599. Auf dieser 18 km langen Strecke veranstalten die Ortsgruppen Gaschurn und St. Gallenkirch des Bergrettungsdienstes alljährlich den Silvretta-Gebirgsmarsch.

■ **599 Matschuner Joch,** 2390 m. Das Joch ist ein wichtiger Knotenpunkt. Von ihm strahlen die Wege nach fünf Richtungen aus, alle bestens markiert und betafelt:
a) nach Norden der **Novaweg** (rot-weiße Raute) ins Novatal – Garfrescha, 2½ Std. (Garfreschabahn – St. Gallenkirch);
b) nach Süden der **Erich-Endriss-Höhenweg** (früher Tübinger Weg; blau-gelbe Raute): über Matschuner Jöchli, 2433 m, 30 Min. – Kuchenberg, 2523 m – Vorderberg, 2553 m, zum Vergaldner Joch, 2515 m, 40 Min.; vom Vergaldner Joch führt ein Weg nach Westen ins Vergaldner Tal hinab und nach Gargellen, 2½ Std., nach Südosten über das Mittelbergjoch zur Tübinger Hütte, 2191 m, 1 Std.;
c) nach Nordwesten der **Heimbühlweg** (rot-weiß quergeteiltes Viereck) zum Heimbühljöchli, 2540 m (R 518), auf die Heimspitze, 2685 m, und nach Gargellen; 4½ bis 5 (–6) Std.;
d) nach Nordosten der **Matschuner Gratweg** (rot-weißes Rechteck) und der Matschuner Seeweg (blau-weiße Raute) auf die Versettla, 2372 m, (Versettlabahn – Gaschurn; je 1¼ Std.);
e) nach Osten der **Matschuner Alpweg** (gelb-rote Raute), ins Garneratal und nach Gaschurn, 2½ bis 3 Std.

■ **600 Heimspitze,** 2685 m, 3½ Std. – Besonders schöne Tour für Geübte, weil sich die Besteigung der Versettla, der schöne Matschuner Grat und der Heimbühlweg damit verbinden. – **Anstieg:** Auffahrt mit der Versettlabahn und weiter wie bei R 597 und 598 zum Matschuner Joch. Von dort weiter über das Heimbühljöchli auf dem „Verbindungsweg" hinüber zum Weg auf die Heimspitze und auf den Gipfel. Abstieg zur Alpe Vergalda und nach Gargellen s. R 557. – Wer zur Tübinger Hütte will, kann westl. unter dem Heimbühljöchli auf der Vergaldner Seite nach Südosten mit Markierung am obersten Vergaldner Schafberg entlang unter dem Kuchenberg und Vorderberg hin das Vergaldner Joch erreichen und damit den Tübinger Weg (blau-gelb), 2 Std.

■ **601 Maisäß Ganeu** (1400 m) – **Älple – Schafbodenkopf** (2400 m), 3½ bis 4 Std. Sehr dankbare Bergwanderung mit besonders schöner Aussicht über die Montafoner Siedlungen bis Bludenz und Walgau und bes. auf die Garneratalumrahmung. Wie bei R 576 (oder 577) nach Ganeu (= casa nuova, Neuhof), 1 Stunde. Weiter der Markierung folgend, nach S an Waldrand links empor (Wegzeiger) und durch Wald zum Älple (1831 m, verfallen); über die Weiden der Neualpe zum Gipfel empor. Vom Schafboden führt auch eine sehr gute rote Markierung gegen die Ostseite des Berges hinab und nach Außer-Tschambreu, 1831 m. Vom Tschambreuer Bach nach Osten ansteigend, dann eben an den Hängen des Breitfieler Berges entlang, später quer durch die Lawinenverbauungen und hinab zur Bergstation Trominier der Vermuntbahn, 1730 m, ca. 2 Std.; siehe auch R 656. Bequemer ist diese Wanderung in ugk. Richtung mit Auffahrt Partenen – Trominier; von der Bergstation weiter wie bei R 654 bzw. 656.

602–604 Offene Randzahlen für Nachträge

■ **605 Garneratal und Tübinger Hütte** „Von den neun großen Seitentälern des Montafons ist das Garneratal wohl das malerischste und vornehmste im Charakter“, schreibt O. v. Pfister im Jahre 1882. 1963 erhielt das Garneratal im Zuge der Illwerke-Bauten ein Sträßchen; Fahrverbot für öffentlichen Verkehr.
Der Ursprung des 12 km langen Tales liegt zu Füßen der vergletscherten Plattenspitze, seine Mündung auf hohem Talriegel südlich gegenüber Gaschurn. Es ist ein typisches Trogtal (U-Tal), geformt vom ehemaligen Eiszeitgletscher, dem wir ehemals auch den inzwischen völlig verlandeten „Garnerasee“ verdankten (s. R 78). Der Plattengletscher ist der kümmerliche Überrest jenes großen Gletschers.
Reich mit Matten ausgekleidet, war das **Garneratal** früher (bevor es im Montafon andere Verdienstmöglichkeiten gab) ein Wildheu-

tal erster Ordnung mit ungezählten kleinen Heuhütten auf kühnen Felsvorsprüngen oder im Schutz der Felswände. Botanisch sehr reichhaltig; Vorkommen der Saxifraga montafonensis, s. R 107. Im Frühling (März bis Mitte Mai) schönes Skigebiet; im Sommer sehr lohnende Bergtouren im Gebiet der Tübinger Hütte, R 606–615. Näheres im Alpenvereinsführer Silvretta.

■ **606 Tübinger Hütte,** 2191 m (DAV-Hütte, Sektion Tübingen, 45 B, 78 TL) über Tel. 05552/2450, 4 Std., bez. Weg. Anstieg: Wie bei R 578 ins Garneratal, an der Alpe vorbei bis Straßenende im Talschluß. Die Hütte, 1908 erbaut, erhielt 1980 einen Erweiterungsbau. In der Nähe Talstation der Gepäckseilbahn, 1807 m, mit Fernsprecher. Auf steilem Fußweg links in ca. 1¼ Std. zur Hütte empor. Zugang von Versettla s. R 599b (Winterraum mit 8 TL).
Das große und prächtige Tourengebiet der Tübinger Hütte (Übergänge, Hüttenverbindungen und Rundtouren) ist gut markiert; auch für einfache, gut ausgerüstete Bergwanderer sehr zu empfehlen.

■ **607 Hochmaderer,** 2825 m, 2½ Std. von der Tübinger Hütte. Einer der großartigsten und lohnendsten Aussichtsberge des Montafons mit dem „Gunserweg" der Alpenvereinsektion Tübingen bis auf den Gipfel. – Von der Hütte auf bez. Steig in den Westhängen des Valgraggeskammes entlang nach N bis ins Gatschetta-Täli; dort nach O empor gegen das Hochmadererjoch, 2505 m. Kurz vor dem Joch zweigt nach links der markierte Gunserweg ab und führt in 1½ Std. über die Südwestflanke auf den Grat und über das Gipfeldach nach Osten zur Spitze mit Gipfelkreuz. Aussicht umfassend über die ganze Silvretta, Verwall und Ost-Rätikon, Bündner und Westtiroler Alpen; besonders eindrucksvoll ist die ganze Vermuntlandschaft aufgeschlossen.

■ **608 Hochjöchli,** 2695 m, und **Kessikopf,** 2765 m. Von der Hütte weglos, aber leicht nach S in 1½ Std. aufs Hochjöchli (Grenzjoch) und in für Geübte leichter Kletterei in 20 bis 30 Min. nach W über den Grat auf den Kessikopf.

Die Landschaft Großvermunt mit Bielerhöhe und Silvrettastraße (ganz vorne) und Silvrettasee samt seinem Rundweg. Von links nach rechts: das Bieltal mit dem Hohen Rad (vorne). Vom Stausee-Ende nach links das Ochsental mit Piz Buin. Links an seinem Fuß der Vermuntpaß (Grenze gegen Unterengadin/Tuoital); weiter nach linkshin der Grat zur Dreiländerspitze. Bildmitte zwischen Ochsental links und Klostertal rechts: Schattenspitze, Egghörner, Fuorcla dal Cunfin.
Bei R 686 *Foto: Vlbg. Illwerke/Vonbank*

■ **609 Heimspitze,** 2685 m, 4 bis 5 Std. Von der Tübinger Hütte wie bei R 615a in 1¼ Std. bis 1¾ Std. zum Vergaldner Joch, 2515 m. Nun nach rechts, N, und gratentlang über Vorder- und Kuchenberg zum Matschuner Jöchli; dann halblinks auf dem „Verbindungsweg" über die obere Hochstufe des Schafberges zum weiß-blau markierten Heimspitzweg hinüber und, ihm folgend, auf die Heimspitze.

■ **610 Plattenjoch,** 2728 m, und **Westl. Plattenspitze,** 2883 m; 2 bis 2½ Std. Eines der schönsten Silvrettajoche und für Geübte einer der dankbarsten, unschwierigen Aussichtsgipfel.
a) Von der Tübinger Hütte nach SO auf AV-Steig über Weiden und die steile alte Stirnmoräne des (ehemals größeren!) Plattengletschers, dann über Schutt empor zu dem kleinen Firn(Eis-)feld des harmlosen Gletscherleins und halbrechts nach S empor zum Plattenjoch. Großartiger Anblick der Litzner-Seehorn-Gruppe, ein Glanzpunkt der Alpen!
b) Auf die **Westl. Plattenspitze:** Vom Joch rechts empor nach W auf Steigspuren durch die Ostflanke des Berges und auf seinen Gipfelgrat und über ihn in 25 bis 30 Min. zum kleinen Gipfelturm. Gewaltige Rundschau. – Nur für Geübte!

611–614 Offene Randzahlen für Nachträge

Übergänge und Rundtouren von der Tübinger Hütte

■ **615** Sämtliche markiert und mit Wegtafeln bezeichnet.
a) Nach W übers Mittelberg- und Vergaldner Joch nach Gargellen, 4½ Std., s. R 560, Silvretta-Weitwanderweg Nr. 302.
b) Übers Vergaldner Joch – Matschuner Joch nach Garfrescha, 4 bis 4½ Std., s. R 517.
c) Über das Matschuner Joch – Versettla zur Bergstation der Versettlabahn (3 bis 3½ Std.) und mit ihr nach Gaschurn, s. R 599, oder über das Plattenjoch – Saarbrücker Hütte – Tschiffanella – Silvrettasee (R 610 und 661) – Bielerhöhe.
d) Nach S übers Garnerajoch nach Klosters, 4 bis 5 Std.: Von der Hütte nach NNW in 20 Min. zur Wegteilung nahe Zollwachhütte. Von dort nach links, W, durch das Hochtal in 1 Std. aufs Joch,

2489 m, empor. Jenseits gelangt man auf Steigspuren ins Garneiratäli hinab und bachentlang zur Kübliser Alpe im inneren Schlappintal und weiter nach Schlappin (Ghf.), ca. 1¾ Std., oder übers Schlappiner Joch nach Gargellen, 3 Std.
e) Nach O über das Plattenjoch – Schweizerlücke zur Saarbrücker Hütte, 3 bis 3½ Std. Wie bei R 610 aufs Plattenjoch, 2728 m, 1½ Std. Weiter links nach Osten auf gutem bez. Steig zur Schweizerlücke und weiter nach Osten, nordseitig der Kromerspitzen, der unschwierige Übergang über Schweizer- und Kromergletscher zur Kromerlücke, viel begangen. Von der Kromerlücke hinab zur Saarbrücker Hütte. Landschaftlich großartig.
f) Zur Bielerhöhe und zum Madlenerhaus, 3½ bis 4 Std. Über das Hochmadererjoch, s. R 607, und östlich steil zum Vermuntsee hinab. Auf der Silvrettastraße oder z. T. abkürzenden Fußwegen nach Osten empor und durch Großvermunt talein nach O zur Bielerhöhe.

Rundwanderung: Garnerajoch – Kübliser Alpe – Hühnersee – Hochjöchli – Tübinger Hütte, 6 Std., großartig, teils weglos. Wanderkarte „Inneres Montafon“.

Gaschurner Bergwelt auf der Verwallseite

■ **616 Das Valschaviel,** ein besuchenswertes, wildschönes Bergtal, öffnet sich dicht nördlich vom Kirchdorf Gaschurn nach NO als ein bedeutendes Seitental von 4 Std. Länge (11 km), mit einer Voralpe, drei Sommeralpen und vielen Mähdern (Bergheuwiesen), aus denen die Bauern früher alljährlich 1400 Zentner (1 Zentner à 100 kg) Heu gewannen. Der untere Teil ist eng und wild, durchtost von dem herrlichen Bach; in der Talmitte liegt das liebliche Maisäß Valschaviel, 1581 m. Der Hintergrund ist von interessanten, kühnen Bergen umschlossen, das Jochgebiet des Talursprunges ist seengeschmückt und wasserreich. Eine Anzahl schöner und leichter Touren macht dieses einsame Tal für den Bergwanderer anziehend. – Keine Unterkunft; nur Alphütten.
Im innern Tal liegen – einsamstes Montafon! – die beiden Alpen **Giamp** (diese verfallen) und **Mardusa.** Man verläßt bei der Brücke

im Valschaviel-Maiensäß (hierher von Gaschurn 1½ Std.) den Fahrweg und geht nach rechts über die Brücke (Wegzeiger) auf die linksufrige Talseite. (Der Fahrweg führt von Valschaviel-Maisäß weiter talein bis Giamp; dort gibt es einen Steg auf die linke Talseite.) – Mit roter Markierung 2 Std. talein bis zur Alphütte Mardusa (Wegtafel). (1988 erhält das abgelegene Alpweidegebiet von Mardusa eine **Materialseilbahn,** um die Bergung des hochwertigen Wildheus zu ermöglichen.) Von Mardusa weiter mit roter Markierung aufwärts in 1¼ Std. zum schönen Kessisee, kurz nachher weitere drei kleine Seen am Gaschurner Winterjoch, jenseits des Joches und der Landesgrenze der Albonasee. In 25 Min. vom Gaschurner auf das Valschavieljöchli und in 15 Min. unschwierig auf den **Albonakopf,** 2482 m, Grenzstein Nr. 46, Tirol/Vorarlberg. Großartige Aussicht! Rückweg gleich oder in ca. 35 Min. zur Heilbronner Hütte.

■ **617 Valschaviel-Maisäß,** 1581 m – **Bizulalpe,** 1822 m. Zugang: Von Gaschurn auf dem Gostaweg oder vom Autohalt Vand nach N zum Eingang ins Valschavieltal. Durch seine romantische Felsenenge am schäumenden Bach entlang zu den Hütten von Maisäß Valschaviel (1½ bis 2 Std.). Der Aufstieg zur Alpe Bizul und zum Wormser Höhenweg beginnt bei den innersten Hütten (Wegtafel): mit Markierung (roter Kreis) über den Alptobelbach, an ihm rechts entlang bergauf, dann steil durch Wald in ¾ Std. zur genannten Alpe; schöner Ausblick! Von dort mit der roten Kreis-Markierung nach N empor über die Mähder von Mottabella zum Wormser Höhenweg.
a) Diesem folgend gelangt man nach **Westen** zum Madererjöchli und am Zapfkopf vorbei ins Netzatal hinab zur Alpe Netza, s. R 500.

b) Der roten Strich-Markierung nach **Osten** folgend kommt man in die Mardusa (Abstieg ins Valschavieltal – Gaschurn) und weiter auf dem Wormser Höhenweg zur Heilbronner Hütte, s. R 430.

■ **618 Valschavieler Maderer,** 2771 m, 5 Std. von Gaschurn. Dieser schöne Berg ist der Herrscher des Valschavieltales, mit großartigem Rundblick. Anstieg: Wie bei R 617 zur Alpe Bizul –

Madererjöchli und mit der roten Kreis-Markierung in weiteren 1½ bis 2 Std. auf den Gipfel, für geübte Bergsteiger. Siehe auch R 504.

■ **619 Auf Tafamunt und zum Wiegensee,** 1921 m, 2½ Std.
Achtung: Die Touren des gesamten Versal- und Verbellner Gebietes können mit der **Tafamuntbahn,** R 638, abgekürzt werden.
a) Über Gufel: Vom Postautohalt Gaschurn-Ort kurz taleinwärts bis zur nächsten Abzweigung links (Wegtafel); weiter in gleicher Richtung empor und rechtshin durch Wald bis auf Gufel, 1210 m (kl. Waldwiese mit Haus und Stall). Weiter auf dem Waldweg bis Alpe Tafamunt, 1501 m, und zur nahen Bergstation der Tafamuntbahn, 1540 m.
b) Über Rifa: Beim Postautohalt Rifa nach rechts steil empor und im Wald in Serpentinen ansteigen bis zur Tafamuntalpe, 1½ Std. Von der Alpe weiter auf breitem Waldweg nach Osten zu der Hochstufe „Auf der Wiege" und weiter über Almwiesen, zuletzt zwischen Latschen in die eigenartige Moorlandschaft beim Wiegensee, 1½ Std. ab Tafamunt. Herrlicher Silvrettablick!
Anstatt auf demselben Weg zurückzukehren, kann man auch kurz westl. des Wiegensees auf einem sehr steilen Pfad nach Außer-Ganifer absteigen (nur für Geübte!), dann auf dem Sträßchen oder auf Fußweg (Wegtafel) nach Partenen hinab, oder aber mit der Tafamuntbahn.

■ **620 Auf Versal (Versalhaus) über Tafamunt,** 4 Std. Versal (auch Versail) heißt das Gebiet nördl. über Gaschurn – Partenen, ein mächtiger Stock zwischen Valschavieltal im NO und Verbella im O. Ein großartiges Hochland weiter Alpenmatten mit Versalspitze, Augstenberg, Versalkopf und Versalsee, alle um 2500 m. Das Gebiet erstreckt sich weit nach NO, bis gegen das Gaschurner und Valschavieler Winterjöchli mit ihren Seen.

Die gegen Verbella steil abstürzenden Valschavieler Berge begrenzen das Hochplateau im Osten. – Die **Versalspitze,** 2462 m, ist einer der schönsten und lohnendsten **Panoramagip-**

fel des Landes. Die ganze Hochsilvretta ist aufgereiht, davor, genau gegenüber im S das Tal Vermunt mit der Silvretta-Hochalpenstraße. – Nördlich vom Joch gelangt man an einem kleinen See vorbei, auf den breiten Augstenberg.
Anstieg: Über Alpe **Tafamunt,** wie bei R 619, 1½ Std. Bei deren letzter Hütte (Wegtafel) nordöstl. kurz empor über die Weiden, dann gleich links in den Wald und bis an die oberste Waldgrenze hinauf, zuletzt über die freien Matten nach rechtshin, mit ungewöhnlich schönen Ausblicken in 2 Std. zum Versalhaus, 2211 m, am Westhang der Versalspitze; **Haus nicht bewirtschaftet.** Auf die Versalspitze ¾ Std. siehe R 621.

■ **621 Auf Versal über Alpe Gibau** (auch Ibau). 4½ bis 5 Std. Auf dem Scholzweg (s. R 589) ins Valschavieltal. Der Weg bleibt rechts, d. h. linksufrig des Valschavielbaches und führt durch schönen Wald, zuletzt über Weiden zur Gibau-Alpe hinauf, mit Jagdhütte, 1863 m. Die Alpweiden erstrecken sich weithin mit sanften Hängen talein und bieten schöne Ausblicke gegen die Maderergruppe. Von der Gibau-Hütte führt der Weg weiter nach rechtshin, Süden, und um den Schaßner Grat herum auf die Südseite des Augstenberges zum Versalhaus (dzt. geschlossen), stets mit prachtvollen Ausblicken. Weiter nach Osten über die Weiden in bequemem Anstieg in ½ Std. auf das Versaljöchli; von dort nach rechts in ¼ Std. auf die **Versalspitze,** 2462 m, einem Glanzpunkt der Alpen! – Von der Alpe Gibau nach Osten hin gelangt man auf die **Furkla,** 2284 m, in der Karte fälschlich „Pforggla", und jenseits auf dem Güterweg hinab zur Alpe Verbella-Zeinisjoch.

■ **622 Auf Versal über Verbella,** 4½ bis 5 Std. Wie bei R 619 über Alpe Tafamunt zum Wiegensee. Kurz nachher biegt der Pfad um die Bergecke nach Norden in das Tal Verbella um und führt an den blumenreichen Hängen der Versalspitze in 1½ Std. zur Alpe Verbella, 1938 m. Hier (Wegtafel) geht ein mark. Fußpfad aufs Versaljöchli empor, 2405 m. 1¼ bis 1½ Std. Vom Jöchli in 15 bis 20 Min. nach Süden bequem auf die **Versalspitze** mit ihrem Glanzpanorama (R 620). Jenseits vom Versaljöchli steigt man in

20 Min. nach SW zum Versalhaus ab (geschlossen!) oder nach Westen zur Alpe Gibau, s. dort.
Eine weitere sehr schöne Wanderung bietet der Verbellner Güterweg (Fahrverbot): Beginn in Partenen, bei der 2. Kehre der Silvrettastraße, 2 km von der Ortsmitte (40 Min. Gehzeit); er führt in 2½ Std. zur Alpe Verbella; dort bei Wegtafel nach links hinauf zur *Furkla, 2284 m (in der Karte „Pforggla"), 1 Std. Landschaftlich großartig! Weiter zur Alpe Gibau, 1863 m. Ende des Güterweges am Sassnergrat* (erstklassiger Aussichtspunkt!).

■ **623 Von Gaschurn zur Heilbronner Hütte** am Scheidsee, 2308 m, 5 Std. (Näheres über die Hütte und ihr Tourengebiet s. R 705 ff.) – Aufstieg: Wie bei R 622 über Tafamunt – Wiegensee zu den Hütten der Alpe Verbella, 1938 m, 4 Std. und in einer weiteren Stunde über das Weidegebiet von Verbella am Bach entlang talein, zuletzt steil hinauf zum Scheidsee und zur Heilbronner Hütte. Sehr lohnende Tagestour.
Als Variante für den Abstieg: Von der Alpe Verbella (Wegtafeln) führt nach Süden ein bequemer fast ebener Weg zum Hotel Zeinisjoch, 1822 m, am Kops-Stausee und weiter über Ganifer nach Partenen hinab. Oder mit Postauto von Kops zur Bielerhöhe – Gaschurn.

624–633 Offene Randzahlen für Nachträge.

Schützet und schonet Tiere und Pflanzen im Alpenpark Montafon!

Die nach Euch kommen,
haben auch ein Anrecht darauf.

PARTENEN, 1050 m ü. d. M.

Auskunft: Verkehrsamt Silvretta A-6794 Partenen, Telefon (05558) 8315.

■ **634** Siehe Bild. – Ende der Montafoner Talstraße (29 km). Endstation der Postautolinie Schruns – Partenen, 19 km, 40 Min. Fahrzeit. In der Saison direkter Bus Bludenz – Partenen (– Bielerhöhe). Beginn der Silvretta-Hochalpenstraße (Einhebestelle in Partenen-Loch) Partenen – Bielerhöhe – Galtür (– Landeck). Talstation der Vermuntbahn nach Trominier der Vorarlberger Illwerke, Tel. (05558) 8306; s. R 637. Die Gondelbahn Partenen – Tafamunt ist Werkbahn der Illwerke, für den Sommertouristenverkehr freigegeben. Die Straße (Güterweg) nach Ganifer – Zeinis ist für den öffentlichen Verkehr nicht freigegeben. – Über Zeinisjoch und Kopsspeicher s. R 693 und 182.

Weitere Einrichtungen: Verkehrsamt Silvretta mit Lese- und Fernsehraum und Leihbücherei; Postamt, Raiffeisenbank, geheiztes Schwimmbad, Alpinschule Silvretta, Tel. 05556/3934, geführte Bergtouren und Wanderungen; Arzt, Geschäfte, tägl. Ausflüge (Autotaxi Tschofen, Tel. 8314); Tennishalle, Tennisschule, Sport- und Fitneßstudio, Sportplatz, Klettergarten, Fischerei, Trachten- und Tanzabende.
Dazu kommen die Einrichtungen im nahen Gaschurn mit Versettlabahn usw. sowie jene auf der Bielerhöhe (Silvretta-Hochalpenstraße) s. R 675.
Beim Ort das **Kopswerk,** größtes Kavernenwerk Österreichs. Im Einführungsraum ist ein Relief von Ebster zu sehen, das im Maßstab 1:25.000 den Raum Idalpe bis Feldkirch darstellt.
Im Sommer einmal wöchentlich Besichtigung möglich.

Gaststätten: 1000 B in Hotels, Gasthöfen, Pensionen (alle Kategorien), Fremdenheime, Privatzimmer, Ferienwohnungen, Selbstversorgerhäuser, Verzeichnis durch Verkehrsamt.

Gaststätten in Höhenlagen: Restaurant am Vermuntsee, 1700 m; H Bielerhöhe, 2040 m (80 B, Hallenbad, Sauna, Post);

Groß-Restaurant Silvrettasee; Gasthof Piz Buin, 2040 m (60 B); H Zeinisjoch, 1900 m (60 B), gj. bew.; Skihütte des Vorarlberger Skiverbandes, 2000 m (28 B); Madlenerhaus, DAV auf der Bielerhöhe (38 B, 72 TL); Saarbrucker Hütte DAV, 2538 m (50 B, 200 TL)
Uber die Einrichtungen auf der Bielerhöhe, s. R 675.

Im Winter:
a) im Ort: Skischule Hochmontafon, Alpinschule Silvretta, Natureisplatz, Tennishalle, 15 km Skiloipe im Tal, 30 km Skiloipe auf 2000 m, auf der Bielerhöhe, Skitourenführungen. Standseilbahn Vermunt und 4 Skilifte:
b) Winterverbindung auf die Bielerhöhe (Hochalpenstraße gesperrt) mit Vermuntbahn und anschl. Bustransfer (Tunneltaxi).
c) Dazu das nahe Skicenter Silvretta-Nova mit der Versettla-Gondelbahn (s. R 570) und Valiserabahn, s. R 485.

■ **635 Partenen** ist Teil der Gemeinde Gaschurn (R 570), 650 Einw., die erste, oberste Siedlung des Montafons. – Das Dorf Partenen liegt im tiefen Bergtal zu Füßen des Zeinisjoches, des Verwallgebirges und der Silvretta. Im N sind die Felswände von Tafamunt, im O der bewaldete Talschluß, darüber die Hänge von Kops am Zeinis, der hohe Talriegel von Vallüla und die Kresperwand, vor der das Unter-Vermunt nach S emporsteigt.
An der Gabelung der einstigen Saumwege über Zeinis und Vermunt, ins Tirol und ins Engadin gelegen, war Partenen früh von Bedeutung. Aus einem Bauerndörflein am Ende der Welt (1910 nur 123 Einw.), der Heimat stiller Bergbauern, Schäfer und Hirten, wurde Partenen innerhalb von drei Jahrzehnten zu einem der bekanntesten Orte der österreichischen Alpen, zuerst durch die begeisterten Bergsteiger und den Alpenverein (Arbeitsgebiete von fünf großen AV-Sektionen), dann durch die Wasserkraftbauten der Vorarlberger Illwerke, die unter R 180 bis 188 beschrieben sind. Auch die Skiläufer sind an dieser Entwicklung maßgeblich beteiligt. Sie entdeckten im Hinterland von Partenen ein kleines Stück Arktis, wo man drei Viertel des Jahres skilaufen kann. Der

Vermunt-Eisbruch. Im Hintergrund-Mitte der Piz Buin, höchster Gipfel Vorarlbergs; rechts der Kleine Buin, 3255 m, dazwischen die Buinlücke, 3056 m, links Wiesbadner Grätle.
Bei R 690 *Foto: E. Häusle*

Sommerskilauf in der Hochsilvretta ist zum modernen und beliebten Sport geworden, besonders auch dank der raschen Anreise auf der Silvrettastraße.
Die Geschichte von Partenen ist hauptsächlich die Geschichte seiner Alpen: die interessanten Besitzverhältnisse (bis zum Guflgut war es durch Jahrhunderte Besitz der rätoromanischen Unterengadiner Gemeinde Ardez); die Viehtransporte und Alpbestoßungen über die Gletscher, die Märkte im Großvermunt usw. Die Alpen Verbella und Zeinis, schon in vorrömischer Zeit bestoßen (W. Vogt), waren einst als großer Alpkomplex im Besitz der Unterengadiner Grafen von Tarasp. 1089 waren die Alpen Zeinis und Vallüla, zusammen mit den Paznauer Alpen Jam und Id, Besitz des Klosters Schuls im Unterengadin. – Im Jahre 1800 vernichtete ein Brand bei Föhnsturm fast das ganze Dorf, so daß es nur vereinzelt sehr alte Häuser (aus dem 16. und 17. Jh.) gibt; das älteste ist von 1575. – 1811 wurde in Partenen Bischof Rudigier, der bedeutende Kirchenfürst, geboren, der Erbauer des Linzer Domes. Wo bis 1920 nur die Postkutsche und der Stellwagen ankamen, finden wir heute den typischen lebhaften Betrieb eines alpinen Touristenzentrums an einem vielbesuchten Alpenpaß, der eine der schönsten und romantischsten Einbruchspforten in das östliche Österreich darstellt. Nicht nur, daß Partenen Endstation der Auto-Talstraße (Silvrettastraße) durch das Montafon ist und Ausgangspunkt nach zwei Berggruppen (Silvretta und Verwall) – seit 1954 ist es auch Talstation der Silvretta-Hochalpenstraße, Talstation der Vermuntbahn auf Trominier und der Tafamuntbahn.

■ **637 Vermuntbahn** Partenen – Trominier, Standseilbahn im Besitz der Vorarlberger Illwerke AG. Schräge Länge 1450 m, Höhenunterschied 700 m. Pendelbahn mit 2 Wagen für je 34 Pers., Stundenleistung in beiden Richtungen je 100 Pers. Fahrzeit 18 Min. Talstation 1030 m in Partenen – Mitte (Postautohalt), Bergstation 1730 m ü. d. M. auf Trominier. Die Vermuntbahn verkehrt **ganzjährig,** täglich in der Zeit von 8 bis 17.30 Uhr, unverbindlich. Telefon Gaschurn (05558) 8306. Ab Bergstation

Trominier, 1732 m, Fußmarsch durch Tunnels (beleuchtet; rechts gehen!) in ca. 30 Min. zum Vermunt-Stausee, 1750 m (Restaurant). Bushalt. Fußweg nach Partenen 1½ Std. Weiter ins Großvermunt – Bielerhöhe (s. R 675); zur Saarbrücker Hütte (s. R 661); zur Tübinger Hütte (s. R 655). Aussichtspunkt Ober-Trominier siehe R 653.

■ 638 **Tafamuntbahn.** Kabinenbahn der Vorarlberger Illwerke, Bergstation 1540 m, mit Imbißstube. Früher Werkbahn der Illwerke, seit 1980 für den Touristenverkehr eingesetzt. Die Bergstation ist Ausgangspunkt für Wanderungen zum Wiegensee, Verbella, Heilbronner Hütte, Zeinis, Kops, Versal. Länge 819 m; 170 Pers./h. Tel. 05558/8310.

■ 639 Die **Silvretta-Hochalpenstraße** von Partenen über die Bielerhöhe nach Galtür im Paznaun ist Straßenverbindung aus dem Montafon in die Silvretta und nach Tirol. Sie wird ab Schruns bzw. Galtür auch von Postautokursen befahren (Partenen – Galtür; Anschluß und Umsteigen auf der Bielerhöhe). Einhebestelle Partenen, Tel. 05558/8307. – s. R. 25.
Im Tiroler Kleinvermunt zweigt bei der Pritzenalpe, 1694 m, die 5,4 km lange Straße nach *Kops* ab, zum Kops-Stausee, 1820 m, und zum Gh. Zeinisjoch, 1822 m (s. R 693). Auf Kops großer Parkplatz und Aussichtswarte mit Kiosk und Imbißstube.

640–644 Offene Randzahlen für Nachträge

Spazierwege in Partenen

■ 645 **Wiesenweg nach Gaschurn,** ca. 1 Std. Auf der Brücke des Tschambreubaches über die Ill und rechts der Ill durch Wiesen nach W talaus bis Gaschurn.

■ 646 **Über Bofa nach Gaschurn.** Auf der Brücke, die zur Vermuntbahn-Talstation führt, ans linke Illufer (Wegtafel) und links von der Talstation (und E-Werk) auf dem Sträßlein empor zu den Höfen von Innerbofa. Dort zweigt bald ein markierter Fußweg nach rechts empor ab und führt wechselnd durch Wiesen und kleine Waldstücke talaus, quert den Tschambreubach (s. R. 579) nach

Außerbofa; dann absteigend am Haus Tenneck vorbei und durch Trantrauas oder talaus nach Gaschurn-Dorfmitte.

■ **647 Guflgut – Vermunt.** Ca. 10 Min. auf der Dorfstraße talein, dann rechts ab zum Guflgut unweit des großen Felsblockes, des „G'spaltna Stee" (Gespaltener Stein, s. R 636, 2. Absatz!) Das Guflut soll nach der Sage die älteste Siedlung in Partenen sein. – Von hier beliebig weiter talein ins Unter-Vermunt empor unter Benützung des Touristenweges, s. R. 675c. Direkt beim „G'spaltna Stee" beginnt ein schöner Wiesenweg talaus zum Schwimmbad und Dorfmitte Partenen, ca. 15 Min.

■ **648 Nach Ganifer,** 2 bis 2½ Std. Von Partenen-Loch führt ein neues asphaltiertes Sträßchen (Güterweg) nach Außer- und Innerganifer empor, das einen sehr schönen und lohnenden Spaziergang bietet (Fahrerlaubnis nur für Anrainer). Besonders im Frühsommer vermitteln die rauschenden, stürzenden Wasser ein großartiges Naturerlebnis. Wegbeginn: Kurz nach der Einhebestelle der Silvretta-Hochalpenstraße zweigt diese Straße nach linkshin, Norden, ab und führt bequem zu den idyllischen Hütten von Außerganifer, 1447 m, empor; weiter zur Alpe Innerganifer, 1508 m, die an der Einmündung des Verbellner Baches liegt. Auf dem Sträßchen weiter durch Wald empor, schließlich linkshin zu den herrlichen Alpentriften von Verbella, rechts hinauf zum **Zeinisjoch** (Hotel) und Stausee **Kops.**

■ **649 Über Frons ins Ganifer,** 1½ Std. Wenig östl. vom Ortsrand Partenen gegenüber der Agip-Tankstelle zweigt der Fußweg nach Frons ab und führt nach links schräg am Hang empor und durch Bergwald bis nach Außerganifer. Weiter wie bei R 648 oder zurück auf dem Asphaltsträßchen nach Partenen.

650–652 Offene Randzahlen für Nachträge.

Wanderungen und Touren von Partenen

Sämtliche Bergwanderungen und Hochtouren des Gebietes von Partenen findet man im AV-Führer, Bd. Silvretta. Wir begnügen uns hier mit den üblichen Wanderungen auf markierten Wegen.

Karte „Inneres Montafon" 1:30.000 und AV-Karte Silvretta 1:25.000.

■ **653 Auf Trominier,** 1730 m, Fußaufstieg: Vom Ortsteil Bofa (R 646) führt ein Fußweg nach Süden nach Tschambreu – Trominier empor, 2 Std. Beginn bei Wegtafel in Außerbofa. Er endigt westl. bei der Bergstation der Vermuntbahn. Empfehlenswerter umgekehrt: Auffahrt mit der Bahn, Abstieg nach Bova. – **Von Trominier nach Vermunt:** Über diesen romantischen Wanderweg s. R 637. **Nicht versäumen:** Ein markierter Wanderpfad führt, dicht hinter der Bergstation beginnend, in 20 bis 30 Minuten auf die herrliche Höhe von **Obertrominier** auf 1900 bis 2000 m; sie bietet eine der schönsten Aussichten des Montafons!

■ **654 Trominier – Neualpe – Schafboden.** Von der Bergstation Trominier, 1730 m, folgt man genau wie unter R 656 beschrieben dem Pfad zu den Schneerechen des Lawinenverbaues und weiter gegen das Tschambreutal. Nun nicht aufwärts, sondern mit der Markierung nach rechts, NW zur Neualpe, 1831 m. Von dort erreicht man nach S aufsteigend die sanften Hänge des Schafboden, 2400 m. 3½ bis 4 Std. Sehr schönes Montafon-panorama. Tschambreu, rätoromansich, von Tschember = Zirbe, pinus cembra; es muß also früher hier einen Zirbenbestand gegeben haben.

■ **655 Zur Tübinger Hütte,** 2191 m, 3½ Std. ab Vermunt. (Über die Hütte und deren Tourengebiet s. R 605 ff.) Von Partenen mit Postauto bis zum Halt „Seespitz" mit Krafthaus am Südende des Vermuntsees, 1730 m. Oder hierher über Trominier mit Vermuntbahn, s. R 637. Oder von Partenen auf Fußweg R 675c bis Seespitz. Nun nicht auf der Silvrettastraße nach links empor, sondern auf Fußweg gerade nach S sanft über die Weiden von „Schweizer Vermunt" hinauf, dann bei Wegtafel nach rechts, W, dem bez. Pfad nach unter den gewaltigen Südwänden des Hochmaderers steil empor aufs **Hochmadererjoch,** 2505 m, 2¼ Std. Jenseits durchs Gatschettatäli hinab und linkshin, nach Süden, in ca. 1 Std. zur Hütte. Großartiger und beliebter Hüttenanstieg.

■ **656 Zur Tübinger Hütte über Trominier** (mit Vermuntbahn) und übers Schafbodenjoch, 4 bis 4½ Stunden; nur für geübte Touristen, nur mit leichtem Gepäck zu empfehlen. Streckenweise nur Steigspuren, aber durchgehend markiert. Bei Nebel oder Nacht nicht zu finden! Verlauf: Auffahrt mit Vermuntbahn. Dicht links, östl. der Bergstation (1732 m ü. M.) beginnt rechts hinauf (Wegtafel) der rot mark. Fußpfad zu den Schneerechen der Lawinenverbauungen am Breitfielerberg. Diese querend und weiter immer nach Westen über Matten und Alpenrosenhänge nach Außertschambreu; hier halblinks kurz hinab ins Tschambreutal. Jetzt nicht weiter nach Westen, sondern nach links durch das Hochtal von Tschambreu nach Süden aufwärts, später rechts vom Bach, dann halbrechts nach SW und W sehr steil aufs Schafbodenjoch, 2350 m. Ab hier immer auf der West- oder Garneraseite über den Sandgrat und die Innere Alpilaalpe querend nach S ins Gatschettatäli hinüber, wo man – nach SO **ansteigend!** – auf den Weg vom Hochmadererjoch zur Tübinger Hütte einmündet; ihm entlang, rechts talein zur Hütte.

■ **657 Das Tal Großvermunt,** das Vorarlberger Gegenstück zum Tiroler Kleinvermunt Bielerhöhe – Galtür, ist durch den Bau der Vermuntwerke an der Oberen Ill (R 180) und durch die Silvretta-Hochalpenstraße (seit 1954; R 730) zu einem der bekanntesten Hochtäler geworden. Es öffnet sich bei Partenen nach S, steil ins Gebirge eingeschnitten und steigt, von der Silvrettastraße durchzogen, als „Untervermunt" (in seiner Mitte die „Hölle" mit der „Kardatscha") steil empor zum Vermuntsee (Unterer Stausee). Hinter dem Stausee, 1750 m, gabelt sich das Großvermunt: rechts nach S das Kromertal, von der Litznergruppe überragt (Saarbrücker Hütte); links nach O biegt das Großvermunt um und mündet als „Obervermunt" in die großartige Talweite der Landschaft um die Bielerhöhe mit dem Silvrettastausee auf ca. 2000 m Höhe. Näheres darüber s. R 675. Bei der Bieler Höhe biegt das Tal mit einem Knie aus O–W nach S um und gabelt sich hinter dem „Silvrettasee", dem Oberen Stausee, in das Klostertal rechts mit dem Klostertaler Gletscher und in das Ochsental links mit dem Vermuntgletscher, dem Ochsentaler Gletscher und der Wiesbadner Hütte am Piz Buin und Illursprung. Einst war Vermunt das romantische Reich der Hochalpen, durch Jahrhunderte im Besitz der Unterengadiner Romanen, die ihr Vieh über die Gletscherpässe auf diese üppigen Weidegründe trieben, wo große Märkte abgehalten wurden beim ehemaligen Veltiner Hüsli (das nun in den Fluten des Stausees versunken ist), wo stattliche Säumertrosse hin und her gingen, wo vor langer Zeit herrliche Arvenwälder standen – eine versunkene Welt. – Fußaufstieg von Partenen ins Großvermunt und zur Bielerhöhe s. R 675c.

■ **658 Hochmaderer,** 2853 m, 3½ bis 4 Std. Herrlicher Hochgipfel mit markiertem AV-Steig bis zur Spitze. Geübten Bergwanderern besondes zu empfehlen, großartiger Rundblick bis Bernina und Berner Alpen! Wie bei R 655 vom Vermuntstausee auf das Hochmaderer Joch, dort jenseits (Garneraseite) kurz rechts nach N hinüber und hinab ins oberste Gatschettatäli und wie bei R 607 auf dem „Gunserweg" in 1½ Std. zum Gipfelkreuz.

659 Offene Randzahl für Nachtrag

Tourengebiet der Saarbrücker Hütte

■ **660 Saarbrücker Hütte,** 2538 m, DAV, Sektion Saarbrükken, 22 B, 63 TL, Gepäckaufzug. – Die Hütte, die höchste der Silvrettagruppe, liegt großartig zu Füßen von Litzner und Seehorn in dem vergletscherten Kessel des hintersten Kromertals und fast 1000 m über dem Talboden des Kromertals und dem Vermuntstausee. Sie ist Stützpunkt für viele Hochsilvrettatouren und interessante Übergänge (teils vergletschert).

■ **661 Aufstieg zur Saarbrücker Hütte,** 2½ bis 3 Std. von Vermunt.
a) Wie bei R 655 zum Vermunt-Seespitz, 1723 m. Beim Krafthaus am Seespitz (Parkplatz) rechts über den Kromerbach und nach S durch das Kromertal auf markiertem Alpenvereinsweg über die „Schwarzen Böden" und über Geröllfelder an der Zollwachhütte, 2222 m, vorbei zur Hütte empor.
b) Uber Tschifernella, 3 bis 3½ Std. Mit Postauto bis Madlenerhaus, AV, 1986 m; kurz westl. desselben beginnt der Tschifernel-

laanstieg: über die Ill und schräg nach W auf bez. Pfad empor über Weiden der Alpe Tschifernella (viele kleine Seen; schöne Gletscherschliffe; reiche Flora) bis auf die Schwarzen Böden und hinauf zur Hütte.

■ **662 Großlitzner,** 3109 m. Der kühnste Berg der Silvretta, zusammen mit dem großen Seehorn ihr Wahrzeichen. Erstbestiegen 1865 durch Schweizer Bergsteiger. Schwierig, nur für gute Kletterer oder mit Führer, am besten über den Ostgrat.

■ **663 Großes Seehorn,** 3121 m. Nicht so schwierig wie Litzner, aber auch dieser Gipfel nur für Geübte oder mit Führer. Großartige Aussicht. Anstieg: über die Seegletscherlücke auf die Westseite des Berges und über den steilen Firnhang zum Nordwestgrat und über ihn zum Gipfel. Übergang zum Großlitzner, Kletterei.

Übergänge von der Saarbrücker Hütte

Alle nachstehenden Routen sind markiert. Gute Ausrüstung nötig!

■ **664** Zur Bielerhöhe – Madlenerhaus, 1986 m:
a) Durchs Kromertal, 2 Std.: Auf dem AV-Weg Nr. 302 ins Kromertal hinab und nach O hinein ins Großvermunt – Bielerhöhe.
b) Über den Litznersattel, 2737 m – Klostertal, 2¾ bis 3½ Std., eine Gletschertour für Geübte oder mit Führer: Litznerferner – Litznersattel; weiter in gleicher Richtung (SO) durchs Verhupftäli hinab und auf Steigspur nach NO durchs Klostertal und längs des Silvrettastausees vorbei zur Bielerhöhe.
c) Über Tschifernella, 1½ bis 2¼ Std. Dieser gut angelegte Weg führt direkt nach NO über die Schafweiden der Alpe Tschifernella zum Madlenerhaus (= Weitwanderweg Nr. 302).

■ **665 Zur Silvrettahütte SAC** und zum Silvrettahaus, 2389 m: Über Klosterpaß – Rotfurka, 3½ bis 4½ Std.: Allgemein südöstl. zum Litznersattel (1 Std.) – Winterlücke – Klosterpaß – Rotfurka und nach W hinab zur Silvrettahütte. Nur mit Führer. Abstieg nach Klosters, Schweiz.

■ **666 Zur Wiesbadner Hütte,** 2443 m. Entweder wie bei R 664a oder c zur Bielerhöhe und weiter wie bei R 685; oder mit Überschreitung des Litznersattels ins Klostertal, R 664b, und weiter wie bei R 685. Für die „Hohe Route" über Rotfurka – Silvrettapaß – Fuorcla dal Cunfin – Ochsentaler Gletscher – Wiesbadner Hütte ist Führer nötig, 5 bis 7 Std.

■ **667 Zur Tübinger Hütte,** AV, 2191 m, im Garneratal, 2½ bis 3 Std. Gleich hinter der Saarbrücker Hütte auf gut bez. Steig unter den Wänden des Kleinlitzner entlang, empor zur Kromerlücke und weiter quer über den Kromergletscher und Schweizerfirn über die Schweizerlücke zum Plattenjoch. Vom Plattenjoch aus, 2728 m, nach NW hinab, zuerst weglos, später auf bez. Steiglein hinunter zur Tübinger Hütte. (Vom Plattenjoch aus können Geübte ohne Schwierigkeiten auf Steigspur die aussichtsberühmte Westl. Plattenspitze, 2883 m, in 40 bis 50 Min. besteigen; s. auch R 610.)

■ **668 Rundtouren von der Saarbrücker Hütte:** Geübten oder gut geführten Bergsteigern bieten sich einige großartige Rundwanderungen, z. B. rings um die Lobspitzgruppe: Litznersattel – Verhupftäli – Klostertal – Bielerhöhe – Tschifernella – Saarbrücker Hütte; oder Litznersattel – Sonntagspitze – Rotfurka – Klostertal – Bielerhöhe, dazu interessante Übergänge ins Schweizer Seetal zur Seetalhütte usw. Weitere s. Silvrettaführer R 735.

669–674 Offene Randzahlen für Nachträge

Tourengebiet Bielerhöhe

■ **675** Der Name Bielerhöhe bezeichnet die Paß- und Hügellandschaft im Herzen von Vermunt am nördl. Rande des Silvrettastausees mit Höchstpunkt 2034 m; europäische Wasserscheide Rhein – Donau, Landesgrenze Vorarlberg – Tirol, zugleich Straßenpaß der Silvretta-Hochalpenstraße. Große Orientierungstafel am See. Pflanzenschutzgebiet! – Erdgeschichtlich, natur- und heimatkundlich hochbedeutsame Landschaft, s. R 657.

Unterkünfte: Hotel Bielerhöhe, 2040 m, dicht nördl. der Sil-

vrettastraße und Halt der Postautos (80 B, Hallenbad, Sauna), große Parkplätze beim Großrestaurant Silvrettasee.
Alpengasthof Piz Buin (60 B), Bushalt, Poststation, A-6563 Galtür.
Madlenerhaus DAV Wiesbadner, 1986 m (38 B, 72 TL), 5 Min. vom Postautohalt Bielerhöhe, Parkplatz, Autozufahrt. – 3 Min. entfernt die unbew. Skihütte des Vorarlberger Skiverbandes mit 28 B; Auskunft beim Staumauerwärter neben dem Hotel.
Auf der Bielerhöhe ist seit 1988 auch das höchste Fernsprech-Wählamt Österreichs mit 50 Anschlüssen in Betrieb.
Motorbootfahrten ohne fixen Fahrplan, fährt ab 8 Personen, Bestellung per Funk von der Wiesbadner Hütte aus zum Abholen der Touristen. – Als Vorbereitung für die Olympischen Spiele 1968 in Mexiko war die Bielerhöhe für verschiedene internationale Kanumannschaften Höhentrainingsstation. Diese Trainingslager werden weiterhin abgehalten.

Barbara-Kapelle nahe dem Hotel (seit 1967) mit zeitweisen Gottesdiensten.

Zugänge:
a) Auf der Silvretta-Hochalpenstraße von der Montafoner Seite von Partenen her, auf der Tiroler Seite von Paznaun-Galtür her, s. R 25.
b) mit der Vermuntbahn s. R 637.
c) Fußanstieg: 3½ bis 4 Std.: von Partenen-Kirche 10 min. talein nach Partenen-Loch zur Mautstelle. Kurz oberhalb (Wegtafel) Beginn des Touristenweges durch das Vermunttal zum Stausee Vermunt und weiter auf der Straße oder abkürzenden Fußpfaden auf die Bielerhöhe.

Im Winter: siehe R 635; Auffahrt mit Vermuntbahn, ab Bergstation mit Bustransfer zum Hotel Bielerhöhe, Tel. 05558/8246. – Skischule Bielerhöhe, 2 Skilifte, 30 km Langlaufloipe.

■ **676 Ufer-Ringweg um den Silvrettasee,** 1½ bis 2 Std. Prächtiger alpiner Spaziergang in ca. 2035 bis 2100 m eben um den ganzen Silvrettasee herum durch Alpenrosenfelder. In beiden Richtungen gleich schön. Die O-W-Umwanderung beginnt am Südende des Bielerdammes, entlang dem Weg zur Wiesbadner

Hütte, die W-O-Umkreisung beginnt auf der Mauerkrone der Staumauer.

■ **677 Bielerspitze,** 2545 m. Sie erhebt sich unmittelbar nördl. der Bielerhöhe als ihr nächster leicht erreichbarer besonders schöner Aussichtspunkt. Sehr lohnend, für Geübte ganz leicht. Man folgt dem AV-Steig, der bei der Kapelle auf der Bielerhöhe beginnt, nach NO zum Bergfuß hinübergeht und steil hinauf gegen die Vallüla führt, aber nur bis auf das begrünte Hochplateau „Maißboden", 2350 m. Von hier nach links, westwärts schräg empor auf den Blockgrat und linkshin über ihn zum Gipfel, ca. 1¼ Std. – **Warnung:** Vorsicht beim Queren von Firnrinnen und Schneefeldern (sind im Frühsommer noch häufig anzutreffen!), besonders in den Lawinenrinnen und Steilhängen unter Maißboden. Nur mit Bergschuhen und Sicherung betreten! Ausgleiten gefährlich! Dies gilt auch für den Vallülasteig, s. R 678.

■ **678 Vallüla,** 2813 m, ca. 3 Std. Nur für geübte Bergsteiger oder mit Führer. Einzigartiger Aussichtsberg, weil man nur von diesem Gipfel das Montafon und das Paznauntal ganz überblicken kann. Anstieg: Von der Bielerhöhe wie bei R 677 bis auf den Maißboden (Wegtafel). Von dort nach rechts und steil auf dem Halberstädterweg nach Norden auf den Sattel. Zwischen der Kleinen und Großen Vallüla und auf dem Klettersteig zum Gipfel. Vorsicht in den oft schneegefüllten Steilrinnen!

■ **679 Ins Bieltal, zum Radsee und aufs Hohe Rad,** 2934 m. Der Gipfel des Hohen Rades ist eine der herrlichsten Aussichtswarten der Silvretta, 1000 m über der Bielerhöhe und dem Silvrettasee, inmitten zwischen den Gletschern von Vermunt und Bieltal mit prächtigem Rund- und Tiefblick. Über den langgezogenen Grat läuft die Grenze Vorarlberg – Tirol. Zu Füßen des Berges, etwa bei P. 2386 m, wurde einst von den Alpbesitzern aus dem Montafon, Paznaun und Engadin Rat gehalten (daher vermutlich der Name) und den Söhnen die Grenzmarken gezeigt. Im Bludenzer Urbar von 1612 erwähnt als Grenzmarke zwischen der Herrschaft Bludenz und den Gerichten Galtür (Tirol) und Steinsberg

(= Ardez, Engadin). Der Gipfel ist für Geübte unschwierig auf einem Klettersteig zu erreichen (s. R 690). Doch auch ohne Besteigung des Gipfels bietet sich hier eine einzigartige Rundwanderung von 4½ bis 5 Std. an, die wärmstens empfohlen wird: Rundweg: Von der Bielerhöhe auf dem Bielerdamm nach SO, dann vom Damm links östl. abzweigend empor ins Bieltal. Zuinnerst im Tal, ca. 2350 m, rechts auf mark. Steigspuren steil empor (unweit südl. vom Radsee vorbei; Abstecher zum See nicht versäumen!) zum Radsattel, 2652 m, 2½ bis 3 Std. (aufs Hohe Rad, s. R 690). Vom Radsattel führt ein bez. Weg nach SW hinab zum P. 2432; Wegteilung; links über einige Hügel, gut mark., in 45 Min. zur Wiesbadner Hütte; rechts hinab durchs Ochsental zum Silvrettasee und ihm entlang zur Bielerhöhe zurück, ca. 1¼ bis 1½ Std.

Übergänge von der Bielerhöhe

Alle angegebenen Touren sind bezeichnete Wege.

■ **680** a) Ins Kleinvermunt, nach Galtür; der Straße nach ca. 2 Std.
b) Zur Saarbrücker Hütte auf dem Tschifernellaweg wie bei R 661b oder wie R 681.
c) Zur Tübinger Hütte durchs Großvermunt talaus auf linksseitigem Fußpfad an der Ill entlang bis Einmündung Kromertal. Dort wie bei R 655 aufs Hochmadererjoch und jenseits unter dem Valgraggeskamm entlang zur Tübinger Hütte, ca. 4 bis 5 Std.
d) Zur Wiesbadner Hütte s. R 685, 2½ Std.
e) Zur Jamtalhütte, 2165 m, über Getschnerscharte, 2839 m, durchaus mark. auf gletscherfreiem Gelände zwischen Henneberg- und Madlenerferner; nur für Geübte oder mit Führer; 4½ Std. Einfacher geht man von Galtür aus durchs Jamtal (Autostraße bis zur Jamfassung bei 1841 m); zu Fuß von Galtür 2¾ bis 3¼ Std.

■ **681 Silvretta-Klostertal.** In den Karten eingetragen ist die „Klostertalhütte“, 2362 m, in der Talmitte, dort wo nach Westen hin ein markierter steiler Aufstieg auf den Litznersattel und zur Saarbrücker Hütte führt. Diese „Klostertalhütte“ ist Rohbau (seit 1970),

Vollendung fraglich. – Keine Unterkunft. Sehr schöne Wanderung bachentlang von der Bielerhöhe aus bzw. vom Südende des Silvrettasees 1¾ bis 2 Std. Der Weiterweg ins innerste Tal ist ohne Markierung, ein dürftiger Pfad auf die **Rotfurka,** 2688 m, Grenzübergang zur Silvrettahütte des SAC und weiter nach Klosters/ Schweiz. Nur für Geübte. Das Tal war einst vielbenütztes Durchzugsgebiet von Klosters (daher der Name) nach Vermunt.

R 682–684 Offene Randzahlen für Nachträge.

Tourengebiet der Wiesbadner Hütte

■ **685 Wiesbadner Hütte,** 2443 m, DAV, Sekt. Wiesbaden 50 B, 100 TL. Die Hütte liegt großartig auf einer Terrasse vor dem Vermuntgletscher und gegenüber dem Eisbruch des Ochsentaler Gletschers im Herzen der Silvretta. Rasch und leicht erreichbarer Stützpunkt für ein sehr großes Tourengebiet in der Dreiländerecke Vorarlberg – Tirol – Graubünden, für Gipfelbesteigungen, Durchquerungen und Übergänge, aber auch hervorragend schöne Hochwanderungen. Sehr beliebtes Ziel auch für Ausflügler. Funksprechverbindung mit Hotel Bielerhöhe, 05558/246.
Anstieg von der Bielerhöhe 2½ Std.: Vom Autohalt Bielerhöhe auf der Straße nach O und nach rechts über den Bielerdamm. Am östl. Seeufer entlang in südl. Richtung bis See-Ende (hierher auch mit Motorboot, ½ Std. Zeitgewinn). Der Weg führt nun nach SO ins Ochsental und am Westhang des Hohen Rades bequem zur Hütte.

■ **686 Piz Buin,** 3312 m, 3½ bis 4 Std. Der höchste Berg Vorarlbergs. Erstbesteigung 14. Juli 1865. Großartige Fernsicht: Zillertaler, Ötztaler, Ortler, Bernina, Berner Oberland, Monte Rosa. – Gletschertour, nicht schwierig, aber nur für geübte Seilschaft oder mit Führer. Über das „Wiesbadner Grätle“ oder über den Ochsentaler Gletscher (Spaltengefahr!) in die Scharte zwischen Groß- und Klein-Buin und von W auf den Gipfel.

■ **687 Signalhorn,** 3210 m. Gletschertour, unschwierig, mit Führer. Über den Ochsentaler Gletscher zur Fuorcla dal Cunfin und über die SW-Flanke zum Gipfel; 3½ bis 4 Std.

■ **688 Dreiländerspitze,** 3197 m, 3 Std. Wasserscheide und Grenzgipfel Vorarlberg – Tirol – Schweiz. Schöner Engadinblick! Nur für Geübte oder mit Führer. Anstieg wie bei R 691 a: von der Wiesbadner Hütte auf bez. Steig nach SO über die Moräne, dann über den Vermuntgletscher hinauf zur Oberen Ochsenscharte und über die NW-Firnflanke auf den Westgrat und über ihn auf den Gipfel.

■ **689 Silvrettahorn,** 3244 m. Über den Ochsentaler Gletscher nach S und W zur Eckhornlücke; von hier in ca. 1 Std. nordwärts zum Gipfel. Mit Führer; 4 bis 4½ Std.
b) **Schneeglocke,** 3224 m. Am besten in Verbindung mit Silvrettahorn über ihren S-Grat. Mit Führer; 3½ bis 4 Std. Beliebter Skigipfel.

■ **690 Aufs Hohe Rad,** 2934 m; 3 bis 3½ Std.; sehr lohnend; bez. Weg bis zur Radschulter; 2967 m. Ab dort Klettersteig nur für Geübte. Großartiger Aussichtsberg für die Zentralsilvretta. Von der Wiesbadner Hütte nördl. auf bez. Weg bzw. Steigspuren über hügelige Hochstufen in prächtiger Wanderung zum Radsattel, 2652 m, und auf die Radschulter, 2697 m, am Ostfuß des Gipfelmassivs. Klettersteig über eine Felsrippe der Ostflanke auf den Grat und Gipfel. – Abstieg von der Radschulter auch nach N durchs Radkar (besser vom Radsattel), durchs Bieltal zur Bielerhöhe, s. R 679. Ein sehr dankbarer Aussichts- und Orientierungspunkt ist der **Vermuntkopf,** 2851 m, nur 1 bis 1¼ Std. von der Wiesbadner Hütte: kurz auf dem mark. Weg Richtung Radsattel, bei Wegteilung nach rechtshin. Bei einer zweiten Abzweigung abermals scharf nach rechts, Osten, und auf dem mark. Steiglein über die felsige Westflanke auf die Spitze.

Übergänge von der Wiesbadner Hütte

■ **691** a) **Zur Jamtalhütte,** 2165 m, über Ochsenscharte, 3½ bis 4 Std. Gletschertour, für Geübte oder mit Führer: Nach SO über den Vermuntgletscher, Richtung Dreiländerspitze zur Oberen Ochsenscharte, ca. 2970 m; diese nach O überschreiten und jenseits nach NO über den Jamtalferner zur Jamtalhütte; oder wie bei R 680 e. Die Jamtalhütte hat 120 B und 100 TL; Sprechfunk zwischen Tal und Hütte.

b) **Zur Silvrettahütte,** 2339 m, SAC. Über Fuorcla dal Cunfin, 3043 m = Grenzscharte, und nach W zum Silvrettrapaß. Spaltengefahr! Reine Gletschertour, großartig. Nur für erfahrene Seilschaft oder mit Führer. Abstieg ins Sardascatal und nach Klosters 4 bis 5 Std.. Ein weiterer Übergang zu den Silvrettahütten und nach Klosters führt vom Silvrettastausee aus durch das Klostertal über die Rotfurka, s. R 681.

c) **Zur Tuoihütte,** 2250 m, SAC, 80 B u. TL., im Val Tuoi (Guarda) über den Vermuntpaß, 2796 m. Interessante Tour, nur für Geübte oder mit Führer. 2½ bis 3 Std. Von Tuoi aus zeigt der Piz Buin seine großartigste Ansicht! Von der Tuoihütte nach Guarda im Unterengadin 1½ bis 2 Std., eines der schönsten Engadiner Dörfer!

Vallülatal

■ **692** Großartiges Hochtal (ohne Stützpunkt), besonders in seinem oberen Teil mit weiten Matten, Seen, Bächen und gewaltigen Rundhöckern von der früheren Vergletscherung her. Für wandertüchtige Freunde einer eindurcksvollen Natur besonders zu empfehlen.

a) Von Partenen talein nach O über den Zeinisbach. Zuerst über die Wiesen auf Fahrweg, dann (bei Wegtafel mit grüner Mark.) steil im Zickzack durch Wald empor in das Hochtal zu den Hütten der Unt. Alpe Vallüla, 1746 m, 2 Std. – die grüne Markierung führt weiter nach Westen auf den Bärenboden. – Nach links, Osten, mit roter Markierung weiter nach **Obervallüla,** 50 Min., Jagdhütte (die Alpe ist aufgelassen). In gleicher Richtung, wieder mit grüner Markierung sanft ansteigend empor zum unteren, dem größten **Vallülasee** auf 2150 m und in 1½ Std. auf das Joch mit Grenzstein Nr. 18, Grenze Vorarlberg/Tirol. (Hier Tafel mit Stempel für Wanderpaß des V. V. Partenen.) – Das gesamte Obervallüla ist alte Glaziallandschaft voll eindrucksvoller Schönheit mit gewalti-

gen gletschergeschliffenen Rundhöckern, mehreren kleinen Seen und hochalpiner Flora.
Von der Jagdhütte Obervallüla führt mit roter Markierung ein Pfad auf den **Breiten Spitz,** 2197 m – auch hier eine ähnliche hochalpine Landschaft. Vom Breiten Spitz führt der Pfad nach Norden hinab zum Stausee Kops und rechts und links am See entlang.

Zeinisjoch und Verbella

■ **693 Zeinis,** 1842 m, mit Hotel Zeinisjoch, 1900 m, 60 B. ganzjährig bewirtschaftet
Auskunft: A-6553 Galtür/Tirol, 05443/233.
Karte: Freytag & Berndt, Blatt 372
„In keiner Wohnung der Sterblichen fühle ich mich so wohl wie am Fenster des Zeinishauses" – so schrieb schon 1877 Pfarrer Battlogg (R 572). Zeinis kommt entweder aus rätorom. saina, plur. „in sainis" = in den Riedern, also „sumpfiges Joch" (Zösmair), oder von „lateinisch sagina = Fett im Sinne von Dungmahd, Wiese", also Fettheuwiesen (nach Finsterwalder). Im SO des Montafontales zwischen Verwall und Silvretta, Vorarlberg und Tirol eingesenktes niedriges Joch, die für Fußreisen nächste Verbindung nach Tirol (4 Std. Partenen – Galtür). Alter historischer Übergang, s. R 159. 1390 war hier, urkundl. erwähnt, schon ein Walser niedergelassen. Wasserscheide Nordsee – Schwarzes Meer und Bifurkation (Bachgabel) östl. des Joches am Hang der Fädnerspitze.
Durch den Bau des großen Kopsspeichers der Vorarlberger Illwerke (R 187) unmittelbar am Zeinisjoch wurde dasselbe 1969 mit einer 5,4 km langen Straßenzufahrt von der Tiroler Seite aus dem unteren Kleinvermunt, Pritzenalpe, versehen. Für die Benützung dieser „Kopsstraße" wird eine Einhebungsgebühr verlangt. Postauto-Zufahrt von Galtür bis Zeinisjoch. Auch von der Partener Seite führt eine Straße durch Ganifer auf Zeinis; nicht für den allgemeinen Verkehr freigegeben. Die Landschaft wurde durch den Werksbau wesentlich verändert. Mit dem schmückenden Stausee ist sie heute zu einem Urlaubs- und Ausflugsparadies gestaltet. Das Zeinisjoch ist nach wie vor ein idealer Standort für

schönste Bergwanderungen und winters für Skitouren. Großer Parkplatz, Kiosk. Aussichtskanzel beim Kopsspeicher. Über den **Kopsspeicher** (Stausee) bitte R 182 nachlesen. **Zur Beachtung:** Ringweg um den Kopsspeicher, besonders lohnend! Siehe R 702!

■ **694 Über Tafamunt auf Zeinis.** Besonders schöne Wanderung: Auffahrt mit der Tafamuntbahn, s. R 619 und weiter durch Alpenrosenfelder über Wiegensee ins Tal Verbella. (Achtung! Hier blüht an Felsen der sehr seltene Prächtige Steinbrech (Saxifraga cotyledon)! Der Weg führt bis zur Alpe (kleine Jausenstation), dann auf der anderen (linken) Talseite auf Fahrstraße am kleinen Zeinissee vorbei zum Kops-Stausee und weiter zum Hotel Zeinisjoch. Mit Abstieg über Ganifer 3½ bis 4 Std. Oder mit Postauto über Kops nach Galtür-Bielerhöhe.

■ **695 Verbella** (Verbellen) = val bella = schönes Tal. „Es ist das weitaus schönste Tal im ganzen Gaschurner Rayon. Von Gestein und Gestrüpp gereinigt und von rauhen Winden verschont, erstreckt es sich 1 Stunde lang bis zum Scheidsee hinauf." (Pfr. Battlog, 1877). (Siehe auch R 636.) – Das Tal Verbella vermittelt den Übergang nach St. Anton am Arlberg quer durchs Verwall; seine nördl. Fortsetzung ist das Schönverwall, 5 Std. lang, nach St. Anton a. A. Der Ursprung des Verbellatales liegt auf dem Verbellner Winterjöchli (Heilbronner Hütte) in der Nähe des Scheidsees, der seinen Ausfluß (die Rosanna) nach N ins Tirol und zur Donau entsendet.
Alpe Verbella, 1938 m, von Partenen 2¾ Std. Wie bei R 648 nach **Inner-Ganifer** (1½ Std.). Nach links hinauf durch Wald und über die Alpwiesen zur Alpe Verbella (1¼ Std.), Milch und Getränke erhältlich. Zeinis – Verbella s. R 700. Weitere Touren im Verbella s. R 620–623.

■ **696** Zum Bereich der großen Alpe Verbella gehört ein weites Weidegebiet, das im Süden von den Fluhspitzen begrenzt ist, mit dem Pfannensee und dem Brüllenden See und weiteren kleinen Seen, alle über 2200 m – alles weglos und mit Stille gesegnet. Reiches Vorkommen des Purpur-Enzians. Die **Östl. und Westl.**

Skiparadies Silvretta-Nova, von 1000 m bis 2300 m.

Fluhspitze sind nach Norden sanft abgedacht und leicht zu besteigende Gipfel (nach Süden Steilabstürze), 2 Std. von der Heilbronner Hütte aus. Siehe auch R 707.

■ **697 Breiter Spitz,** West- und Hauptgipfel 2203 m; Gipfelkreuz, trigonom. Signal und Aussichtswarte, 2197 m, wenig westlich vom Hauptgipfel am Ende des bez. Breitspitz-Steiges, 2 Std. vom Hotel Zeinisjoch. Leicht und lohnend, großartiger Tiefblick ins Montafon. Kleine Bergseen, am östl. Gipfelgrat prächtige Gletscherschliff-Rundhöcker. – a) Vom Zeinis-Hotel nach S zum Uferweg am Kops-Stausee (s. R 702!) und entweder links (z. T. durch Uferwald) oder rechts (über die Aussichtswarte) um den See herum in die Südwestbucht, wo bei Wegtafel ein Fahrweg und mit ihm der Beginn des Breitspitz-Steiges nach S und W abzweigt. Zuerst auf der nach W ausholenden Straße, dann bei Wegtafel rechts ab auf dem bez. Steiglein nach S, später nach W empor, an einer kleinen Jagdhütte vorbei hinauf auf den breiten Kammrücken. Ihm entlang nach Westen auf und ab, hinaus zum Gipfelkreuz. Abstieg wie Aufstieg. – b) Ein landschaftlich sehr schöner Abstieg führt mit roter Markierung über den Kammrücken hinab ins Kopser Jöchli und weiter zur Jagdhütte Ober-Vallüla (s. R 692). Talaus zur Alpe Unter-Vallüla; jetzt mit grüner Markierung, bald steil durch den Bergwald nach Partenen hinab, 2½ bis 3 Std. vom Gipfelkreuz. Sehr schöne Rundtour!

■ **698 Fädnerspitze,** 2788 m. Mit Ortsantennenanlage. Vom Gipfel großartiger Rundblick über Silvretta, Samnaun und Verwall. Erwähnt im Bludenzer Urbar von 1612 als Grenzpunkt zwischen den Herrschaften Landeck, Naudersberg und Bludenz. Besteigung unschwierig und sehr lohnend. Vom Hotel Zeinisjoch markierter Fußpfad nach N (Verwallseite), dann nach NO über Wang, 2034 m; immer in östl. Richtung weiter und leicht auf den Gipfel, 3½ Std. von Zeinis. Reiches Vorkommen des seltenen Pannonischen Enzians. Anstieg von der Heilbronner Hütte aus s. R 709.

699 Offene Randzahl

■ **700 Rundtour über Alpe Verbella (1938 m) – Zeinisjoch** (1842 m). Wie bei R 694 von Partenen zu Verbellaalpe, von hier nach SO dem Weg nach über Weiden, am Zeinissee vorbei, 1915 m, zum Zeinisjoch. Rückweg nach Westen ins Ganifer hinab (Wegbeginn Nähe Aussichtskanzel). Ab Alpe Innerganifer asphaltierte Straße über Außerganifer bis Partenen. Zusammen 5 Stunden.

■ **701 Zum Wiegensee und auf Versal.** Von Zeinis auf Fußweg über die Weiden nach NW zur Alpe Verbella. Weiter wie bei R 622. (Achtung: Versalhaus geschlossen!)

■ **702 Ringweg um den Kopsspeicher** 1½ Std. Besonders lohnender Spaziergang auf 1900 m Seehöhe, fast horizontal z. T. durch Bergwald und Latschen. Für jedermann geeignet. Ähnlich dem Ringweg um den Silvrettasee. – Ausgangspunkt: Nähe Parkplatz beim Hotel Zeinisjoch, in beiden Richtungen, meist am Ufer entlang und über die technisch großartige Staumauer. Dieser ebenso schöne wie bequeme Weg zählt zu den **beliebtesten des Montafons.**

703–704 Offene Randzahlen für Nachträge

Touren von der Heilbronner Hütte

■ **705 Heilbronner Hütte** am Verbellner Winterjoch (Verwall), 2320 m, überm Scheidsee, Eigentum der Sekt. Heilbronn des DAV (35 B, 90 TL). Wichtiger Stützpunkt am Verwallhöhenweg (Schruns – Pettneu bzw. Wormser Weg – Friedrichshafner Weg) und am Übergang Gaschurn – Partenen – St. Anton a. A. Landesgrenze Vorarlberg – Tirol, Wasserscheide Rhein – Donau (daher „Scheidsee“).
Die Hütte hat eine herrliche Paßlage oberhalb des schönen, dunklen Scheidsees mit beherrschendem Blick über das Tal Verbella. Das Tourengebiet (und spätwinterliche, prachtvolle Skigebiet!) ist sehr reich und mannigfaltig, vor allem auch das Wandergebiet mit Höhenwegen nach verschiedenen Richtungen.

Im Winter: Großartiges spätwinterliches Skigebiet; 600 m langer Schlepplift bei der Hütte.

■ **706 Anstieg von Partenen** über Ganifer 4 bis 4½ Std.: Wie bei R 648 bis Inner-Ganifer und zur Verbellner Alpe. Von dort weiter wie bei R 623. Aufstieg von Gaschurn s. R 623. Aufstieg vom Zeinisjoch aus 2½ Std.

■ **707 Fluhspitzen,** 1½ bis 2 Std. Sehr lohnend. Von der Hütte führen über Weiden (Flora!) nach S zwei mark. Pfade, einer (östl.) auf die Östl. Fluhspitze, 2826 m, einer weiter westl. am Brüllenden See vorbei auf die Westl. Fluhspitze, 2617 m. Schöner Tiefblick auf Zeinisjoch – Kops und großartiges Silvrettapanorama.

■ **708 Schrotenkopf,** 2889 m, 2 Std., sehr lohnender Aussichtsgipfel, Vermessungszeichen. Wie zur Östl. Fluhspitze über Weiden ins Kar und auf dem Steig zum Absatz P. 2762 empor. Nun nach links, N, in ¼ Std. in ganz leichter Kletterei zum Gipfel. Aussicht bis Wildspitze, Ortler, Piz Kesch, Berner Oberland, Tödi, Rätikon, Verwall.

■ **709 Fädnerspitze,** 2788 m, 2 Std., für Geübte, siehe auch R 698. Man erreicht diesen aussichtsreichen Gipfel auf dem Weg von der Heilbronner Hütte zum Muttenjoch. Im hintersten Ochsental zweigt man nach rechts, S, ab und erreicht die Spitze auf mark. Steig. – Leicht und lohnend ist auch eine Besteigung der Gaisspitze, 2791 m, 1¾ Std., die sich nahe südl. vom Muttenjoch erhebt (mit Übergang nach S zum nahen Grieskogel, 2757 m). Man erreicht beide vom Muttenjoch aus, die Besteigung wird meist mit dem Übergang zur Friedrichshafner Hütte verbunden.

■ **710 Stritkopf,** 2605 m, ¾ Std. Anstieg von der Hütte über die SO-Hänge. Schöner Überblick über die seengeschmückte Landschaft.

■ **711 Valschavielkopf,** 2696 m, 1½ Std. Von der Hütte auf dem markierten Wormser Höhenweg am Scheidsee vorbei zum Gaschurner Winterjöchli, 2330 m, und weiter zum Valschavieler Winterjöchli, 2439 m, mit seinen klaren Seen. Von diesem Joch ab ohne Markierung unschwierig, aber nur bei klarem Wetter und nur für Geübte weiter zum Gipfel-Steinmann; Grenze Vorarlberg/Tirol. Prächtiger Blick ins Fasultal und seine großartige Umrahmung mit Patteriol usw.

■ **712 Valschavieler Maderer,** 2771 m. Für Geübte. Von der Heilbronner Hütte folgt man dem Wormser Höhenweg (R 430) nach SW bis an den Fuß des Berges. Aufstieg s. R 504.

713–719 Offene Randzahlen für Nachträge

Höhenwege und Übergänge von der Heilbronner Hütte

■ **720** Die Heilbronner Hütte ist Ausgangspunkt mehrerer hervorragend schöner Höhenwege: Wormser Weg, Bruckmannweg zur Konstanzer Hütte (R 723), Friedrichshafner Weg zur Friedrichshafner Hütte (R 722). Der Friedrichshafner Weg findet seine Fortsetzung im Ludwig-Dürr-Weg zur Darmstädter Hütte, 5½ Std., dieser im Hoppe-Seyler-Weg zur Niederelbehütte, 4½ Std., und dieser wieder im Kieler und Rifflerweg zur Edmund-Graf-Hütte am Riffler, 4 Std. Mit ihrer Hilfe läßt sich die ganze Verwallgruppe, dieses schöne, großartige, seenreiche und botanisch interessante Gebirge, von SW nach NO, von Gaschurn – Partenen bis nach Pettneu in Tirol, in vier bis sechs Tagen ungewöhnlich schöner Wanderungen, immer über 2000 Meter, durchqueren.

■ **721 Auf dem Emil-Roth-Weg zur Reutlinger Hütte** (4½ bis 5 Std.). Seit dem Bau der kleinen Reutlinger Selbstversorgerhütte mit AV-Schloß (20 Lager, Decken, Kochgerät) auf der Wildebene, 2400 m (1972 als Ersatz für die abgebrannte Reutlinger AV-Hütte erstellt) ist auch der romantische Emil-Roth-Höhenweg wieder in Gebrauch gekommen. **Verlauf:** von der Heilbronner Hütte nach Norden durch das Schönverwalltal hinaus (Weg 517) bis Abzweigung zur Konstanzer Hütte. Hier nach links ins Pfluntal bis zum flachen Gafluner Winterjöchle, 2343 m, wo man in den Pfluntalweg, Nr. 519, einmündet. Mit ihm unter den Pflunspitzen durch zur Reutlinger Hütte auf der Wildebene. Abstieg über

Bettleralpe ins Klostertal oder durch das Gaflunatal nach Silbertal. Nur für bergvertraute und ausdauernde Touristen.

■ 722 **Zur Friedrichshafner Hütte,** 2151 m, 3 Std. Ins oberste Ochsental (aus dem die Quellen der Rosanna kommen) und steil aufs Muttenjoch, 2680 m, 2 Std. (von hier Abstecher, sehr lohnend, in 20 Min. auf bez. Weg zur Gaisspitze, 2791 m). Jenseits hinab und nach O zur Hütte.

■ 723 **Zur Konstanzer Hütte,** 1768 m: a) durchs Schönverwall nach N. hinab oder b) auf dem Bruckmannweg übers Wannenjöchle, 4 Std., hervorragend schön. Die Weganlage führt nach NO am Wannensee vorbei und am Südfuß des Patteriols, zuletzt nach N talaus am Fasulbach.
Von der Konstanzer Hütte in 1¾ Stunden nach **St. Anton a. A.** D-Zug-Station der Arlberglinie, an der Arlbergstraße, am Ostportal des Arlbergtunnels, bekannter Wintersportplatz

■ 724 **Zur Wormser Hütte** auf dem Wormser Höhenweg. Sehr langer und sehr herrlicher, durchgehend bezeichneter Höhenweg, 8–9 Std. Nur für ausdauernde Touristen. Auf der Hütte über den Zustand des Weges erkundigen! Vom Gaschurner Winterjöchli in allgemein westl. Richtung. Unterwegs Möglichkeiten zum Abstieg ins Tal (Gaschurn, Gortipohl, St. Gallenkirch). Siehe R. 430.

■ 725 **Über Silbertaler Winterjöchli nach Silbertal** (–Schruns). Sehr lang und einsam, nur für Ausdauernde. Von der Heilbronner Hütte zunächst ca. 4,5 km im Schönverwall talaus bis Fasulbachfassung der Illwerke, 1900 m. Dort nach links hin, W, empor aufs Silbertaler Winterjöchli, 1965 m, mit See; Quellgebiet der Litz. Mit Markierung gegen W zur Oberen Alpe Fresch, 1890 m, mit Pfannensee und auf gutem Fahrweg 14 km (ca. 5 Std.) talaus nach Silbertal-Dorf. Kein Stützpunkt außer Alpen unterwegs; s. auch R. 468.

726–734 Offene Randzahlen für Nachträge.

■ 735 Literaturverzeichnis

Wander- und Tourenführer:

(1) Alpenvereinsführer: In der Reihe der AVF sind im Bergverlag Rother, München, folgende das Montafon betreffende Führer erschienen:
a) AVF Band **Rätikon** von W. u. G. Flaig, 1989, mit 78 Abb. u. 24 Anstiegsskizzen u. Übersichtskarte 1:100.000
b) AVF Band **Silvretta** von W. Flaig, 1987, 37 Abb. u. Übersichtskarte 1:100.000
c) AVF Band **Ferwallgruppe** von R. Lucian, 1981, 17 Bilder u. Übersichtskarte

(2) **Gebietsführer Rätikon** von Günther Flaig, 1986, mit 41 Anstiegsfotos u. Wanderkarte 1:50.000.
Gebietsführer Silvretta von Walther Flaig, Neuaufl. 1985, 37 Anstiegsfotos, Relief- u. Höhenwegkarte. Beide Gebietsführer: Bergverlag Rother, München.

(3) Pracht Egon „Skiführer Silvretta und Rätikon“ (Bergverlag Rother, München), 1984.

(4) Heine Jörg, „Montafon“ (Auswahlführer 1983, Bergverlag Rother), 23 Abb. u. 20 Wanderkartenausschnitte.

(5) Kompaß-Wanderführer „Vorarlberg“, 100 Wandervorschläge von Ferd. Cirtek, 1988 (Deutscher Wanderverlag, Stuttgart).

(6) „Vorarlberger Wanderbuch“, Tyrolia-Verlag, Innsbruck.

■ 736 Weitere Montafon-Literatur:

(1) **„Montafoner Heimatbuch“,** herausgegeben vom Stand Montafon. 665 Seiten, reich bebildert, 20 Mitarbeiter.

(2) „Salzgeber – eine alpenländische Chronik, III. Bd. **MONTAFON**“, 416 Seiten, reich bebildert, 22 Mitarbeiter. Herausgegeben von der Vorarlberger Walservereinigung, 1981.

(3) **Heimatbuch Gaschurn – Partenen“** von Dr. h. c. J. Zurkirchen, reich illustr., 184 Seiten, herausgegeben von der Gemeinde Gaschurn, 1985.

(4) **„Heimatbuch St. Gallenkirch – Gortipohl – Gargellen“** von Dr. h. c. J. Zurkirchen, herausgegeben von der Gemeinde St. Gallenkirch, 1988.

(5) **Beitl** Dr. Rich.: a) **„Angelika“,** Roman aus dem Montafon, Berlin 1939; b) **„Johringla“,** ebenso, Salzburg 1951; c) **„Im Sagenwald“,** 700 Sagen aus Vorarlberg, 1953.

(6) **Bertle** DDr. Heiner: a) **„Zur Geologie des Fensters von Gargellen“,** mit geolog. Karte 1:25.000 (Wien 1972); b) **„Geologischer Lehrwanderweg Bartholomäberg“,** kl. Führer, 26 Seiten u. Karte.

(7) **Bilgeri** Benedikt, **„Geschichte Vorarlbergs“,** 3 Bände (Graz 1971).

(8) **Borger** Otto, **6 Mundart-Bändchen:** „Muntafuner Zwörn“ (1935), „Maisäßarbat“ (1958), „Firobad“ (1963), „Die Lötschta“ (1968), „Die Allerlötschta“ (1973), „Nochzügler“ (1978).

(9) **Flaig** Walther, **„Das Silvrettabuch“** – Volk und Gebirg' über drei Ländern“, 400 Bilder. Bergverlag Rother, München, 1971 (vergriffen).

(10) **Flaig** Walther: Kurzmonographie **„Silvrettagruppe“** im Jb. des Österr. Alpenvereins 1955; **„Die Verwallgruppe“** im Jb. 1957; **„Rätikon“** in den Jahrbüchern 1959 und 1960.

(11) **„Montfort“,** Zeitschr. für Geschichte, Heimat- u. Volkskunde Vorarlbergs, herausgegeben vom Landesarchiv Bregenz; versch. Beiträge über das Montafon.

(12) **Rudigier** Ernst: 3 kleine Broschüren eines Einheimischen über Gaschurn–Partenen. 1982, 1984.

(13) **Schwarz** Dr. Artur, **„Heimatkunde von Vorarlberg“** (Bregenz 1949) mit Beiträgen namhafter Sachkenner und Fachgelehrter.

(14) **Vallaster** Ludwig: Zahlreiche Beiträge, bes. im „Anzeiger für die Bezirke Bludenz u. Montafon“ über Sippenkunde, Agrargeschichte, Mundart, Volkskunde u. a.; gesammelt im Archiv des Montafoner Heimatmuseums, Hauptmitarbeiter am Montafoner Heimatbuch.

(15) **Vogt** Werner, Flurnamenbuch, Bd. 2, Flurnamensammlung Montafon.

(16) Vorarlberger Wörterbuch (mit Fürstentum Liechtenstein), bearb. von Leo Jutz, herausg. v. d. Österr. Akademie der Wissenschaften, Wien 1960–65.

(17) **Zehrer** Josef, „Die Ortsnamen von Vlbg.“, 2. Teil, vordeutsche Namen, im Jb. d. Vlbg. Landes-Museumsvereins 1960, zum Namen Montafon.

(18) **Zinsli** Paul, „Walser Volkstum“, reich bebildert (Verlag Huber, Frauenfeld, Schweiz, und Stuttgart), 1968.
Zurkirchen Dr. h. c., siehe oben 3 u. 4.

(19) Zeitschrift **„Berge“** (Verlag Büchler & Co., Wabern-Bern/Schweiz) als Nr. 4 das Heft „Montafon und seine Berge“, 81 Seiten, illustriert.

■ 737 Karten:

a) Als beste Karte des ganzen Montafons empfehlen wir die „Wanderkarte Alpenpark Montafon“ 1:50.000 und 1:35.000; Verkehrsverband Montafon.
b) „Wanderkarte Äußeres Montafon“ 1:30.000.
c) „Wanderkarte 42/Inneres Montafon“ 1:30.000.
d) Österreichische Karte 1:50.000, Blatt 142 Schruns; Blatt 169 Gaschurn; Blatt 169/1 Gargellen; Blatt 169/2 Partenen; Blatt 170/3 Piz Buin.
e) Freytag & Berndt-Karten 1:50.000, Blatt 371 Bludenz–Montafon; Blatt 372 Arlberg – Paznaun – Verwall; Blatt 373 Silvretta;
f) Alpenvereinskarte Nr. 26 „Silvrettagruppe“ 1:25.000, herausgegeben im Rahmen der Alpenvereinskarthographie 1976. Umfaßt die ganze österreichische Silvretta (mit eingetragenem Weitwanderweg 302) und den Großteil der angrenzenden Schweizer Silvretta.
g) Kompaßkarte 1:50.000: Blatt 32 Bludenz – Schruns – Klostertal; Blatt 33 Arlberg – nördl. Verwallgruppe; Blatt 41 Silvretta – Verwallgruppe.
h) Landeskarte der Schweiz 1:25.000: Blatt 1157 Sulzfluh; Blatt 1159 Schesaplana; Blatt 1177 (Serneus für Gebiet Gargellen); 1158 Zeinisjoch; 1178 Gr. Litzner.

i) Die Wanderkarte „Gargellen“, 1:25.000, umfaßt auch das anschließende Schweizer Grenzgebiet, 1982.
k) Flurnamenkarte 1:10.000, dem Vorarlberger Flurnamenbuch (Lit. Verz.) beigegeben sind 11 einfarbige Flurnamenkarten für sämtl. Gemeinden des Tales. Weniger für den touristischen Gebrauch, aber eine Fundgrube für den Freund des Tales.
l) „Wanderkarte Paznaun“ 1:50.000 (für Verwall – Silbertal).

738–750 Offene Randzahlen

■ 738 Nachwort zur 12. Auflage

Seit dem Erscheinen der ersten Auflage dieses Führers 1952 hat sich das Montafon dank der Tüchtigkeit seiner Bewohner zu einem der bedeutendsten Feriengebiete Österreichs entwickelt. Jahr um Jahr entstanden neue Gastbetriebe besonders der gehobenen Kategorie, neue excellente Panorama-Restaurants, neue und neu-umgebaute modernste Bergbahnen in neu erschlossene Höhengebiete, neue Sportanlagen jeder Art vom Tennis bis zum Extremklettern – Komfort auf der ganzen Linie mit neuen Dimensionen „im Tal der Sterne", wo eine internationale Jury auch das „schönste Blumendorf Europas" entdeckte.
Ungeahnte Entwicklung erlebte in diesen Jahren auch der Skisport im Montafon – seit 1988/89 stehen ihm nicht weniger als 73 Aufstiegshilfen zur Verfügung mit einer Förderleistung von insgesamt 78.000 Personen je Stunde (!), dazu 206 km markierte Abfahrtspisten, 12 km Langlaufloipen, sechs Skischulen usw.
Doch was sich hier auch wandelt, was auch Neues kommt, selbst die zeitweise Überflutung mit dem modernen Verkehr – das Montafon bleibt einmalig DAS MONTAFON.
Dieses herrliche Tal mit seinen idyllischen Dörfern, mit seiner großen Bergwelt und seiner eigengeprägten Bevölkerung dem Gaste nahe zu bringen, ihn zu beglückendem Erlebnis hinaus- und hinaufzulocken, ist nach wie vor der Zweck dieses Führers. Der Inhalt ist wieder auf den neuesten Stand gebracht und neu ist auch die Beigabe von 25 Farbfotos anstelle der bisherigen Schwarzweißbilder – wofür dem Verlag besonders gedankt sei.
Möge das kleine Buch dem Gast auf vielen frohen Wanderungen ein treuer Führer sein!

Bludesch im Frühling 1989
Die Verfasser
Hermine und Walther (†) Flaig

Bregenz
der Herausgeber
Eugen Russ Verlag

■ 740 Stichwortverzeichnis

Die Ziffern beziehen sich ausschließlich auf die Randzahlen

Achtung, Bergwanderer!

Richtlinien
für das Verhalten bei Wanderungen und Bergtouren

Zur Vermeidung von Bergunfällen und zur Verhinderung unnötiger Suchaktionen sowie zum Schutze vor Gefahren im Gebirge im allgemeinen werden Sie im Interesse Ihrer eigenen Sicherheit gebeten, bei Antritt von Wanderungen und Bergtouren folgendes zu beachten:

1. Unternehmen Sie **allein keine Bergtouren.**
2. Entfernen Sie sich niemals bei Antritt einer längeren Wanderung oder Bergtour von Ihrer Unterkunft, ohne **das Ausflugsziel** und die vermutliche Zeit Ihrer Rückkehr **bekanntzugeben.** Halten Sie sich aber auch unbedingt an Ihre Angaben.
3. Wenn Sie durch besondere Umstände genötigt sind, die von Ihnen für die Rückkehr angegebene Zeit zu überschreiten, versuchen Sie nach Möglichkeit, den **Unterstandsgeber** ohne Aufschub hierüber zu **unterrichten.** Dies gilt besonders dann, **wenn Sie über eine Nacht** der ständigen Unterkunft **fernbleiben.**
4. Es empfiehlt sich, **Wanderungen möglichst schon in den Morgenstunden** und nur **bei günstigem Wetter anzutreten.** Lassen Sie bei der Wahl der Wanderroute die Tatsache nicht unbeachtet, daß im Gebirge bei guten Witterungsverhältnissen am Morgen unter Umständen auch schon am frühen Nachmittag Gewitterbildungen auftreten können. **Sorgen Sie daher für eine entsprechende Bekleidung (Bergschuhe und Regenschutz).**
5. Üben Sie **größte Vorsicht auf steilen Schneefeldern** und **nassen Grashängen.** Besser ist es, diese zu umgehen.
6. **Verlassen Sie niemals ohne triftigen Grund die markierten Wanderwege.** Ihre Benützung ist im allgemeinen nicht mit besonderen Gefahren verbunden. Dies gilt jedoch nicht bei Neuschnee oder Wetterstürzen.

Das Montafon-Panorama von Berann

Ein Blick auf dieses Panorama – ein Wort dazu?

Ist solch ein Panorama nicht ein Wunderwerk? Es schenkt uns einen Überblick über die **653 Quadratkilometer** dieser vierzig Kilometer langen Talschaft zwischen 600 und 3300 Meter Höhe in der südlichsten Ecke Vorarlbergs und in der südwestlichsten Österreichs. Der erste Eindruck: eine Welt der Berge, des Hochgebirges, mit den drei Gruppen der Nordrätischen Alpen Rätikon, Silvretta und Verwall, mit Grenzen gegen Tirol und die Schweiz – quer hindurch der Fluß, die Ill – die Ortschaften ihr entlang – Seitentäler rechts, nach links (nur zwei davon sind dauerbewohnt); man erkennt die Seen, eingebettet zwischen großen Höhen, vom Lünersee bis zum Vermuntsee und sogar die Seen am Hochjoch, auf Kops und Zeinis bis hinaus zu den Fluchthörnern (am linken Bildrand). Man findet die Wege allerorten eingezeichnet bis hoch hinauf, samt den Bergbahnen. Da ist, alles überragend, der Piz Buin und der Litzner, das Hochplateau der Sulzfluh, die Madrisa und weit draußen die firneweiße Gipfelwelt der Bernina; und irgendwo in der Mitte die aussichtsberühmte Versalspitze und die Zamangspitze. Namen und Geschichte des Tales sprechen uns an beim Klang dieser Namen – Erinnerungen an glückliche, unvergeßliche Gipfelstunden, Wünsche und Pläne, dieses herrliche Tal zu erleben . . .

Dreiländerspitze 3197
Piz Buin 3312
Silvrettahorn 3244
Gr. Litzner 3109
Wiesbadner Hütte 2443
Klostertal
Silvrettasee
BIELERHÖHE 2030
Kopssee
Silvretta-Hochalpenstraße
PARTENEN 1050 m
GASCHURN 1000 m
GORTIPOHL 910 m
ST. GALLENKIRCH 878 m
Silbertal
SILBERTAL 889 m

Berninagruppe
Madrisa 2770
Schlappinerjoch 2202
Sulzfluh 2818
Drei Türme 2828
Drusenfluh 2827
Schijentobel
Schafberg
Schwarzhorn
Vallülenztal
Gandasee
Schwarzhorn
Latschau 1000
Grabs 1000
TSCHAGGUNS 700 m
SCHRUNS 700 m
Rodund
VANDANS 654 m
BARTHOLOMABERG 1087 m
INNERBERG
ST. ANTON IM MONTAFON 650 m
Lünersee
Douglass H. 1979
Gauertal

SCHRUNS

der aktive Mittelpunkt des Tales, präsentiert sich als lebendig-fröhlicher Ferienort und lädt zum Verweilen in behagliche Cafés und gemütliche Restaurants.

TSCHAGGUNS

mit seinem sportlich-dörflichen Charakter noch vieles von der echten Montafoner Gemütlichkeit bewahrt hat.

GANTSCHIER

Talfraktion der Gemeinde Bartholomäberg, berühmt geworden als Heimat der Olympia-Siegerin Anita Wachter, 1988. Der junge Ferienort dicht bei Schruns ist Ausgangsort für ein fast unerschöpfliches Wandergebiet.

Nicht nötig, lieber Gast
Ihr Devisengepäck ist sicher bei uns aufbewahrt.
Anonym.
Hochverzinst.
Genießen Sie Ihren Urlaub.
Ihr Geld arbeitet für Sie.
Hypo Banken gibt es in :
Bludenz
Gaschurn
Schruns
HYPO BANK
Die Landesbank

Hoch hinauf in die herrliche Bergwelt des Rätikons, der Silvretta und des Verwalls

Von Latschau ob Tschagguns im Montafon bringt Sie die **GOLMERBAHN** (995–1890 m ü. M.) hinauf in ein herrliches Wanderparadies. Ein beliebtes Ziel ist die Lindauer Hütte (DAV), 1744 m, im Gauertal. Im Winter ist der Golm ein bekanntes und beliebtes Schigebiet.

Mit der **LÜNERSEEBAHN** (1565–1979 m ü. M.) von Brand-Schattenlagant wird der Lünersee – einst größter natürlicher Bergsee der Ostalpen – erschlossen. Die Douglass-Hütte (ÖAV) ist Ausgangspunkt für lohnende Hochgebirgstouren – Schesaplana, 2965 m, mit Brandner Gletscher.

Am Talschluß des Montafons von Partenen aus gelangt man mit der **TAFAMUNTBAHN** zur Jausenstation auf 1550 m ü. M. Von dort eröffnet sich ein herrlicher Ausblick auf die Gletscherwelt der Silvretta.

SILBERTAL

birgt Ruhe und Romantik im Schoß der Berge als bezauberndes Erholungsdorf. Höhenlage 834–2769 m, eine Großraumsiedlung mit 850 Einwohnern, dazu 900 Gästebetten. Das Tal der silbernen Wasser, der Alpen und Wälder und mit dem sonnenreichen Kristberg – schönstes Ferienland im Sommer und Winter.

BARTHOLOMÄBERG

die Sonnenterrasse des Montafons, ist die älteste weitverstreute Gemeinde der Talschaft und zählt zu den sonnigsten Gemeinden Vorarlbergs mit herrlichem Bergpanorama. Seine Besonderheiten: die barocke Pfarrkirche mit gotischem Flügelaltar und der geologische Lehrwanderweg mit dem Korallenriff auf 1800 m – es lagert hier seit 200 Millionen Jahren.

ST. ANTON In Wiesen und Wälder gebettet liegt das Dorf am Fuß der steilragenden Dawennakette (westl. Verwallgruppe). Die unmittelbare Nähe seiner berühmten Nachbarn läßt St. Anton an allen deren Vorzügen teilhaben.

VANDANS „Schönstes Blumendorf Europas“, dies seit 1988 sein stolzer Titel. Das Wandergebiet dieses romantischen Dorfes zu Füßen der Zimba („Matterhorn Vorarlbergs“) reicht bis auf den Gipfel der Schesaplana, dem höchsten Rätikongipfel; auch der berühmte Lünersee liegt in seinem Gemeindegebiet.

ST. GALLENKIRCH

liegt idyllisch auf weitflächigen Wiesen inmitten des Alpenparkes Montafon und birgt lebendige Montafoner Tradition. Am Schnittpunkt von Rätikon, Silvretta und Verwall gelegen, besitzt St. Gallenkirch ein fast unerschöpfliches Wander- und Tourengebiet, dazu das seit 1970 erschlossene Skigebiet Silvretta-Nova mit 28 Anlagen bis auf 2300 m, mit der Valiserabahn, der größten Kabinen-Umlaufbahn der Welt.

GORTIPOHL

ist ein Traum von dörflicher Sommerfrische und bezaubert mit einem ungebrochenen ländlichen Charakter. Das liebliche Dörflein (700 Gästebetten) ist bekannt für seine besonders schönen Montafonerhäuser, in Wiesen gebettet mit herrlichem Wasserfall. 500 m höher liegen an südgerichteten Hängen reizvolle Maiensäße, darunter Montiel, „der schönste Maisäß des Montafons“.

GARGELLEN

gilt als Geheimtip naturbezogener Menschen und bietet neben einem hervorragenden Klima ein beinahe unerschöpfliches Wander- und Tourengebiet in den mächtigen Gebirgszügen Rätikon und Silvretta. Hier nehmen auch die beiden großartigen Weitwanderwege 102 Rätikon und 302 Silvretta ihren Ausgang; außerdem ist Gargellen mit seiner reichen Flora ein Dorado der Botaniker und Geologen.

Studio Bitschnau
Schafberglifte
1450 m MONTAFON
Gargellen
Mein Geheimtip für Sommer & Winter!
Wanderspaß für die ganze Familie.
Attraktive Wandermöglichkeiten, wie „Madrisa Rundtour" und vieles mehr . .
Freifahrt für Kinder bis 15 – in Begleitung!
Auskunft: Schafberglifte A-6787 Gargellen, Tel. 05557/6310, Verkehrsamt, Tel. 05557/6303

GASCHURN

Dorf der Superlative: größte Gemeinde Vorarlbergs im Herzen der Hochgebirge Silvretta und Verwall, riesiges Touren- und Skigebiet bis in den Gletscherbereich, größte Ski-Arena des Montafons, Panorama-Restaurant auf 2010 m (1500 Sitzplätze!), jede Sportart, Alpinschule, Diät- und Kneippsanatorium – dennoch ein typisches Montafoner Dorf . . .

PARTENEN

Am Talende des Montafons und am Fuß der Pässe in die Schweiz und nach Tirol, Talort auch für die Vermunt- und Tafamunt-Bergbahn, ebenso Talort für fünf Hochgebirgshütten des Alpenvereins und des Silvrettasee-Hotels auf 2000 m sowie zu den Stauseen der Illwerke; dazu das größte Kavernenwerk Österreichs, Alpinschule, Tennishalle usw. Kleines Dorf der großen Vielfalt.